LA CÓRDOBA DE IBN HAZM

CRÓNICA DE IBN HAZM SOBRE LA QURTUBA DE LOS BANU UMAYYA

LA CÓRDOBA DE IBN HAZM

CRÓNICA DE IBN HAZM SOBRE LA QURTUBA DE LOS BANU UMAYYA

Daniel Valdivieso Ramos

UTOPÍA LIBROS

Tercera edición octubre 2016
Segunda edición mayo 2016
Primera edición abril 2016

Plaza del Realejo, 2. 14002 Córdoba
Telf. 957 04 69 71
editorial@utopialibros.com
www.utopialibros.com

ISBN 978-84-944278-8-6
Depósito legal CO-442-2016

Diseño, maquetación e impresión: Utopía Libros

Impreso en España

A Cristina Camacho, Camino Fuertes, Carmen González,
Alberto Montejo y Maria Jesús Viguera,
por vuestra inestimable ayuda y generosidad.

Y sobre todo a Ana, grandísima arqueóloga, gracias:
por enseñarme a amar la historia,
por tu incansable trabajo en defensa del patrimonio,
por ser mi hermana.

PRÓLOGO

Un gran legado. Sólo así se pueden catalogar las múltiples fuentes que han llegado a nuestro tiempo y nos ayudan a comprender esa historia de alianzas y disputas que han dado forma a la sociedad de hoy día. Y es en ese punto dónde el trabajo que tenemos entre manos se hace valer. Nunca nadie había dado forma a un compendio narrado de dichos escritos, herencia de una incipiente cultura que llegó a ser referencia en el mundo antiguo. *Al-Andalus* fue mucho más que el paradigma de convivencia que nos presenta su leyenda, muchísimo más que la instauración de un régimen por un emir huido de Damasco. Antes de eso, hubo una historia y no hay mejor manera de contarla que en *palabras* de un erudito de la época.

El autor "utiliza" a Ibn Hazm —filosofo, historiador y poeta andalusí— para adentrarnos en la historia de los grupos tribales que habitaron en la península durante la conquista musulmana. Este narrador tan particular, logra que la obra llegue a nosotros, no sólo como un conjunto de viejos escritos, sino como una revelación de las inquietudes de un personaje, que vivió parte de los acontecimientos que se narran. Y es que el afamado historiador —nacido en el año 994, en plena decadencia del glorioso Califato instaurado por Abd al-Rahman ibn Muhammad, más conocido como Abd al-Rahman III— se convierte en protagonista de una apasionante historia que analiza esa conquista musulmana, haciendo hincapié en las causas y consecuencias de la misma. Cobran especial relevancia los problemas internos de esa amalgama de reinos visigodos cuya existencia era cualquier cosa menos tranquila. Descubriremos, como en tantas otras épocas, cómo el invasor aprovecha momentos de incertidumbre para acometer la conquista.

Conoceremos también a lo largo de este excepcional libro multitud de personajes, quizás denostados por la historia pero de importancia capital en el devenir de los acontecimientos. Desde el momento en que los musulmanes se adentran en la península, con la consolidación de una genealogía de los diversos grupos que formaron hasta ese difícil equilibrio con una población hispanovisigoda que se adaptó a la nueva sociedad y no supuso el conflicto que cabía esperar por el choque con las distintas creencias. Entenderemos que el tan explotado concepto de *convivencia* no fue un logro del futuro primer califa de al-Andalus, sino una realidad existente desde los primeros años de conquista como demuestra el hecho que, ya desde ese momento, la administración de la ciudad se puso bajo la responsabilidad de la comunidad judía. Pero no todo iba a ser tan fácil y, a pesar de los avances en la expansión del territorio, las luchas entre las etnias que venían del otro lado del Estrecho, protagonizadas por los qaysíes —de naturaleza nómada— y los yemeníes —partidarios del asentamiento—, sientan las bases de un conflicto que perduraría por siglos.

Nuestro ilustre narrador nos llevará desde las generalidades de esa primitiva sociedad musulmana en tierras hispanas hasta curiosos detalles que atraerán nuestra atención, como la historia del mando militar Tariq ibn Ziyad, que cruzó el Estrecho camino a una montaña que tomaría su nombre —Yabal Tariq, que significa "montaña de Tariq" y de dónde procede la denominación de Gibraltar—. Sin olvidar, por supuesto, toda la trama que rodea la huída de Damasco de Abd al-Rahman tras la rebelión de los abasíes que acaba con toda la estirpe Omeya —aquí bajo su denominación original, Umayya—, y su posterior llegada a la Península que daría lugar al futuro emirato, desligado totalmente de la autoridad de Bagdad.

De un modo u otro, estamos ante una herramienta muy útil para investigadores o simples curiosos, amantes de la historia; un trabajo de campo que Daniel Valdivieso —aún en palabras de Ibn Hazm— entrega como parte de ese legado que decíamos al inicio como ese eterno recordatorio que nos hace falta para entender que somos motas de polvo en la inmensidad de lo que nos precede. El orador y político romano Cicerón decía: *No saber lo que ha sucedido antes de nosotros es como ser incesantemente niños.*

Como escritor de novela histórica ambientada en esta época andalusí, este singular y minucioso análisis de las fuentes documentales supone un auténtico descubrimiento en las labores de documentación para futuras obras. A pesar de existir alguna obra que abarca estudios parecidos —como *Historia de al-Andalus según las crónicas medievales*—, nunca se ha usado este plan pseudonarrativo y divulgativo. Siempre se ha dicho que la realidad supera la ficción y, amigo lector, si se sumerge usted en estas páginas descubrirá que la historia de esa conquista y asentamiento es "realmente" fascinante.

Antonio Camacho Cruz

NOTA ACLARATORIA

Antes de comenzar a leer debes saber que este libro no es una traducción de un manuscrito de Ibn Hazm —a pesar de lo que el título sugiere—, sino que pretende crear esa ilusión en el lector imitando el estilo y la estructura de las maravillosas crónicas andalusíes, con la intención de homenajear a todos sus autores y, especialmente, al poeta cordobés Abu Muhammad Ali ibn Ahmad ibn Sa'id ibn Hazm. Pero ahí acaba la ficción, pues cada uno de los hechos, nombres, fechas, lugares e incluso diálogos que aquí se recogen son el resultado de un minucioso —a veces rozando lo obsesivo— trabajo de investigación y consulta de las numerosas traducciones de estas crónicas de las que he podido disponer, y su contrastación con la investigación historiográfica y arqueológica moderna. Es un libro que pretende ser riguroso, pero también divulgaltivo, por lo que incluso una persona que no tenga información previa sobre el periodo que aquí se retrata podrá disfrutarlo sin perderse nada.

Sobre las fuentes utilizadas, he intentado apoyarme en aquellas contemporáneas a la época que se retrata o, en el caso del *Muqtabis* de Ibn Hayyan, que —además— recopilen fragmentos de textos y testimonios que sí se escribieron durante la ocurrencia de los acontecimientos que recogen. Aunque algunos autores hacen referencia a las crónicas de al-Maqqari, yo he preferido obviarlas por dos motivos: en primer lugar, éstas fueron escritas en el siglo XVII y su relativa antigüedad no es relevante por la distancia al periodo Omeya —seis siglos—; y en segundo, durante la época en que fueron escritas la cultura islámica se hallaba en un momento de crisis en occidente, por lo que se percibe una cierta tendencia a exagerar los hechos y recurrir a una excesiva ficción con el fin de ensalzar la leyenda de al-Andalus. Tambien debo aclarar que todas las referencias religiosas que aparecen no tienen intención adoctrinante ni pretenden mostrar preferencia por un dogma, sino que son necesarias para desarrollar la narración, definir el contexto y dotar de ese estilo cronístico a todo el libro. Por último, y en referencia a la descripción de Madinta Qurtuba, el lector documentado me permitirá —en muy contadas ocasiones— establecer la localización de ciertos lugares basándome en hipótesis fundadas y en favor de la cohesión del texto, no queriendo con ello respaldar tajantemente dichas afirmaciones, pues se trata de un libro divulgativo y no un exhaustivo estudio científico.

Sin más, sólo me queda añadir que espero que este trabajo me permita quedar en paz con mi querida ciudad de Córdoba, que tanto me ha dado y nunca deja de sorprenderme.

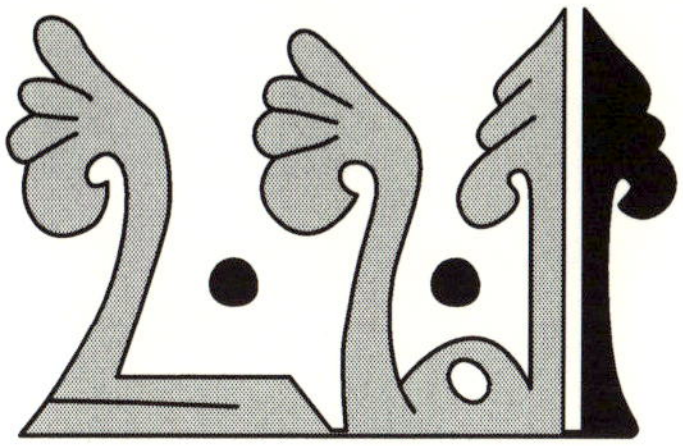

En el nombre de Dios, el Clemente, el Misericordioso,

Crónica de la Qurtuba de los banu Umayya; relato de la historia de la capital del país de al-Andalus desde el origen de los hijos del Bayn Nahrain[1] hasta la caída del califato; relación de los gobernantes y sabios que hubo en ella y descripción de la ciudad; cuyo primer libro es la

Mención de los sucesos relacionados con el nacimiento del país de al-Andalus

y de los memorables hechos que llevaron a la conquista de occidente, las profecías que marcaron su historia y aquellos que se disputarían el poder, a quienes no les faltaba la convicción de contar con el apoyo divino para vencer a sus enemigos; y relación de los personajes con cuya ayuda persiguieron sus empresas.

El Profeta Muhammad y la estirpe de los banu Umayya

El linaje al que pertenecieron los Banu Umayya reinantes en al-Andalus entre los siglos VIII y XI se remonta a prácticamente los orígenes del Islam y el lugar que lo vio nacer: al-Yazirat al-Arabiya[2]. En el siglo VI, esta vasta extensión de terreno era hogar de beduinos, dedicados al pastoreo y el comercio con caravanas, que ocupaban las regiones de Hiyaz y Ahsa al este y el oeste,

1. "Tierra entre dos ríos", esta expresión hace referencia a Mesopotamia y al origen de los árabes.

2. Península arábiga.

y las estepas de Nayid y Yamama junto a los desiertos de arenas rojas de Nufud y al-Dahna en el área central; el jeque era la figura en torno a la cual se agrupaban sus tribus con una cohesión tal, que un miembro podía tomar como propio cualquier agravio inferido a otro de su mismo grupo. Esta dinámica junto a las duras condiciones de esta zona de la península provocaba frecuentes luchas entre ellos. De todas ellas, era la tribu de Quraysh la que por entonces dominaba la ciudad de la Meca, en la región del Hiyaz, asegurándose el control de las rutas comerciales terrestres y acumulando gran poder e influencia. Fue en su seno donde nació el hashimí Abu l-Qasim Muhammad[3] alrededor del año 570, que se convertiría en la figura más importante de la historia de los musulmanes, extendiendo entre los árabes la religión que él predicaba, cuyo traslado —hégira— de la Meca a la actual Medina en 620 marcó el inicio de nuestro calendario y que unificó a toda la comunidad musulmana bajo la institución de la Umma[4], cuyos preceptos prohibían que sus miembros se atacasen entre sí. De esta forma aseguró el fin de las guerras tribales y provocó, tras su muerte en 632, la creación del califato *Rashidun*[5], un sistema de gobierno basado en la elección del Califa por un consejo de notables

La estirpe de los Banu Umayya va íntimamente ligada a la de los Banu Hashim, a la que pertenecía el propio Muhammad. Así, se cuenta que al nacer el primero de los hashimíes, Hashim ibn Abd Manaf, su pierna estaba unida a la cabeza de su hermano siamés, Abd Shams ibn Abd Manaf, y que ambos fueron separados por su padre Abd Manaf ibn Qusai con una espada frente a unos sacerdotes. Éstos interpretaron que la sangre que había fluido entre ellos significaba un conflicto entre sus descendientes que nunca tendría fin, y que efectivamente comenzaría cuando los hashimíes desterraron a Umayya ibn Abd Shams –hijo adoptivo de Abd Shams ibn Abd Manaf que dio nombre al linaje Umayya— de la Meca. Cuando Muhammad, bisnieto de Hashim, predicaba el recién revelado Corán, el jefe del clan Umayya, Abu Sufyan, no le prestó su apoyo; no obstante cuando su figura como profeta fue ganando peso, firmó una alianza con éste que se materializó en el matrimonio del propio Muhammad con Habiba, hija de Abu Sufyan. Este hecho, unido a la habilidad como comerciantes y políticos de los Banu Umayya que les había hecho ocupar cargos de relevancia, les permitió alcanzar el poder a

3. El célebre profeta conocido en el mundo occidental como Mahoma.

4. Comunidad de creyentes independientemente de su edad, sexo, nacionalidad o condición social.

5. Traducido como "El bien guiado".

través de Mu'awiya[6], hijo de Abu Sufyan. Éste crearía el califato de Dimashq[7] sustituyendo el sistema de elección Rashidun por el derecho hereditario y se convertiría en el primer Califa de la dinastía Umayya, que reinaría hasta 750 en un territorio que se extendía desde Persia[8] hasta la península donde nacería al-Andalus. El cuarto Califa de Dimashq, Marwan ibn al-Hakam[9], marcó el cambio de linaje en la dinastía Umayya al pasar el poder de los descendientes de Abu Sufyan a los de al-Hakam, ambos nietos de Umayya, denominándose desde entonces Banu Marwan o Marwaníes a todos los califas Umayya descendientes de éste.

La profecía de la Casa Sellada

Leí de Ibn Abd al-Hakam[10] que en Tulaytula[11], la capital del reino de los visigodos, se erigía una casa cuya puerta se encontraba cerrada por veinte cerrojos —pues todo aquel que había sucedido a un rey había añadido uno—, no obstante ninguno de ellos la había abierto jamás ni conocía el interior o lo que podría albergar. En el año 710 Ludriq[12] había sido nombrado por algunos nobles adictos rey de los visigodos tras, al parecer, asesinar a su predecesor Witiza, por lo que su coronamiento no contaba con el apoyo de parte del pueblo ni del resto de las grandes familias. El nuevo y cuestionado monarca de los hispanogodos, cuando conoció la existencia de tal casa sintió gran curiosidad: «Es preciso que abra esta casa a fin de saber lo que hay en ella» —Sus consejeros en seguida respondieron: «No lo hagas, no te suceda lo que no aconteció a los reyes que te precedieron». Él, no obstante insistía: «No puedo por menos de abrirla y saber lo que hay en ella». Decidido a descubrir su secreto, y quizá esperando encontrar grandes tesoros, abrió finalmente las puertas: aquella casa estaba vacía, salvo por un pergamino en el cual estaban representados hombres con turbantes, montados sobre hermosos caballos, que portaban espadas y lanzas con pendones, junto a una inscripción en su propia lengua:

6. Sería califa entre los años 661 y 680.

7. Damasco.

8. La actual Irán.

9. Conocido como Marwan I, gobernaría entre 684 y 685.

10. Cronista egipcio del siglo IX.

11. Toledo.

12. Roderico o Rodrigo, rey visigodo entre 710 y 711.

Ésta es la representación de los árabes, cuando los cerrojos de esta casa se abran y se entre en ella, conquistarán esta península y se apoderarán de la mayor parte de ella.

Ludriq, arrepentido de haberse dejado llevar por su curiosidad y quizá temeroso, mandó volver a cerrar la casa e intentó olvidar el tema, tenía otros asuntos más importantes de los que ocuparse: las rebeliones habían comenzado según tomó posesión de la corona; vascones y tarraconenses se habían levantado en armas y su legitimidad estaba más que en entredicho. Para colmo, se había dejado embriagar por Florinda la Cava, hija del gobernador de Ceuta, Yulian, enviada a palacio para ser educada y quizá encontrar marido entre los nobles, y la había forzado. Suponía una preocupación añadida, pues debía impedir que se quedase a solas con nadie a quien pudiera contárselo y acompañarla siempre que escribiese a su padre, para que éste no tuviese noticia de que su hija ya no era virgen. No obstante, Florinda, empeñada en denunciar este hecho ante su padre, le envió un magnífico regalo junto a un huevo podrido, señal que Yulian supo interpretar y éste cruzó el Estrecho camino de Tulaytula para confirmar sus sospechas ante Ludriq. Cuando el rey vio aparecer a Yulian en palacio fuera del plazo estipulado para las recepciones oficiales le preguntó: «¿Qué te ha traído aquí en este crudo invierno?» —a lo que él respondió: «He venido a por mi hija. Su madre está enferma, teme la muerte y desea verla, pues sanará gracias a ella». Ludriq, aferrándose a una fingida indignación por la violación del protocolo por parte del gobernador de Ceuta le recriminó: «¿Acaso has procurado aves de caza para nosotros?» —él le contestó: «Ya he procurado cazar aves para ti de las que no se han visto jamás parecidas, yo te las traeré próximamente si Dios quiere». Tras verter la velada amenaza, Yulian abandonó Tulaytula de la mano de su hija.

Las aves que devoraban a los hombres

Tras cruzar de nuevo el Estrecho, el airado hispanogodo fue a entrevistarse con el gobernador de Ifriqiya[13], Musa ibn Nusayr, al que relató todo lo sucedido y reveló su intención de conquistar la península como venganza, convenciéndole de la facilidad de la empresa, de la riqueza de sus tierras y la belleza de sus cautivos para intentar involucrar así al dirigente musulmán. Éste, cuya prudencia era su mayor virtud, le contestó: «Nosotros no duda-

13. Provincia del norte de África perteneciente al califato de Damasco.

mos de tus palabras ni desconfiamos, pero tememos por los musulmanes en un país que no conocemos; por otra parte, entre nosotros y él está el mar, y entre tú y tu rey está el sentimiento de honor. No obstante, vuelve a tu lugar y reúne a tu ejército y a quien sea de tu opinión, pasa el Estrecho en persona, lanza algaras contra su país y corta los lazos que hay entre tú y Ludriq; en ese momento, si él considera oportuno atacarte, nosotros estaremos detrás de ti».

Al ser informado por Musa ibn Nusayr de este encuentro, el Califa de Dimashq, al-Walid[14], le recomendó prudencia, ordenándole que no se implicase en aquel asunto y se limitase a reconocer el terreno. Mientras, Yulian realizaba una incursión en la Yazirat al-Jadra[15], saqueando y volviendo con las manos llenas, y animando a un pequeño ejército bereber, bajo el mando de Abu Zar'ah Tarif, a acompañarle en una segunda campaña contra un lugar que, tras ser conquistado, recibiría el nombre de este general[16]. La aparente facilidad de las victorias terminó por convencer a Musa ibn Nusayr, que envió un ejército de árabes y bereberes a modo de avanzadilla al mando de su *mawla*[17], Tariq ibn Ziyad, ayudado por Yulian a cruzar el Estrecho en dirección a una montaña en la que dejaría su huella: Yabal Tariq[18]. Tras vencer una primera resistencia en el peñón, el general quemó los barcos y se dispuso a comenzar la conquista. Ludriq, alarmado, movilizó a su ejército y se dirigió a su encuentro.

Cuando ambas fuerzas se encontraban cerca, Ludriq escogió a uno de sus mejores hombres y le encomendó la misión de infiltrarse en el campamento de las fuerzas de Tariq para recabar toda la información que le fuese posible. Una vez dentro, el intruso no pasó desapercibido para el general musulmán, pero éste, en lugar de descubrir al hombre del rey visigodo, ordenó trocear y cocer la carne de algunos de los muertos a la vista de éste para preparar el rancho del día siguiente. Una vez cayó la noche, Tariq hizo retirar discretamente la carne y enterrarla, sustituyéndola por ternera y oveja que, cuando despertaron las tropas y se les convocó para compartir la comida, todos devoraron con ansia; incluido el soldado infiltrado, que se forzó a tra-

14. Al-Walid I, sexto Califa Omeya de Damasco que gobernó entre 705 y 715.

15. Traducido como "Isla Verde" y conocida también como *al-Yazirat*, se refiere a la actual Algeciras.

16. Tarifa, en Cádiz.

17. Término que parece proceder del verbo *waliya* ("estar cerca de algo" o "vinculado a algo o a alguien"), se utilizaba para designar a los clientes o protegidos vinculados al soberano o al poder.

18. Traducido como "Montaña de Tariq", de donde derivó el topónimo de Gibraltar.

gar aquella carne que creía humana para no descubrir su tapadera. Una vez consiguió escabullirse sin ser visto, llegó hasta Ludriq y le dijo: «Ha llegado a ti una nación que come la carne de los muertos, sus características son las características que encontramos en la Casa Sellada. Han pegado fuego a sus barcos y se han preparado para la muerte o la conquista». Esta información desconcertó e inquietó a las fuerzas del rey, que empezaron a albergar dudas sobre si su dios estaba realmente de su parte.

La mesa salomónica de dos patas

Los ejércitos de Tariq y Ludriq se encontraron[19] finalmente en julio de 711, produciéndose una aplastante victoria musulmana a causa de la traición y deserción de aquellos leales al depuesto Witiza durante la batalla; en el fragor de la misma, el rey Ludriq desapareció y el resto de tropas comenzó a desbandarse. Su muerte se convirtió pronto en un misterio, pues algunos cuentan que cayó en una poza durante el combate y se ahogó, y que por esa razón sólo se encontró de él junto a la orilla uno de sus botines adornado de perlas con los cordones desatados. El caos propagado a todo el territorio visigodo tras la victoria de Tariq facilitó enormemente el avance del ejército musulmán, que por consejo de Yulian fue dividido en Istiya[20] para expandirse más rápidamente por toda la península, donde apenas encontrarían resistencia. Tariq ibn Ziyad, mientras tanto, encabezaría el grueso de las tropas hacia Tuylaytula, conquistándola, y acumulando un enorme botín que distribuiría entre sus hombres y el Tesoro público de Dimashq. Entre las reliquias encontradas en una de las mayores iglesias de la capital visigoda se dice que apareció la Mesa de Salomón[21].

Cuando tales noticias llegaron a Musa, informó de ello al Califa al-Walid y se apresuró a cruzar hacia la península junto a otro ejército, para así atribuirse el mérito de las conquistas y evitar la posibilidad de que Tariq fuese ascendido por encima de él mismo. Mientras tanto, el victorioso general continuó su incursión hacia el norte hasta topar con un pueblo *que era como las bestias y las fieras*; sus tropas, exhaustas le preguntaron; «¿Acaso no estás satisfecho de lo que Dios te ha favorecido?» —él contestó, riendo: «¡Por Dios!, si me ayudaseis llegaría con vosotros hasta hacer alto en las puertas de

---

19. De acuerdo a las crónicas la batalla tuvo lugar en *Wadi Lakka*, por lo que se conoce como "Batalla del Guadalete", algunos afirman que realmente ocurrió en las inmediaciones de este río, junto a la actual Medina Sidonia (Cádiz).

20. Écija, en la provincia de Sevilla.

21. Elemento mitológico de la tradición judeo-cristiana que contendría todo el conocimiento del Universo, la fórmula de la Creación y el verdadero nombre de Dios.

Ruma o a las de Qustantiniya al-Uzma[22], y las conquistaría con el beneplácito de Dios, pero puesto que ya os habéis cansado y hastiado, ¡volvamos!»; y emprendieron el camino a la ya conquistada Qurtuba, donde se establecerían. Finalmente, Tariq ibn Ziyad se encontró con su señor, Musa ibn Nusayr, y le honró, pero éste le trató con desprecio y le golpeó con un látigo por haber desobedecido la orden de no avanzar sin su presencia, exigiéndole: «Preséntame todo el botín recogido». El mawla, ofendido por la falta de consideración y agradecimiento, le entregó entre otros muchos tesoros la Mesa de Salomón —una pieza maciza de esmeralda verde—, pero no sin antes haberle arrancado una de las patas. Al advertir la falta, Musa le preguntó: «¿Qué significa esto?» —él respondió: «la encontré así». Él le creyó y ordenó hacer una pata de oro para completarla.

Tras tres años arrasando el terreno ya conquistado y dejando al frente de al-Andalus a su hijo Abd al-Aziz, Musa se dirigió a Dimashq junto a Tariq, portando una caravana llena de tesoros e innumerables prisioneros —entre los que se encontraban muchos nobles hispanogodos— para ofrecérselos a al-Walid. El hermano y sucesor del Califa, Sulayman ibn Abd al-Malik, informó a Musa de que éste se encontraba muy enfermo y que debía retrasar su llegada hasta que muriera, así cuando fuera nombrado sería él quien comenzaría su mandato alardeando de la nueva conquista y disfrutando del vasto botín. No obstante, el gobernador de Ifriqiya apresuró la marcha y llegó a Dimashq cuando al-Walid aún vivía, pero ni éste supo de su llegada ni tuvo conocimiento de lo que trajo a causa del aislamiento derivado de su enfermedad. Tras la muerte de al-Walid, el nuevo príncipe de los creyentes Sulayman convocó a Musa —al que guardaba rencor por haber ignorado su sugerencia— ante su presencia y le ordenó mostrarle todos los tesoros. Cuando vio la Mesa de Salomón le preguntó acerca de la pata y por qué era diferente a las otras dos, a lo que Musa contestó: «La encontré así cuando la tomé» —entonces Tariq sacó la original, que él mismo había arrancado, y dijo: «Ciertamente yo la tomé, ella y todo lo que trae con él, excepto lo insignificante». Furioso por el engaño, Sulayman zarandeó violentamente a Musa ibn Nusayr y le exigió el pago de doscientos mil dinares, suma que no pudo reunir y fue encarcelado por orden directa del Califa, hasta que un miembro de la corte se apiadó de él y completó la cantidad que a éste le faltaba. Finalmente el Califa Sulayman acabó perdonándolo y ambos emprendieron juntos la peregrinación a la Meca. Algunas gentes de Medina, ciudad dentro de la ruta, cuentan que cuando Musa se encontraba allí le dijo a alguien de

22. Roma y Constantinopla.

su plena confianza: «En verdad morirá en dos días un hombre cuya fama ha llegado al Occidente y al Oriente». Éste esperó entonces la muerte del Califa Sulayman, hasta que dos días después oyó a la gente decir: «Musa ibn Nusayr ha muerto».

La higuera y San Acisclo

Durante la división de sus tropas en Istiya, Tariq había reservado un contingente de setecientos soldados a caballo bajo el mando de Mugit al-Rumi —liberto del Califa al-Walid— para tomar la ciudad de Qurtuba, una de las mayores del país y punto estratégico clave en los planes del general. Cuando se aproximaron a la ciudad, el cauteloso Mugit ordenó acampar en un bosque al sur de la alquería de Saqunda[23] para estudiar la mejor manera de tomar la ciudad, enviando además a varios de sus hombres a reconocer el terreno. Éstos interceptaron a un pastor en las inmediaciones del campamento y lo llevaron ante Mugit, que le preguntó acerca de la posible resistencia que encontrarían y las defensas con que contaban; el hombre le dijo que allí sólo quedaba el gobernador con cuatrocientos soldados y gentes de poca importancia, y que las murallas eran bastante fuertes, aunque en la puerta de la Estatua[24] había una hendidura decorada con la figura de un león. Aprovechando la oscuridad de la noche y una oportuna lluvia que había provocado que la guardia se descuidase, las tropas de Mugit se acercaron a la muralla e intentaron superarla sin éxito; llamó éste de nuevo al pastor para que le indicase dónde se hallaba aquella hendidura y les indicó que no estaba a ras de suelo, pero sí se podía alcanzar apoyándose en una higuera que crecía justo debajo. Tras varios intentos, uno de los hombres de Mugit consiguió trepar a lo alto del muro y, extendiendo el turbante que portaba a modo de cuerda, facilitó un medio por el que varios soldados se colaron en la ciudad y abrieron la puerta de la Estatua, donde el resto de las tropas junto a Mugit esperaban montados a caballo. La entrada por sorpresa de los caballeros impidió una defensa eficaz y los visigodos fueron derrotados o huidos; entre estos últimos se encontraba el gobernador que, alarmado por sus hombres, había escapado por la puerta occidental de la ciudad junto a sus cuatrocientos soldados y se había atrincherado en la cercana iglesia de San Acisclo[25].

---

23. Una zona rural junto a la *via Augusta* situada en el área que actualmente ocupan los barrios de Miraflores, Fray Albino y Campo de la Verdad.

24. La actual Puerta del Puente.

25. La célebre iglesia del mártir que todos los indicios apuntan a que se erigía en la actual zona de Cercadilla, donde se han identificado restos correspondientes a una importante basílica cristiana de época tardoantigua.

Durante tres meses Mugit, ya instalado en la fortaleza visigoda, había mantenido el asedio sobre la iglesia donde se encontraba el último foco de resistencia de la ciudad, hasta que una mañana fue informado de que el gobernador había escapado a caballo en dirección a Yabal Qurtuba[26] con la intención de unirse al grueso del ejército que quedaba en Tuylaytula. Mugit salió inmediatamente en su persecución y, cuando casi le había dado alcance a la altura de Qartalabria[27], la preocupación del visigodo por ser capturado le hizo distraerse y cayó por un barranco, donde su caballo se desnucó. Llegó Mugit a donde el gobernador se encontraba, esperando abatido y sentado sobre su escudo; se entregó sin oponer resistencia. Los soldados que habían permanecido atrincherados en San Acisclo fueron obligados finalmente a salir y se les cortó la cabeza; desde entonces aquella iglesia sería conocida como la "iglesia de los cautivos".

Mugit pondría la administración de la ciudad bajo responsabilidad de la comunidad judía y estableció una guarnición con las tropas que le habían ayudado a tomarla. Desde aquel agosto de 711, sería conocida como Madinat Qurtuba.

Dimmíes y muladíes, yemeníes y qaysíes

Al-Andalus ahora formaba parte del califato de Dimashq, como valiato subordinado a la provincia de Ifriqiya, dividido en *coras*[28] y del que Qurtuba era su capital. La población hispanovisigoda se hubo de adaptar a la nueva sociedad y el choque entre creencias no supuso un conflicto como cabía esperar. Las numerosas comunidades cristianas y judías podían ejercer su fe a cambio de un impuesto que evitaría los recelos de los musulmanes, siendo conocidos desde entonces como *dimmíes*[29]; por otro lado, aquellos que querían evitar esta carga fiscal, sobre todo las élites locales —ansiosas por conservar además sus privilegios y posición—, abrazaron la nueva religión y fueron denominados *muladíes*. La rápida expansión del árabe y los matrimonios mixtos hicieron que sus apellidos se adaptasen a la genealogía islámica, llegando incluso a constituir grandes estirpes que protagonizarían momentos clave en la historia andalusí, como los Banu Qasi —descendientes del

26. La sierra de Córdoba.

27. Aldea situada en el norte de Córdoba cuya situación parece desconocerse en la actualidad.

28. División administrativa equivalente a provincia.

29. Traducido como "pacto" u "obligación".

Qund[30] visigodo Casio y gobernantes de la Marca Superior—, los Banu Hafsun —protagonistas de una rebelión contra el emirato— , los Banu Hazm —familia de quien os está relatando esta historia—, los Banu Baskuwal —nombre derivado de "Pascual"— y todos aquellos apellidados al-Quti —el godo—, entre muchos otros.

No fue tan sencilla sin embargo la convivencia entre aquellos venidos del otro lado del Estrecho: los bereberes establecidos en las zonas rurales y los árabes en las ciudades, mantenían contínuas disputas por ganar influencia en el nuevo territorio; los últimos a su vez se encontraban divididos entre las etnias qaysí —descendientes de las tribus nómadas del norte de la península arábiga— y yemení —árabes del sur partidarios del asentamiento—, en una lucha iniciada en tiempos del profeta Muhammad que la expansión del califato parecía haber adormecido y que desembocó en una grave guerra civil entre estos tres grupos culminada con el nombramiento de Yusuf ibn Abd al-Rahman al-Fihri como nuevo gobernador de al-Andalus en 747, apoyado por los qaysíes de Sumayl. No obstante, aún esperaba un sangriento final a aquella guerra, pues el antiguo valí yemení de al-Andalus, Abu-l-Jattar al-Husam ibn Darar al-Kalbi, y su aliado Yahya ibn Hurayt marcharon con sus tropas hacia Qurtuba dispuestos a recuperar el poder para su tribu. Tras cruzar el río, se trabó una dura e igualada lucha entre ambos bandos que se prolongaba sin vislumbrarse un claro favorito, pues los yemeníes apenas superaban en número a las tropas de Yusuf al-Fihri, y Sumayl dijo entonces a éste: «¿En qué nos detenemos cuando a nuestra espalda hay un ejército, del cual nos habíamos olvidado?» —el valí se quedó extrañado: «¿Cuál es?»- «La gente del mercado de Qurtuba» —contestó Sumayl, refiriéndose a los habitantes de la cercana Saqunda. Sin pensárselo dos veces, al-Fihri envió a su mawla Jalid ibn Yazid al zoco del Arrabal, que hizo salir a cuatrocientas personas armadas con palos, bastones y cuchillos de carnicero y sólo algunos de ellos con espadas y chuzos; aún con tan rudimentario armamento, atacaron a las agotadas tropas yemeníes y les tomaron ventaja. Ante tal estado de cosas, Ibn Hurayt huyó de la batalla y se refugió en la alcoba del cercano molino de Kulayb[31] mientras sus aliados eran derrotados y Abu-l-Jattar capturado. Cuando el verdugo se disponía finalmente a darle muerte, el líder yemení, furioso por la deserción de Ibn Hurayt, reveló dónde se escondía

30. Arabización de "conde".

31. Posiblemente se refiera al conocido actualmente como "molino de la Albolafia", situado a la altura del Alcázar en la margen derecha del Guadalquivir.

éste y ambos fueron ejecutados uno al lado del otro. No hubo mejor suerte para los demás supervivientes de la batalla, pues el mismo Sumayl los condujo al interior de la iglesia donde hoy se encuentra la mezquita aljama y los degolló, acabando así con la vida de unos setenta.

Durante el gobierno de Yusuf al-Fihri a partir de 747 se sucedieron varias hambrunas que encendieron los ánimos de los habitantes de al-Andalus. La situación de escasez fue tal que las gentes hubieron de salir en busca de víveres hacia Ifriqiya partiendo desde un río que discurre por la cora de Siduna[32], por esta razón se le dió su nombre a aquel penoso periodo conocido como "los años de Barbat[33]".

La rebelión de los abbasíes

La profecía hecha por los sacerdotes durante la separación de los hermanos siameses Hashim y Abd Shams parecía seguir su curso, pues los denominados abbasíes, descendientes de al-Abbas ibn Abd al-Muttalib —nieto de Hashim y tío de Muhammad—, ganaban poder en Dimashq y se oponían abiertamente a la familia Umayya. La muerte de Hisham ibn Abd al-Malik en 743 y las luchas entre los propios Banu Umayya por sucederle en el trono —que llegó a tener tres califas diferentes en un sólo año— espolearon definitivamente a los abbasíes a convertir su oposición en una verdadera rebelión. El nuevo Califa Marwan ibn Muhammad se encontró un imperio fragmentado y, a pesar de dedicar todos los esfuerzos a sofocar el levantamiento, fue derrotado y asesinado por Abu al-Abbas al-Saffah, que se coronaría en 750 como el primero de los califas abbasíes del imperio cuya capital trasladaron a Madinat al-Salam.

El plan de al-Saffah para estabilizar el nuevo gobierno abbasí pasaba por eliminar un posible foco de resistencia umayya. Comenzó entonces a perseguirlos con el objetivo de que ninguno pudiera encabezar una nueva causa y desmoralizar a sus partidarios: el primero en sufrir la represión del Califa fue Aban ibn Mu'awiya, nieto de Hisham Abd al-Malik, a quien tras ser capturado se le cortó un pie y una mano y fue obligado a vagar por las tierras de al-Sham[34] hasta que cayera muerto, junto a un pregonero que gritaba: «Éste es Aban ibn Mu'awiya, el mejor caballero de los Banu Umayya»; se ordenó

32. En el centro de la provincia de Cádiz, mantiene su nombre desde época islámica, Medina Sidonia.

33. El actual río Barbate que atraviesa esta célebre localidad entre Caños de Meca y Zahara de los atunes, en la provincia de Cádiz.

34. Nombre por el que se conocía a Siria.

también asesinar a las mujeres y niños de la familia, entre las que se encontraba Abda —hija también de Hisham—-, que sería degollada tras negarse a revelar dónde escondían las riquezas de su familia. Ante tal exhibición de brutalidad, los supervivientes se ocultaron de tal manera que ni todas las tropas de al-Saffah pudieron dar con ellos; la situación se había complicado para el abbasí, su prepotencia quizá le había hecho perder la pista de los Banu Umayya para siempre.

Consciente de su error, al-Saffah concedió la amnistía a toda la familia Umayya, arrepintiéndose públicamente de sus acciones y asegurándoles la inmunidad a través de salvoconductos que envió a todos los gobernadores regionales para que pudieran llegar a la capital y recibir el *amán*[35] del Califa. Todos los Banu Umayya supervivientes se encaminaron hacia Madinat al-Salam para terminar con la persecución y poder así empezar una nueva vida; eran la totalidad de la familia, exceptuando a los hijos de Marwan ibn Muhammad. Uno de ellos, Abd al-Rahman ibn Mu'awiya, desconfiaba de las intenciones de al-Saffah y prefirió permanecer protegiendo a sus hermanos y a su hijo Sulayman —de cuatro años—, hasta asegurarse de que el Califa abbasí había cumplido su palabra. Sólo entonces acudirían a su presencia para solicitar también la amnistía.

Cuando todos los Umayya que habían acudido a la llamada de al-Saffah se encontraban reunidos en su presencia y custodiados por un grupo de guardias armados con mazas, el Califa pidió a su portavoz Abd al-Wahid que se acercase, e hizo que se sentase a su lado, en un gesto que parecía reconocer la grandeza y antigua autoridad de los marwaníes. Sólo quería que no perdiese detalle mientras daba la orden: «Derribad sus cabezas» —dijo, y al momento los soldados comenzaron a masacrar a golpes a todos los prisioneros ante el horrorizado Abd al-Wahid, paralizado por la escena que estaba contemplando. «No es razón que tú sobrevivas a los tuyos y a tu poder, más te concedo que mueras a espada» —y antes siquiera de poder llorar la pérdida de casi toda su familia, fue decapitado. Murieron setenta y tres de los Umayya, exterminando con eso prácticamente a toda la estirpe. Al-Saffah ordenó entonces salir en busca de los hijos de Marwan al no verlos entre ellos, pero cuando las tropas llegaron a casa de los Ibn Mu'awiya, ya habían escapado.

35. Traducido como "perdón", en la cultura islámica se refiere a la clemencia que se solicitaba durante una rendición.

Abd al-Rahman, el príncipe emigrado

Abd al-Rahman se encontraba sentado a la sombra de la imponente almunia de su abuelo, la Rusafa Hisham, intentando deshacerse del polvo que se le había metido en los ojos mientras escuchaba a su hijo Sulayman jugar en la puerta; al refugiarse en aquella almunia rodeada de bosques cerca de la orilla del wadí al-Furat[36], parecía que habían hecho perder definitivamente la pista a los abbasíes. Mientras intentaba limpiarse con un paño, el pequeño Sulayman corrió hacia él desde la entrada e insistía en echarse sobre su regazo; cegado temporalmente, Abd al-Rahman intentaba zafarse de su hijo hasta que cayó en la cuenta que el niño lloraba atemorizado. Se levantó de un salto y se dirigió a la puerta para descubrir a lo lejos un centenar de tropas portando el estandarte negro de los abbasíes, mientras su hermano Yahya corría hacia él gritando: «¡He visto a los abbasíes!». Dispuso todo con su liberto Badr, les indicó a sus hermanas Umm al-Asbag y Amat al-Rahman dónde planeaba refugiarse, se apresuró a coger el dinero que pudo y huyó tomando a su hijo y a su hermano de la mano; cuando las tropas cercaron la almunia, ésta ya se encontraba vacía.

Abd al-Rahman, Yahya, Sulayman, Badr y el resto de sirvientes se reunieron finalmente junto al río y encontraron a un hombre al que pagaron generosamente para que les consiguiese cabalgaduras y víveres mientras ellos intentaban no llamar la atención, pero un esclavo de éste los reconoció y corrió a informar al jefe de la tropa abbasí. Cuando escucharon los cascos de los caballos acercarse, los fugitivos se lanzaron al río al-Furat para cruzarlo a nado y así dejar atrás a sus perseguidores, que gritaban desde el otro lado: «¡Volved, nada tenéis que temer!» —Abd al-Rahman, con su hijo a cuestas, no se percató de que su hermano se estaba quedando rezagado. Yahya, agotado y aterrado ante la idea de morir ahogado, había dado la vuelta y se dirigía confiado hacia sus perseguidores ante los desesperados intentos de Abd al-Rahman por hacerle volver advirtiéndole del engaño; cayó en la cuenta de que éste no podía oírle e intentó ir en su busca, pero los primeros soldados ya empezaban a lanzarse al agua en busca del principal objetivo, el heredero Abd al-Rahman ibn Mu'awiya. Impotente, presenció cómo capturaban a Yahya y lo degollaban sin miramientos, mientras se veía obligado a huir en dirección opuesta. Su hermano sólo tenía trece años.

Al correr entre las gentes la noticia del exterminio de los Banu Umayya, sus partidarios se ocultaron y se dispersaron definitivamente, mientras

36. Nombre árabe para el río Eúfrates.

el príncipe Abd al-Rahman ibn Mu'awiya huía hacia Qubt[37] acompañado de sus sirvientes Badr, Tammam, Ziyad y Abu Suya; este refugio sólo sería seguro durante unos días, pues al-Saffah había puesto precio a su cabeza. Escondiéndose en la remota Barqa[38], esperaron durante un tiempo a que se calmasen los ánimos y partieron después hacia Ifriqiya, donde fue acogido en Qayrawan[39] entre los Banu Mugit, clientes de su abuelo Abd al-Malik ibn Marwan. Desgraciadamente la recompensa por su cabeza era demasiado tentadora y su presencia en la zona fue denunciada ante el gobernador Ibn Habib al-Fihri, que desplegaría toda una red de espías y vigilantes para atrapar al heredero de la dinastía Umayya. Tras cerrar el cerco sobre los Banu Mugit y presionar a todo aquel que se relacionaba con ellos, los soldados del gobernador supieron que Abd al-Rahman había huido escondido entre las mujeres y se ocultaba en la casa de Abu Qurra al-Barbari. Cuando éstos forzaron la entrada de la residencia, la corpulenta mujer de Abu Qurra, Tkfat al-Barbariyya, metió al joven exiliado bajo su vestido, fingiendo sorpresa y terror cuando aparecieron las tropas en sus aposentos; los soldados, que temían la influencia de su marido, prefirieron abandonar la estancia y continuar buscando en los alrededores. Con el príncipe aparentemente desaparecido, la intensidad de la búsqueda en Qayrawan se relajó y pudo al fin abandonarla para refugiarse en Nakur[40] con la tribu bereber a la que pertenecían sus tíos maternos, los Nafza[41]. La persecución a la que le estaban sometiendo los abbasíes le había llevado a tan sólo una travesía en barco de distancia con al-Andalus.

En 753, el valí qaysí Yusuf ibn Abd al-Rahman al-Fihri apenas podía gobernar una al-Andalus sacudida por las hambrunas que sólo reconocía de Madinat al-Salam la autoridad religiosa, mientras sus fronteras hostigadas por los cristianos se deshacían aprovechando las luchas tribales entre los árabes. Desde el otro lado del Estrecho, el príncipe Abd al-Rahman desconfiaba del recibimiento que el valí andalusí podía otorgarle y envió a Badr a negociar con unos antiguos clientes sirios de su familia, aliados con los yemeníes.

---

37. Egipto.

38. Antiguo pueblo situado en Palestina, a 37 km al norte de Gaza.

39. Kairuán, en Túnez.

40. Localidad del Rif marroquí.

41. Curiosamente, a esta tribu también perteneció Tariq ibn Ziyad.

En agosto de 755 Abd al-Rahman desembarca en Narixa[42] al amparo de sus nuevos aliados y se aloja en Turrush[43], donde se concentra un gran número de partidarios de los Umayya. Yusuf, enterado de esto, sopesa la posibilidad de atacar la localidad y expulsar al príncipe de al-Andalus, pues si tenía éxito, éste perdería toda la legitimidad frente a las facciones que le apoyaban y con ello ganaría gran prestigio ante el Califa. No obstante, el desgaste que le estaba suponiendo controlar las fronteras del norte y mantener a raya las revueltas yemeníes parecían descartar esa posibilidad; además, no tenía certeza acerca de las intenciones de ibn Mu'awiya: «Ese hombre no manifiesta aspiraciones al supremo mando, sino que busca seguridad y medios de subsistencia. Si le ofreces hacerle tu yerno, y te muestras con él liberal, verás cómo sin vacilar acepta. Mándale una embajada» —le decía uno de sus consejeros al valí. Pareció recibir de buen grado esta sugerencia y decidió enviar una comitiva para negociar con Abd al-Rahman, encabezada por Ubayd ibn Ali, Jalid ibn Zayd —secretario de Yusuf— e Isa ibn Abd al-Rahman —un pariente lejano de los Umayya perteneciente también a su séquito— junto a numerosos regalos y el ofrecimiento de la mano de su hija. Cuando se encontraban llegando a Turrush, el desconfiado Isa, dijo a sus acompañantes: «¿Cómo podéis pensar así?¿Creéis que si vamos con estos presentes y no acepta vuestra proposición, dejará de tomarlos para robustecer su partido y debilitar el de nuestro señor?» —Jalid se quedó pensativo y finalmente dijo: «Quédate aquí con esto que traemos y nosotros llegaremos allá. Si nos otorga su sumisión y acepta nuestra proposiciones te mandaremos un emisario para que te presentes con los regalos; de otra manera, vuélvete con ellos y entrégalos al valí, que nadie más tiene derecho que él a lo que es suyo». Isa se quedó entonces a la espera con todos los presentes de Yusuf mientras Ubayd y Jalid reanudaban su marcha al encuentro con Abd al-Rahman. Al llegar a donde sus aliados lo alojaban, rodeado de clientes Umayya y yemeníes, le rogaron la amistad de Yusuf y le entregaron su misiva, redactada por el propio Jalid, haciendo hincapié en su benevolencia y lo favorable del trato que le ofrecía. Abd al-Rahman parecía complacido con su contenido, pero su anfitrión Abu Utman quería asegurarse y la leyó tras de él. Jalid, hombre tan culto como vanidoso, le dijo: «Mucho has de sudar, oh Abu Utman, antes de escribir con tanta elegancia la contestación» —él se

42. La actual Nerja. Sobre este dato hay cierta polémica, si bien no está claro si desembarcó en esta localidad o en Almuñécar.

43. La actual Torrox, en la provincia de Málaga.

levantó y, arrojándole la carta a la cara, le replicó: «No he de sudar, infame, poco ni mucho, ni escribiré contestación ninguna ¡prendedle!» —Ubayd, presa del pánico, protestaba: «¡Él es un embajador, no puede ser prendido!» —a lo que Abu Utman contestó: «El embajador eres tú, éste es un agresor, que ha venido con insultos y provocaciones, un hijo de mala mujer, un renegado». Ubayd fue finalmente expulsado y Jalid apresado; mientras Abd al-Rahman observaba cómo lo encadenaban, afirmó: «Éste es el principio de nuestra victoria, porque el poder de Yusuf estriba todo en este hombre». Convencido de su futuro triunfo, Abd al Rahman ibn Mu'awiya se autoproclamó entonces Emir de al-Andalus; era marzo de 755.

El nuevo Emir envió a un grupo de jinetes en busca de las riquezas que guardaba Isa ibn Abd al-Rahman, pero este ya había sido advertido por Ubayd y ambos habían huido a Qurtuba con toda la comitiva. Yusuf, conociendo por palabras de sus emisarios lo sucedido en Turrush, supo que no le quedaba más opción que enfrentarse a los Umayya en el campo de batalla, pero la planificación de su estrategia hizo que el invierno se les echase encima y tuvo que esperar a que pasasen sus rigores. Esto sin duda fue una ventaja para Abd al-Rahman, que ahora disponía de más tiempo para engrosar las filas de su ejército movilizando a todos sus partidarios de al-Andalus y encontrando nuevos aliados; los bereberes, apartados a las zonas más pobres en favor de las élites árabes, apoyarían también al príncipe Umayya. La movilización del ejército de Yusuf confirmó a muchos de sus opositores que Abd al-Rahman constituía una verdadera amenaza para él e incluso acabó por empujar hacia la causa Umayya a algunos qaysíes a los que el valí había perjudicado personalmente, a pesar de la mayoría yemení de las fuerzas rebeldes. Sin embargo, el ejército de Yusuf seguía siendo más numeroso y Abd al-Rahman se vio obligado a dar un ligero rodeo en su camino hacia Qurtuba y atravesar las zonas de Ilbiri[44] y Siduna, de mayoría opositora al valí, para reclutar personalmente a más voluntarios. Cuando la engrosada expedición llegó a Ishbiliya[45], la cercanía con la capital estaba obligando a Yusuf a salir al encuentro con sus fuerzas. Las diferentes divisiones del amalgamado ejército de Abd al-Rahman contaban con sus propios estandartes, no así el príncipe: «¡Vágame Dios, cuán grande es la anarquía que reina en nuestro ejército! Tenemos cada cual nuestra bandera, y nuestro jefe

44. Elvira, antigua localidad situada entre los actuales términos municipales de Atarfe y Pinos Puente (Granada) que sería capital de la provincia musulmana del mismo nombre.

45. Sevilla.

carece de ella» —le decían sus tropas. Uno de sus generales le tendió entonces a Abd al-Rahman una lanza y un turbante blanco para improvisar así su propio estandarte real. Aquel día, en la llamada alquería de Colomera, en el distrito de Taxana[46], todos juraron lealtad a la bandera blanca de los Umayya.

Las fuerzas de Abd al-Rahman se encontraron finalmente con las de Yusuf en mayo de 756 de camino a Qurtuba[47], ambas separadas por el caudal del wadi al-Kabir[48]. La crecida que había sufrido ese año el río impedía que alguno de los ejércitos pudiese vadearlo y retrasaba el enfrentamiento. Durante la espera, Abd al-Rahman cayó en la cuenta de que mientras Yusuf se encontraba en aquel lugar de la orilla opuesta, Qurtuba estaba parcialmente desprotegida y de que además gran parte de los habitantes apoyaban su causa; decidió entonces partir a medianoche para tomarle la delantera al valí, pero éste adivinó sus intenciones y salió tras él. Ambas fuerzas avanzaban paralelas a cada lado del río en una carrera que el ejército de Abd al Rahman ibn Mu'awiya —que no podía abastecerse, al contrario que el de Yusuf— sería incapaz de sostener durante muchos días; finalmente se detuvieron en las afueras de la ciudad. Las fuerzas de Yusuf se asentaron en la musara[49] mientras las de Abd al-Rahman, agotadas y hambrientas, aguardaban al otro lado del río; el alto mando barajaba sus opciones con el príncipe: «Nada adelantamos aquí, conocidas os son las proposiciones que Yusuf me ha hecho, y yo seguiré en todo vuestra opinión. Si tenéis valor y fortaleza y queréis trabar la lucha, decídmelo; si opináis por la paz, del mismo modo debéis manifestármelo» —la respuesta de yemeníes, sirios y árabes fue unánime y el 15 de mayo de 756 el ejército al completo cruzó el río: Abd al-Rahman ibn Noaim comandaría a los sirios y Boluha al-Lajmí a los yemeníes, mientras que las tropas bereberes quedarían bajo el mando de Asim al-Oryan, "el desnudo", sobrenombre que se ganaría tras luchar en calzones hasta conseguir la victoria. Al frente, Abu Utman sostenía la improvisada bandera blanca de los Umayya junto a Abd al-Rahman ibn Mu'awiya, cuya huída de los asesinos de su familia había desembocado en aquella larga travesía que

46. Se refiere a Tocina, localidad situada a 37 km al nordeste de Sevilla.

47. En la crónica anónima *Ajbar Machmua* indica una distancia a Córdoba de 45 millas. Cada milla se correspondía con entre 1'8 y 2 km actuales.

48. El Guadalquivir, queda claro el origen árabe de su nombre actual.

49. Si bien algunos interpretan el topónimo al-musara como una posible localidad cercana a Córdoba sin hipotetizar sobre su posible localización actual, sí se sabe que con esa denominación se conocía una gran explanada al sudoeste de la muralla de la ciudad, en la margen derecha del río –correspondiente a parte del actual barrio de San Basilio y la zona aledaña a la avenida del Corregidor- utilizada para maniobras militares.

acababa, con la muerte o la victoria, ese mismo día. Todos le conocían ya con el sobrenombre de *al-Dahil*[50].

El Emir de al-Andalus

La victoria cayó del lado de Abd al-Rahman, el antiguo valí había huido y Jalid ibn Zayd fue capturado. Al entrar triunfante en la capital de su nuevo reino no encontró oposición alguna para llegar hasta el Qasr[51], donde unos soldados se hallaban saqueando las pertenencias de Yusuf y hostigando a su familia; una de las hijas de al-Fihri se dirigió al propio Abd al-Rahman al verlo entrar en la estancia: «Hermano, ya te has apoderado de Qurtuba, pórtate bien con nosotras». Fue entonces cuando ordenó llamar a Yahya ibn Yazid, cadí de la ciudad en aquellos momentos, y le entregó a la familia del valí bajo la indicación de que fuese atendida, castigando además a aquellos soldados y reponiendo los daños causados. Esto levantó las suspicacias de algunos yemeníes. que empezaron a murmurar acerca de la clemencia que había tenido con sus enemigos qaysíes y a acusarlo de parcialidad. Aquel gesto acabaría acarreándole problemas, puesto que sería el germen de numerosas rebeliones que habría de sofocar durante su reinado, para lo que creó un ejército profesional integrado por cristianos, francos, *saqaliba*[52], árabes y bereberes que él mismo supervisaría.

El nuevo Emir fue informado de que Yusuf escapaba hacia Ilbiri y partió hacia allí de inmediato, dejando a Abu Utman al frente del gobierno en el Qasr y protegido con parte de las tropas. Al saber que Abd al-Rahman venía en su busca, el antiguo valí ordenó a su hijo Abu Zayd partir hacia Qurtuba con el objetivo de volver a tomarla; llegó a sitiar a Abu Utman en el alminar de la mezquita aljama[53] dentro del palacio, le obligó a rendirse, apresándolo y llevándolo consigo junto a varias esclavas del propio Emir y sus pertenencias. Uno de los hombres de Abu Zayd no tardó en reprobar su conducta: «Estás haciendo lo que nadie ha hecho antes que tú. Se apoderó él de tus hermanas y madres y las libró del oprobio, y vistió su desnudez: te has apoderado tú de sus dos esclavas y te las has apropiado». El general, avergonzado, repuso: «Aún no las he mirado siquiera a la cara, tómalas y en-

50. "El emigrado".

51. Al-Qasr, traducido como "La fortaleza"; de este término deriva la palabra Alcázar.

52. Plural de *siqlabi*, "eslavo".

53. Como se verá más adelante, el alminar de la mezquita mayor se encontraba en el cercano Alcázar hasta 794.

trégaselas» —se levantó entonces una tienda a una milla al norte de Qurtuba donde las dejó, junto con todo lo que había saqueado, y continuó su camino hacia Ilbiri con su prisionero, Abu Utman. Una vez Abu Zayd se reunió con su padre, tenían con qué negociar; Abd al-Rahman, acampado con sus tropas en Armillat al-Aflum[54] —cerca de Ilbiri— y Yusuf habían llegado a un acuerdo: el Emir aseguraría los bienes del antiguo valí y su familia, Jalid Ibn Zayd y Abu Utman serían liberados por ambas partes y los hijos de Yusuf, Abu Zayd y Abul Aswad Muhammad, quedarían bajo tutela de Abd al-Rahman. Era el año 757 y la paz quedaba firmada, Yusuf reconocía a Abd al-Rahman ibn Mu'awiya al-Dahil como el Emir de al-Andalus.

La creación del emirato independiente alarmó al gobierno de Madinat al-Salam[55], pues aquellos partidarios y clientes de los Umayya que se hallaban escondidos tras la matanza de la antigua familia reinante, partieron en masa hacia al-Andalus y fueron acogidos por el propio Abd al-Rahman en la sociedad de Qurtuba. Durante sus treinta y dos años de reinado el Emir tuvo que centrar sus esfuerzos en sofocar numerosas rebeliones nacidas de las tensiones tribales, muchas de ellas promovidas por los propios abbasíes; de entre ellas recuerdo la llevada a cabo por Abd-l-Gaffir al-Yamani[56] en 771 desde Ishbiliya. Mientras el Emir se encontraba en la Marca Superior[57], este rebelde atacó y se apoderó de territorios aledaños a Qurtuba, haciendo que Abd al-Rahman ibn Mu'awiya apresurase su retorno una vez tales noticias llegaron a sus oídos. Las tropas insurgentes esperaban la llegada del Emir acampados en una llanura aluvial de difícil acceso en el valle de Mumbassar[58], sobre el wadi Qays[59]; cuando finalmente éste llegó a la zona, estableció su asentamiento cerca de al-Mudawar[60] y salió junto a sus oficiales a caballo para evaluar la situación de las tropas enemigas. Mientras sopesaba la dificultad que entrañaba un ataque directo, oyó conversar a un grupo de soldados rebeldes y los identificó como bereberes, pues utilizaban su lenguaje nativo.

54. La actual localidad de Armilla, en la provincia de Granada.

55. Bagdad.

56. "El yemení".

57. Era la frontera más septentrional del país de al-Andalus, una división administrativa y militar que, a pesar de pequeñas variaciones en el territorio que abarcaba durante el periodo omeya, se correspondía con los territorios del valle del Ebro.

58. Bembézar, muy cerca de Almodóvar del Río (Córdoba).

59. Identificado con el actual río Bembézar, cercano a Córdoba.

60. Almodóvar del Río, a 15 km al oeste de la ciudad de Córdoba.

Llamó entonces a sus clientes de los Banu al-Jali'a y los Banu Wanassus —también bereberes—, y les dijo: «Hablad con vuestros paisanos del ejército contrario, exhortarles y hacedles saber que que si los yemeníes vencen y mi imperio se derrumba, también ellos sufrirán pérdidas». Cuando cayó la noche, los hombres enviados por Abd al-Rahman se acercaron al destacamento de los bereberes y les comunicaron el mensaje del Emir; una vez que las peticiones de los insurgentes fueron aceptadas, estos prometieron abandonar el ejército de al-Yamani. En la mañana de aquel 1 de octubre de 771, poco antes de la batalla, los bereberes de Abd-l-Gaffir al-Yamani dijeron a sus oficiales yemeníes: «Nosotros no sabemos luchar de otra manera que no sea a caballo. Dadles montura a aquellos de los nuestros que no la tengan, y que vayan a pie los árabes». Algunos caballeros yemeníes se vieron entonces obligados a entregar sus caballos a los bereberes y, una vez comenzó el enfrentamiento, éstos comenzaron a hacerse los remolones hasta que huyeron de la batalla al galope, abandonando a los yemeníes a su suerte. Con las fuerzas mermadas, el ejército del Emir los venció de forma aplastante, matando a treinta mil de ellos, entre los que se encontraba el propio Abd-l-Gaffir. Para que quedase constancia de ello, Abd al-Rahman llenó un enorme foso con sus cabezas y señaló donde se hallaba, lugar que aún es conocido.

Otra de aquellas insurgencias que viene inevitablemente a mi memoria, pues su resultado tuvo consecuencias incluso al norte de la frontera de al-Andalus, no fue otra que la de Sulayman al-Arabi y al-Husayn ibn Yahya al-Ansari en Saraqusta[61] durante 777, contra la que el Emir envió a Ibn al-Abdi al mando del ejército. Tras un largo asedio, el rebelde logró poner en fuga a las fuerzas emirales y capturar a su general, que enviaría al propio Qarluman[62] ofreciéndole una alianza para vencer al Emir Abd al-Rahman a cambio de entregarle Saraqusta. Viendo sus ansias de expansión espoleadas por este ofrecimiento, las tropas carolingias llegaron a la ciudad, pero Sulayman cambió de opinión y les cerró las puertas, defendiéndose con tanto arrojo que lograron rechazar el ataque. Cuando las derrotadas huestes de Qarluman emprendían la vuelta, fueron emboscadas por los vascones en los desfiladeros de sus tierras; como bien relata el cronista carolingio conocido en su lengua con el nombre de Eginardo[63]:

61. Zaragoza.

62. Carlomagno.

63. Extraído literalmente del *Vita Karoli Magni*, biografía de Carlomagno escrita por Eginardo entre 830 y 833.

Al regreso, en la misma cima de los Pirineos, tuvo que experimentar la perfidia de los vascones cuando el ejército desfilaba en larga columna, como lo exigían las angosturas del lugar. Los vascones emboscados en el vértice de la montaña, descolgándose de lo alto, empujaron al barranco a la columna que escoltaba la impedimenta que cerraba la marcha, provocando que los hombres se precipitasen al valle situado más abajo, y trabando la lucha los mataron hasta el último. Después de lo cual, apoderándose del botín, protegidos por la noche que caía, se dispersaron con gran rapidez. Ayudó a los vascones no sólo la ligereza de su armamento, sino también la configuración del lugar en que la suerte se decidía. A los francos, tanto la pesadez de su armamento como el estar en un lugar más bajo, les hizo inferiores en todo momento. Entre otros muchos perecieron el senescal Egiardo, el conde de palacio Anselmo y Roldán, prefecto de la Marca de Bretaña. Este fracaso no pudo ser vengado inmediatamente, porque los enemigos se dispersaron de tal manera que ni siquiera quedó rastro del lugar donde podían hallarse.

Abd al-Rahman partió entonces personalmente hacia Saraqusta con la intención de sofocar la rebelión pues, a pesar de negar la entrada a los carolingios, las gentes de la ciudad persistían en su oposición al Emir. Antes de su llegada, y durante la oración del viernes en la mezquita aljama de Saraqusta, un asesino enviado por al-Husayn ibn Yahya al-Ansari acabó con la vida de al-Arabi, pues quería ser el único líder de la rebelión; ante la inminente llegada de Abd al-Rahman a Saraqusta, el hijo del insurgente asesinado se vengó matando al verdugo de su padre y recabando en las filas del Emir durante el asedio. Cuando los defensores de Saraqusta se vieron sobrepasados, al-Husayn se rindió y entrego a su propio hijo Sa'id como rehén. Aquella campaña culminaría con la pacificación del norte de al-Andalus.

De la grandeza de Abd al-Rahman ibn Mu'awiya se ha hablado largamente, no sólo entre aquellos que se beneficiaron de sus esfuerzos por crear un nuevo país para los musulmanes, sino que recibiría elogios incluso de sus propios enemigos. En este sentido oí decir que un buen día el Califa Abu Ya'far Abd Allah ibn Muhammad, conocido como al-Mansur[64], preguntó a unos amigos: «¿Quién es el sacre[65] de los quraysíes?» —éstos contestaron: «Tu, oh príncipe de los creyentes, pues has organizado el imperio, aquietado

64. Segundo califa abbasí, sucedió a al-Saffah —quien había exterminado casi por completo a los omeyas— tras su muerte y reinaría desde 754 hasta 775.

65. Ave rapaz, muy parecida al gerifalte, del cual difiere por tener rubio el fondo del plumaje.

los tumultos y sosegado los ánimos» —el Califa lo negó. «¿Abd al-Malik ibn Marwan[66]?» — «Tampoco» —contestó Abu Ya'far— «¿Entonces quién es?» —el líder abbasí entonces dijo: «Abd al-Rahman ibn Mu'awiya, el cual, saliendo ileso por su astucia, de entre lanzas y espadas, cruzó el desierto, atravesó el mar, entró en una tierra de infieles, fundó ciudades, reunió ejércitos y organizó un reino, que antes se hallaba en la anarquía, con su buena administración y su firmeza de carácter. Abd al-Malik había sido proclamado antes de su advenimiento al trono, yo mismo contaba con el apoyo de mi familia y la unión de mis partidarios, pero Abd al-Rahman ibn Mu'awiya se hallaba solo, sin más auxilio que su inteligencia, sin más compañero que su firme voluntad».

Del carácter de Abd al-Rahman ibn Mu'awiya se ha dicho que su furia era tan célebre como temida, acerca de lo cual recuerdo haber oído una historia: cuando éste se encontraba inmerso en los problemas de tejer la administración para su nuevo emirato, una de sus preocupaciones era elegir a la persona idónea para desempeñar el papel de cadí[67] de Qurtuba. Para resolver aquel asunto, reunió a toda su corte y escuchó sus propuestas, entre las que se encontraba la de su hijo Hisham y el visir Ahmad ibn Mugit. Ambos se habían inclinado por Musa ibn Imran, un recto y devoto sabio que el heredero había hecho contertulio suyo atraido por estas cualidades. Una vez quedó convencido el Emir, aquel hombre fue llamado a palacio y compareció ante el propio Abd al-Rahman, acompañado por el príncipe Hisham, el visir Ibn Mugit y toda la corte, donde le fue ofrecido el cargo de cadí. No obstante, Musa lo rechazó aludiendo a una serie de razones que Abd al-Rahman rechazaría igualmente, insistiendo en que ya había tomado la firme decisión de otorgarle el cargo sin atender a las excusas que le presentaba. Musa, sin embargo, se negaba con igual determinación a aceptarlo y provocó en el Emir un súbito silencio, mientras comenzaba a retorcerse el bigote con la cabeza agachada. Los cortesanos comenzaron a temer por la vida de aquel hombre —pues aquel era un conocido e inequívoco gesto que precedía a los arrebatos de cólera de Abd al-Rahman— y se dirigieron al príncipe Hisham y a Ahmad ibn Mugit, reprochándoles: «¡A qué peligro habéis expuesto a este hombre!». Tras unos instantes que parecieron

66. El ya citado abuelo de Abd al-Rahman, fue el quinto Califa omeya de Damasco, muy recordado por su lucha contra los Bizantinos y la expansión del territorio hacia Túnez.

67. Traducido como "juzgar" o "magistrado", se trataba de un importante cargo en el estado islámico, pues sus sentencias se emitían de acuerdo a una serie de preceptos religiosos y sociales que debía dominar.

eternos, Abd al-Rahman finalmente levantó la cabeza y se dirigió a Musa exclamando: «Vete, vete; contra ti y contra los que me han aconsejado que te nombrara...» —seguido por una serie de interpelaciones que mi prudencia me impiden reproducir en estas páginas, pero apuntaré que se deshizo insultándolo sin que aquello tuviese otras consecuencias. Musa viviría desde entonces alejado de la vida pública hasta el ascenso al trono de Hisham ibn Abd al-Rahman, cuyo bondadoso carácter sí conseguiría lo que el temor inspirado por su padre no pudo.

No obstante, se recuerda de igual manera su bondad y entrega con aquellos que le habían ayudado cuando era sólo un joven exiliado que huía del poder de Madinat al-Salam. Recuerdo haber escuchado que en una ocasión Abu Qurra al-Barbari y su esposa Tkfat tuvieron de huir de Ifriqiya y solicitaron refugio en Qurtuba. Abd al-Rahman, recordando el incidente en que aquella mujer le salvó la vida en Qayrawan, bromeó: «Encima del miedo que tenía, tuve que soportar que me atormentases con el olor de tus axilas, ¡oh Tkfat!, y me hiciste aspirar un hedor más nauseabundo que el de un cadáver putrefacto» —pero la mujer, viendo al aterrado muchacho bajo sus faldas en lugar de a aquel imponente Emir, no tardó en responder: «Por el contrario, ¡oh, señor!, eras tú el causante del hedor, aunque no te dieras cuenta, resultado del miedo tan terrible que estabas pasando». Abd al-Rahman no pudo contener la carcajada y, por supuesto, protegió a sus salvadores hasta el fin de sus días.

Abd al-Rahman ibn Mu'awiya ibn Hisham ibn Abd al-Malik murió en Qurtuba el 30 de septiembre de 788 a los cincuenta y siete años de edad habiendo conseguido estabilizar el aún joven emirato. Sería recordado no sólo por sus gestas militares y su capacidad de gobierno, sino también por su talento para la poesía y la oratoria, así como su interés por el desarrollo de las artes y las ciencias. Este sería un rasgo que distinguió a todos sus descendientes al frente de al-Andalus y que convertiría a Qurtuba en la capital occidental del conocimiento pocas décadas después.

Noticias acerca de los emires que se sucedieron tras Abd al-Rahman al-Dahil,

los hechos a los que hubieron de enfrentarse, algunas de las historias que a ellos les ocurrieron, los visires y cortesanos relacionados con su gobierno, y cómo la práctica disolución del emirato dio paso a la época más gloriosa de al-Andalus.

Los emires rubios

En nuestra tierra de al-Andalus tenemos, entre ellos, a Abd al-Rahman ibn Mu'awiya, enamorado de Da'cha; a al-Hakam ibn Hisham; a Abd al-Rahman ibn al-Hakam, cuya pasión por Tarub, madre de su hijo Abd Allah, es más clara que el sol, a Muhammad ibn 'Abd al-Rahman, cuyas relaciones con Gizlan –madre de sus hijos 'Utman, al-Qasim y al-Mutarrif— son harto conocidas[68].

La historia de los emires marwaníes se extiende desde la llegada de Abd al-Rahman ibn Mu'awiya en 756 hasta la proclamación del califato por el gran Abd al-Rahman al-Nasir en 929, reinando en el siguiente orden: Abd al-Rahman ibn Mu'awiya, Hisham ibn Abd al-Rahman, al-Hakam ibn Hisham, Abd al-Rahman ibn al-Hakam, Muhammad ibn Abd al-Rahman, al-Mundir ibn Muhammad, Abd Allah ibn Muhammad y Abd al-Rahman ibn Muhammad al-Nasir; éste último también gobernaría como Califa, tras quien se sucede-

68. Extracto de *El Collar de la Paloma* de Ibn Hazm, traducción de Emilio García Gómez.

rían al-Hakam ibn Abd al-Rahman e Hisham ibn al-Hakam[69]. No era habitual utilizar la numeración para distinguir entre aquellos emires tocayos —como suele hacerse entre los reyes cristianos—; aunque en tal caso, por ejemplo tendríamos a tres emires de nombre Abd al-Rahman: Abd al-Rahman ibn Mu'awiya al-Dahil, Abd al-Rahman ibn al-Hakam y Abd al-Rahman ibn Muhammad al-Nasir, que también serían conocidos como Abd al-Rahman I, Abd al-Rahman II y Abd al-Rahman III, respectivamente. No obstante, lo normal era recurrir a la denominación más extendida entre los árabes: el uso del nexo *ibn* —hijo de— para señalar su ascendencia y, si se daba el caso, nombrarlo por su título honorífico si éste se había hecho valedor de él, como ocurre con al-Dahil[70], al-Rida[71], al-Nasir li-din Allah[72] o al-Mustansir bi-llah[73].

Uno de los rasgos que sin duda distinguía a los emires era su aspecto físico, alejado de los nuevos califas abbasíes de Madinat al-Salam; solían ser por lo general de tez y cabello claro, debido en gran parte por la herencia de sus madres. Si bien la estirpe los Banu Umayya procedía originariamente de al-Sham, la mezcla con los nativos hispanos dio lugar a una verdadera raza andalusí; un hecho que se extendió finalmente a gran parte de la población de al-Andalus y que era fruto de la integración de los árabes en la establecida sociedad hispanovisigoda de muladíes y dimmíes resultante en matrimonios mixtos y descendencia mestiza; de igual forma la llegada de gentes de territorios cristianos que se establecerían en el emirato fomentaba esta mezcla, un hecho más habitual aún en los territorios limítrofes, las Marcas.

Del propio Abd al-Rahman ibn Mu'awiya se dice que era de talle alto, rubio, tuerto, barbilampiño, tenía un lunar en la cara y llevaba dos aladares[74]; su madre procedía de la mencionada tribu bereber de los Nafza, aunque desconozco si efectivamente se trataba de una mujer nacida en esa zona del norte de Ifriqiya o si, por el contrario, era una esclava propiedad de los clientes de Mu'awiya traída de reinos más lejanos como apuntan algunos; Hisham ibn Abd al-Rahman, de tez blanca algo rojiza y bizco, era hijo de una esclava visigoda convertida al islam llamada Da'cha, a la que Abd al-Rahman

69. Conocidos actualmente como Abd al-Rahman I, Hisham I, al-Hakam I, Abd al-Rahman II, Muhammad I, al-Mundir I, Abd Allah I, Abd al-Rahman III, al-Hakam II e Hisham II.

70. "El emigrado", referido a Abd al-Rahman I.

71. "El apreciado", sobrenombre por el que se conoció a Hisham I.

72. "El que hace triunfar la religión de Allah", título otorgado a Abd al-Rahman III.

73. "El que busca la ayuda victoriosa de Allah", se trata de al-Hakam II.

74. Las descripciones físicas se recogen en *Dikr bilad al-Andalus*, traducción de Molina.

liberaría y desposaría; la madre de al-Hakam ibn Hisham, Zujruf[75], era una princesa carolingia entregada a su padre Hisham como parte del tratado de paz que Abd al-Rahman ibn Mu'awiya firmó con el rey franco Qarluman, y a él se le describe como moreno, de piel muy oscura, alto, de hermoso perfil, delgado, no se teñía; su hijo Abd al-Rahman era alto, moreno, de nariz aguileña, de grandes pupilas negras, con los párpados alcoholados con una gran barba teñida de aleña y de katam[76]; de Muhammad ibn Abd al-Rahman se dice que era hijo de la concubina al-Shifa[77] y de tez blanca algo rojiza, rechoncho y de barba abundante que teñía con alheña y katam; al-Mundir nació de la bereber Atl y se le recuerda como moreno, de pelo rizado, con huellas de viruela en el rostro, teñido con alheña y con katam; Abd Allah, hijo de Muhammad y Ushar era de tez blanca rojiza, rubio, de nariz aguileña, rechoncho, teñido de negro; por último estaba Abd al-Rahman, hijo de la vascona Muzna[78], de tez blanca, rechoncho, de ojos azules, cuerpo proporcionado, hermoso, bello, espléndido y teñido de negro. Referente a todos los Umayya se recuerda su inclinación por las mujeres rubias, optando principalmente por las venidas del reino de los vascones. Esto influiría en los cánones de belleza de la sociedad de al-Andalus, hasta el punto de que yo mismo mostré mi predilección por estas mujeres de cabellos dorados:

Yerran quienes censuran el color de la luz y el oro
por una necia opinión del todo falsa.
¿Despreciará alguien el color del narciso fragante
o el color de las estrellas que brilla a lo lejos?
Sólo las criaturas de Dios, alejadas de toda ciencia
prefieren los cuerpos negros, de color de carbón:
negro es el color de los moradores del infierno;
negro el vestido de quienes están de luto por un hijo;
y desde que aparecieron las banderas negras
los hombres están seguros de que no llevan a la fe.

He de decir que no se trataba de un asunto propiamente de gustos ni se rechazaba a las mujeres morenas por pura preferencia; las elecciones que

75. Se traduce como "oro", posiblemente su nombre original fuese Áurea.

76. Labiérnago.

77. "Salud".

78. Traducido como "lluvia" o "nube".

los emires hacían acerca de sus favoritas causaban gran impacto sobre todos nosotros, ya que aspirábamos a ser miembros del círculo más cercano a los Umayya y, por tanto, mostramos una predilección basada en la similitud con la familia real. Por otro lado, la comparación del color del cabello o la piel con las negras banderas abbasíes simbolizaba nuestro rechazo al gobierno oriental de aquellos usurpadores, y la reclamación de al-Andalus como un país independiente, en el que pretendíamos la convivencia con los antiguos hispanogodos frente a la opresión y la ortodoxia religiosa de los descendientes de al-Abbas ibn Abd al-Muttalib.

Noticias del Emir Hisham ibn Abd al-Rahman

Hisham y Sulayman[79] se encontraban en Marida[80] y Tuylaytula, respectivamente, cuando sobrevino la muerte de su padre, el Emir Abd al-Rahman, aquel 30 de septiembre de 788. Se dice que en su lecho de muerte, el propio ibn Mu'awiya mandó llamar a su otro vástago, Abd Allah, y le dijo: «Al que de tus hermanos se anticipe a venir a ti, entrégale el sello y el mando. Si es Hisham, válgale su piedad y buenas costumbres y el apoyo que recibe; si es Sulayman, válgale su edad y su valor y el amor de los árabes hacia él». Hisham se adelantó a su hermano mayor y se presentó en Qurtuba en octubre de 788, pero no confiaba en que Abd Allah, refugiado en palacio y rodeado de las riquezas de su padre, le entregase el mando tan fácilmente, por lo que se instaló en la munyat al-Rusafa[81] a esperar el próximo movimiento de su hermano menor. No obstante, éste salió a recibirle saludándolo como nuevo Emir y entregándole el anillo como albacea designado por Abd al-Rahman, llevándolo él mismo hasta el Qasr.

Según cuenta Isa al-Razi[82], cuando la noticia de la proclamación de Hisham como nuevo Emir llegó a oídos de Sulayman, éste no sólo no reconoció a su hermano, sino que él mismo se proclamó también Emir con el apoyo de las gentes de Tulaytula, en donde era gobernador. Se dirigió entonces a Saraqusta, donde el recientemente sublevado Abu Sa'id ibn Husayn al-An-

79. El hijo mayor de Abd al-Rahman ibn Mu'awiya mencionado anteriormente, que contaba con cuatro años cuando se fugaron de Siria.

80. Mérida.

81. Residencia palaciega construida por Abd al-Rahman I al norte de Córdoba de la que se hablará más adelante.

82. El tercero de una estirpe de célebre cronistas andalusíes —iniciada por su abuelo Muhammad ibn Musa al-Razi (m. 890)—, siendo el más afamado su padre Ahmad ibn Muhammad al-Razi (887-955) que era conocido como "moro Rasis" por los cristianos.

sari pretendía atrincherarse; tras hacerlo salir de la ciudad, Sulayman intentó ganarse o a qaysíes o a yemeníes para su causa sembrando la discordia, pero fracasó al provocar la lucha entre ellos y, finalmente, el aliado de Hisham, el muladí Musa ibn Fortun[83], pudo tomar la ciudad. Sulayman tuvo que huir de nuevo a Tulaytula donde se le unió su hermano Abd Allah, descontento con su situación a la sombra de Hisham; sólo habían transcurrido siete meses desde la muerte de Abd al-Rahman. Partió entonces el Emir hacia Tulaytula para acabar finalmente con la oposición de sus hermanos y acampó a las afueras; sabiendo que Qurtuba se hallaba desguarnecida, Sulayman aprovechó la oscuridad de la noche, dejando a su hijo y a Abd Allah dentro de la ciudad, para llegar hasta Qurtuba y acampar en el Arrabal[84]. Cuando advirtieron su presencia, los propios vecinos expulsaron a las tropas del hermano del Emir que, al enterarse, envió a su hijo mayor Abd al-Malik en su busca; Sulayman huyó hasta Marida, donde el gobernador Gedir finalmente lo derrotó. Tras sitiar Tulaytula durante dos meses, Hisham volvió a la capital y Abd Allah, derrotado, se dirigió en el año 790 a Qurtuba sin portar salvoconducto alguno, confiando únicamente en la clemencia de su hermano Hisham y se entregó. El Emir los perdonó y los envió exiliados a Ifriqiya.

Hisham ibn Abd al-Rahman sólo tuvo que hacer frente a otras tres rebeliones dentro de al-Andalus, ocurriendo la primera entre los años 788 y 789 de mano de los yemeníes de Turtusha[85] encabezados por Said ibn al-Husayn, que sería derrotado por el aliado de los Umayya, Musa ibn Fortún de los Banu Qasi —la importante familia muladí que ostentaba el señorío de las tierras de la parte media del valle del wadi ibru[86], la llamada Marca Superior— haciéndose también con Saraqusta; la segunda rebelión tuvo lugar poco tiempo después precisamente en esta ciudad: el hijo de Sulayman ibn Yaqzan, antiguo gobernador de la ciudad y aliado de Qarluman, se sublevó en Barsaluna[87] y se apoderó de Saraqusta y Wasqa[88], pero fue derrotado y muerto al año siguiente en una breve campaña. Por último, en 796 los be-

83. Líder de la poderosa familia de los Banu Qasi residentes en el valle del Ebro, que serían muy importantes para el desarrollo de los acontecimientos durante casi todo el periodo omeya.

84. Arrabal situado al sur de la ciudad, al otro lado del río. Se tratará más adelante.

85. Tortosa, en la provincia de Tarragona.

86. Topónimo árabe para el río Ebro.

87. Barcelona.

88. Huesca.

reberes de un distrito de la cora de Rayya[89] se levantaron en armas y fueron aniquilados por las tropas emirales. Aparte de estas rebeliones, al-Andalus vivió un periodo de estabilidad interna, pudiendo Hisham centrar sus esfuerzos militares en llevar las aceifas[90] contra los reinos cristianos y consolidar las fronteras.

La calma dentro del propio país de al-Andalus se debía, entre otras cosas, al ingenio con que Hisham resolvía las disputas; recuerdo el relato sobre aquella que mantenía un hombre con el cadí Musa ibn Imran por haber sido expulsado de su casa mientras éste justificaba su decisión: «El cadí me ha arrojado de mi casa y me ha hecho salir de ella» —el Emir, que mediaba en el conflicto, respondió: «¿Qué quieres de mí? si me arrojara el cadí de este trono me levantaría de él con toda la pena de mi corazón» —señalando la rectitud y justicia del cadí y la plena confianza que en él depositaba. Pero no era ésta una cualidad que reconociese sin mérito en sus súbditos, pues acostumbraba a enviar personas de su círculo más cercano a todos los rincones de al-Andalus para preguntar a las gentes acerca del trato que recibían por parte de sus gobernantes, y actuaba conforme a la información que le hacían llegar.

Otra de las historias que hablan de la honestidad de Hisham ibn Abd al-Rahman fue la ocurrida a raíz de la reparación del puente que llevó a cabo tras verse seriamente dañado por una riada en 794. Al parecer, el Emir en persona inspeccionaba y dirigía la marcha de las obras casi a diario, siendo incluso los salarios abonados en su presencia; la preocupación que mostraba por la solidez del puente y la gran inversión que realizó para ello levantó las sospechas de la gente, que sobre ello decían: «¡Cuando lo edificó fue para su distracción en la caza y el recreo». Aquel rumor llegó a oídos de Hisham que, en lugar de tomar represalias contra aquellos que le calumniaban, juró que no cruzaría aquel puente si no era para alguna expedición o asunto importante.

Las gentes recordaban los días del Emir Hisham ibn Abd al-Rahman llenos de paz y prosperidad como nunca se han conocido otros, y a él como un hombre generoso, justo, virtuoso y al que incluso fue visto mezclado humildemente entre el vulgo acompañando el cortejo fúnebre del cadí Mu'awiya ibn Salih, a quien apreciaba y respetaba profundamente.

---

89. Esta cora abarcaba un extenso territorio entre las sierras del sur de la actual provincia de Córdoba, y casi toda la provincia de Málaga. Su capital fue *Madinat Arxiduna* (Archidona) y sus principales ciudades eran *Malaqa* (Málaga), *Suhayl* (Fuengirola), *Ballix* (Vélez-Málaga), Cártama y *Ard-Allah* (Ardales).

90. Del árabe al-Sayfa , "cosecha" o "expedición estival", término referido a una expedición militar típicamente musulmana que se realizaba en verano.

Leí de mano de al-Qutiyya[91] que poco después de ocupar el trono, el Emir Hisham envió un emisario a Yazirat al-Jadra para hacer venir al astrólogo al-Dabbi y conocer así sus predicciones respecto al reinado. El sabio, que ya contaba con indicios acerca del corto periodo que Hisham ocuparía el trono y temiendo la ira del poderoso y aún desconocido Emir de al-Andalus, se excusó ante el enviado y trató evitar la audiencia; éste transmitió la respuesta a Hisham, que lo dispensó en un primer momento. Al conocer los motivos por los que al-Dabbi rehusaba relatar su pronóstico volvió a convocarlo, presentándose el astrólogo esta vez: «Ciertamente, si yo te lo pido ¡pardiez!, no es porque imagine que sea verdad lo que tú digas, sino que lo hago sólo por el placer de oírlo; de manera que si me dices cosas que puedan causarme disgusto, con seguridad te perdonaré, gratificaré, regalaré vestidos y retribuiré porque me manifiestes lo que ha de darme placer» —al-Dabbi entonces le vaticinó: «Pues... de seis a siete años». Hisham quedó complacido y cumplió su palabra, obsequiándole y permitiéndole volver a su tierra; el astrólogo se retiraría para consagrarse a la vida religiosa, pero moriría años después por orden del Emir Muhammad —nieto de Hisham— quien, furioso porque éste publicase datos acerca de su vida privada, lo había condenado a muerte acusándolo de brujería.

Pero si una historia acerca de la bondad del Emir Hisham es célebre por encima de todas las demás, es aquella que ocurrió respecto a los Banu Caneni. Cuentan que en su juventud, Hisham ibn Abd al-Rahman acostumbraba a sentarse en la terraza de su almunia observando la vida en el Arrabal; un mañana vio como Ibn Caneni se dirigía apresurado hacia su palacio y sospechó que algo había sucedido. Alarmado, ordenó a sus sirvientes que si éste pedía audiencia lo hicieran pasar de inmediato: «He visto a al-Caneni dirigirse hacia aquí, cuando se acerque a ti hazle entrar como viene». Tras ser introducido en uno de los salones y realizar el saludo, al-Caneni expuso su problema al príncipe, que se encontraba junto a una de sus esclavas: «Uno de los Banu Caneni ha matado a un hombre involuntariamente, hemos tenido que entregar una fuerte suma a sus familiares paternos y nuestra familia ha sido apresada por tu hermano Sulayman por el favor que sabe que tengo contigo, por lo cual me acojo a ti contra las injurias que me hacen» —Hisham le dijo: «¡Ah Caneni! puede tranquilizarse tu temor y descansar tu ánimo, que no hay pecado en que se encargue Hisham por ti y tu familia» —y

91. Importante cronista sevillano fallecido en 977, escribió el *Ta'rij iftitah al-Andalus* (Historia de la Conquista de al-Andalus).

tomando un collar de la joven, se lo extendió a su sirviente— «Toma este collar y paga de su valor por ti y por tu gente, y goza del resto». Abrumado, al-Caneni le contestó: «Ah, mi Señor, yo no he venido a pedir don, ni se me ha estrechado por pagar aquello en que he sido cargado, sino que he venido a ti implorando protección, porque he sido tratado con injusticia»—«¿Y de qué forma puedo ayudarte entonces?» —contestó Hisham— «Que escriba el Emir, que Dios guarde, a Sulayman para que no tome lo que no corresponda y que nos cargue en su lugar el impuesto del vulgo de su gente» —el príncipe entonces le dijo: «Toma el collar, es para ti y tu familia, mientras facilita Dios lo que pueda hacer por ti». Hisham entonces ensilló su caballo y partió hacia el Qasr para ver a su padre, el Emir Abd al-Rahman, al que contó lo sucedido: «Un hombre de los banu Caneni, que me presta servicio, ha sido injustamente tratado por Sulayman en el pago de un delito, que recayó sobre sus parientes» —el Emir le preguntó: «¿Y qué puedo hacer por él?» —Hisham le transmitió la petición de al-Caneni como propia: «Un escrito para que se le abstenga de injurias y no le sea tomado sino lo que realmente le corresponda»—«¿No sería mejor que eso que fuera pagada la expiación por él y su gente con dinero de la tesorería, cuando él está contigo en tal grado de estima y tú con él en ese cuidado?». Hisham agradeció la consideración de su padre, pagó la expiación de al-Caneni y escribió a su hermano Sulayman, zanjando con ello todo el asunto. Cuando el hombre pudo agradecérselo al príncipe, aún portaba con él el collar: «¡Ah mi Señor!, me has ayudado mucho más de lo que necesitaba y se ha repuesto mi honor más allá de lo que estaba; en cuanto a este collar precioso, Dios lo ha hecho innecesario» —Hisham entonces le dijo: «Caneni, no habría forma de que nos devolvieras un regalo, tómalo y la bendición sea sobre ti con él». El 29 de abril de 796[92], a la edad de cuarenta y tras haber gobernado tan sólo siete años y nueve meses, el Emir Hisham fallecía en Qurtuba. Abu al-Walid Hisham ibn Abd al-Rahman sería recordado como *al-Rida*[93].

Noticias del Emir al-Hakam ibn Hisham

Al-Hakam ibn Hisham, nacido en 771, fue proclamado Emir con veinticinco años tras la muerte de su padre la misma noche de aquel jueves de abril, mientras sus tíos Abd Allah y Sulayman veían en esta sucesión una nueva oportunidad de hacerse con el poder. Ambos se encontraban aún exiliados

92. Fecha recogida en *Historia de al-Andalus* de Ibn Idari al-Marrakusi.

93. Traducido como *El apreciado*.

en ahl al-Idwa[94], por lo que no pudieron llegar a tiempo a la capital de al-Andalus para disputar el trono a al-Hakam antes de la proclamación, no obstante, lejos de desalentarse cruzaron el Estrecho decididos a enfrentarse a su sobrino. A este respecto leí de mano de Ahmad ibn Muhammad al-Razi[95]:

> *En ello se adelantó Abd Allah, apresurándose a cruzar el mar con mujeres e hijos para quedarse en la costa andalusí e instalarse en la cora de Balansiya*[96] *entre los bereberes, quienes se pusieron a su lado, haciéndose sus partidarios, mientras que su hermano Sulayman permanecía todavía en Tánger. Pero Abd Allah le escribió, incitándole a venir a al-Andalus para unir fuerzas contra su sobrino y arrebatarle el poder, de modo que, al cabo de un año, Sulayman fue con él a Balansiya, y ambos estuvieron congregando gentes en rebeldía contra su sobrino al-Hakam, instigando guerra contra él y procurando su daño.*

Después de reunir a sus partidarios, Sulayman envió a Abd Allah a reclutar más efectivos, tarea en la que se empleó de tal manera que llegó a la Marca Superior e incluso al reino de Qarluman; una vez reunido un ejército que consideraron suficiente para enfrentarse a las fuerzas del nuevo Emir, se dirigieron a Qurtuba en el año 797. Al-Hakam, teniendo noticias de esto, salió a su encuentro para mantener la batalla alejada de la capital y les infligió una dura derrota en Qaisata[97], apresando a Abd Allah y provocando la huída de Sulayman, que intentaría volver a tomar el poder con las fuerzas restantes pero sería derrotado de nuevo de manera aplastante en 799. Tras este nuevo contratiempo, decidió refugiarse en Marida —una ciudad siempre al borde de la rebelión—, pero su gobernador, Asbag ibn Wansus, ya había recibido orden de al-Hakam de apresarle y contaba además con el apoyo de al-Abbas ibn Abd Allah al-Qurasi. Encontré el relato de los acontecimientos que rodean al final de la rebelión en el manuscrito *al-Kitab al-Haza'ini*[98]:

---

94. Zona costera del Magreb.

95. Segundo y más célebre de los historiadores de la familia al-Razi. Autor del *Ajbar muluk al-Andalus* (Historia de los reyes de Al-Andalus) —que finalizaría su hijo Isa ibn Muhammad al-Razi-, fue muy popular entre los historiadores posteriores, tanto musulmanes como cristianos. Estos últimos traducirían su obra como *Crónica del moro Rasis*.

96. Valencia.

97. Quesada, población al sudeste de Úbeda (Jaén).

98. Un manuscrito del que no se ha encontrado copia alguna ni se conoce al autor, pero que en el *Muqtabis* II-1 se recogen algunos fragmentos.

También se dice que Sulayman esperó a Asbag, al saber que no llevaba consigo a nadie de la guardia del Emir, sino sólo a sus bereberes, y que trató de engañarle y atraérselo, más, mientras estaban en ello, apareció al-Abbas con su caballería, de modo que Sulayman supo enseguida que era él el que había caído en la trampa, y salió huyendo a todo correr, pero su caballo tropezó, dio en tierra, se dislocó un pie y se desvaneció. Fue hallado tirado en el suelo y hecho prisionero, quedando cautivo en sus manos, aunque pronto les llegó un mensajero del Emir al-Hakam con la orden de ejecutarlo inmediatamente: fue decapitado y su cabeza, enviada al Emir, que la remitió a Qurtuba, donde fue expuesta, al tiempo que ordenó traerle el cuerpo, que enterraría en el mausoleo, dentro de su palacio, junto a su padre y ascendientes.

Una vez más y tras haberse enterado de la muerte de su hermano, el derrotado Abd Allah solicitó la clemencia del Emir —esta vez de al-Hakam— que le fue concedida junto a una renta anual, con la condición de que se mantuviese en Balansiya; para asegurarse de ello, los hijos de Abd Allah quedarían bajo custodia del al-Hakam[99]. Los primeros años del reinado de al-Hakam vinieron marcados por este sucesos y, si bien conseguiría consolidar finalmente su poder, hubo de enfrentarse posteriormente a dos focos más de insurgencia: Tulaytula y la misma Qurtuba. El segundo caso es también el más tristemente célebre relacionado con al-Hakam —el llamado "suceso del Arrabal"—, que referiré más adelante, y demuestra la crueldad e injusticia de las que a veces hacía gala el hijo del bondadoso Hisham, conocido por la serenidad ante sus resoluciones, la firmeza de su propósito y su temida impetuosidad.

Lo ocurrido en Tulaytula en 806 se conocería con el nombre de "Jornada del Foso" y vino provocado por la situación de la ciudad —principalmente muladí—, siempre desafiante al poder andalusí, al igual que Marida, y germen de constantes revueltas. Después de varias escaramuzas y atentados contra las autoridades del estado, el Emir decidió acabar con el problema de raíz y llamó a su presencia al muladí Yusuf ibn Amrus[100], a quien confiaría en secreto sus planes. Al-Hakam escribió a las gentes de Tulaytula aceptando aparentemente su rechazo al poder Umayya e informando de la llegada

99. De entre ellos, Ubayd Allah llegaría a ser un alto mando militar de al-Hakam y conocido como "el de las aceifas".

100. Nacido alrededor de 760, fue el general de confianza de al-Hakam, gobernador de Huesca y recordado por sus campañas en la Marca Superior.

de Yusuf ibn Amrus como nuevo gobernador en señal de buena voluntad para con ellos: «Os he escogido a uno de los vuestros, con quien reposarán vuestros corazones, eximiéndoos de la presencia de nuestros agentes y clientes a quienes siempre aborrecéis: reconoced, pues, el favor que supone nuestra decisión con vosotros y nuestro deseo de agradaros, y obrad con vuestro hermano Amrus, pues no tenéis excusa para aborrecerlo y perjudicarlo». Las gentes recibieron entonces al muladí con buena predisposición y su relajada política para con las conductas contrarias a al-Hakam hizo el resto: el general se había ganado su confianza. Se mostró además partidario a su causa: «He estudiado el caso de la malquerencia que constantemente surge entre vosotros y los hombres del Emir, y he visto que no es sino consecuencia de la convivencia y trato de la guardia con vosotros y del hecho de que aborden a vuestras mujeres e hijos, por lo que me parece conveniente construir una alcazaba junto a esta ciudad vuestra, separada de vosotros, donde instalaré a toda la guardia y personas del entorno del Emir, de manera que estén aislados de vosotros y quedéis a salvo de sus perjuicios y abusos». Los muladíes aceptaron a condición de que el nuevo qasr se construyese dentro de la ciudad, y así fue: Yusuf se erigió un palacio flanqueado por dos puertas de cuyo terreno central había extraído la tierra necesaria —dejando un enorme hoyo que no colmataría— y se instaló en él. Transcurrido algún tiempo, al-Hakam escribió en secreto a uno de los gobernadores de la Marca Superior ordenándole lanzar un mensaje de socorro por movimientos de enemigos en la zona y, fingiendo inquietud, envió un contingente bajo el mando de su hijo Abd al-Rahman en dirección al norte. Cuando el ejército pasó por Tulaytula, acamparon en sus afueras y Yusuf se excusó ante los notables de la ciudad: «Ya veis que este ejército está acampado junto a mí y que debo salir a cumplimentar al príncipe Abd al-Rahman, como es también vuestro deber; si estáis dispuestos o hay entre vosotros quien lo esté, venid conmigo y habréis salido para cumplir un deber, y si no, iré yo solo» —se mostraron dispuestos y fueron bien recibidos y agasajados por el príncipe Umayya. Una vez concluida la audiencia, Yusuf aconsejó a las gentes de Tulaytula que dejasen entrar al heredero en la ciudad en confirmación de su beneplácito y amabilidad con ellos para no levantar sospechas, y éstos aceptaron. La comitiva real entró entonces en Tulaytula y se instaló en el nuevo qasr de Amrus, desde donde se informó a la población que Abd al-Rahman, impresionado por la calurosa acogida recibida, celebraría un banquete para todo aquel que quisiera disfrutar de él; las gentes acudieron en masa y se formó una larga cola frente a una de sus puertas, desde donde se les hacía pasar a su interior indicando que saldrían por el otro extremo de la fortaleza para evitar aglomeraciones. La trampa diseñada por al-Hakam estaba dispuesta y, según relata Isa al-Razi[101], fue llevada a cabo con extrema precisión por Yusuf ibn Amrus:

> *Éste había dispuesto a los verdugos, con las espadas desenvainadas y los brazos arremangados, al borde de aquella excavación, hecha en el interior del qasr para servir de sepultura: grupo a grupo les eran traídos y los degollaban, echando sus cuerpos a la fosa hasta alcanzar la matanza a miles, sin cesar incluso cuando ya había amanecido.*

Cuenta además que uno de los últimos que esperaba para entrar y disfrutar del supuesto banquete dispuesto en el interior del qasr comenzó a sospechar al no ver a nadie salir de él, y dijo a quienes le acompañaban: «¡Eh vosotros!, ¿qué ha sido de nuestros vecinos de la multitud que llegó temprano?» —le contestaron: «Salen por la otra puerta de detrás de la alcazaba»—«Y ¿adónde van? Porque yo no he encontrado a ninguno. Sabed que han entrado en lugar del que ya no tienen salida». Alzó entonces su cabeza y se percató del vapor de sangre que flotaba sobre la fortaleza y, aterrorizado, alarmó a la gente: «¡Pardiez, sois todos igual de insensatos! Es la espada la que se ceba en vosotros desde la mañana, y esto es vapor de sangre, no vapor de viandas». Al darse cuenta, la población restante se abstuvo de entrar y quedó tan traumatizada que pasarían años antes de que volviesen a alzar una palabra en contra del Emir. Por otro lado se dice que el joven príncipe Abd al-Rahman, que ya a sus catorce años había dado muestras de su valor y se había convertido en el favorito de al-Hakam, quedó tan marcado por estos horrores que hubo de supervisar aquel día, que decidiría en ese preciso momento alejarse del ejemplo de su padre si algún vez se convertía en Emir.

Los cronistas coinciden en su mayoría en subrayar la crueldad de al-Hakam ibn Hisham y yo mismo lo he considerado excesivo en la represión de las revueltas, y a su mano demasiado ligera a la hora de arrebatar vidas. No obstante, hay otros que hablan de sus bondades y recogen las anécdotas referentes a su piedad ocurridas a la sazón de estos terribles sucesos. De

101. Extraído literalmente de la *Crónica de los emires Alhakam I y Abdarrahman II entre los años 796 y 847*, traducción de Ali Makki y Corriente (2001).

entre todas, he leído de mano de Abu Bakr ibn al-Qutiyya lo que aconteció a uno de los instigadores supervivientes del suceso del arrabal, el faquí[102] Talut al-Yabbar al-Ma'afiri[103], cuando se escondía de la ira de al-Hakam en casa de un vecino judío de su confianza, que lo acogería durante un año hasta que la situación en Qurtuba se calmase. Tras este periodo, al-Ma'afiri consideró la posibilidad de obtener al amán de al-Hakam a través de los Banu Bassam, los encargados de los graneros reales a quienes le unía una relación desde hacía generaciones. Al enterarse de las intenciones de su huésped, el judío le recomendó no fiarse de un cortesano, asegurándole que no suponía para él ninguna carga acogerlo el tiempo que fuese necesario. Pero al-Ma'afiri desoyó los consejos de su amigo y se reunió con Abu Bassam, que fingió alegrarse de su visita mientras recababa toda la información acerca de dónde había estado y quien le había protegido; tras ponerle en custodia y prometerle interceder por él, acudió al Emir, y una vez en su presencia le dijo: «¿Qué te parecería un ternero cebado mantenido en el pesebre desde hace un año?¿Te gustaría comerlo? —al-Hakam contestó: «Más me gusta el que anda y se ejercita que ése que tú refieres» —Abu Bassam entonces aclaró: «Era sólo una adivinanza; mi intención es otra: Talut, a quien buscabas, cabeza de sediciosos, está en mi casa; Dios te lo ha entregado» —el Emir sorprendido, le ordenó: «Venga, tráemelo enseguida». Mientras su cortesano salía en busca de al-Ma'afiri, al-Hakam se sentó expectante en su salón, corroído por las ansias de venganza. Cuando por fin fue introducido ante él a empujones, el Emir le espetó: «¡Talut, alabado sea Dios que te he puesto en mis manos, ay de ti! Dime: si tu padre o tu hijo hubiesen ocupado mi lugar en este qasr, ¿te habrían tratado con mayor honor y consideración que yo lo he hecho?¿Acaso alguna vez te rechacé en cosa que me pidieras para ti u otra persona?¿No participé de tus dulzuras y amarguras?¿No te visité en tus enfermedades?¿No compartí tu tristeza por tu mujer, yendo a pie en su funeral hasta el cementerio del Arrabal, y luego volví contigo también hasta tu casa?¿He hecho contigo algo que no fuera honrarte y enaltecerte?¿Qué te empujó, pues, a corresponder a mis favores con nada menos que querer deponerme de mi reino, matarme, declarar presa lícita a mis mujeres y violar mi intimidad?» —Talut contestó: «En

102. Sector de la población considerados "árabes puros" que representaban altos cargos por su conocimiento de la ley islámica.

103. Este ilustre personaje dio nombre a una de las numerosas mezquitas de la ciudad, seguramente sufragada por él mismo para la comunidad.

este momento no encuentro nada que decir que pueda ser más saludable que serte sincero. Sólo por Dios te aborrecí, y de nada te sirvió cuanto habías hecho por mí en beneficio de mi vida terrenal». La ira de al-Hakam se disipó y, tras reflexionar, le dijo: «Pardiez, que al traerte he contemplado en mi mente todos los tormentos del mundo para escogerte el más horrible, pero estás a salvo de ello, pues te digo que Aquel por cuya causa me aborreciste me ha hecho dejarte en paz. Vete con el amán de Dios y sin cuidados, elévame tus solicitudes, pues no ha de faltarte un favor mío mientras viva. ¡Ojalá no hubiera sido como fue!¿Dónde te cogió tu amigo Abu Bassam?» —Talut le contó lo sucedido: «Yo me puse en sus manos y fui a él, a causa de una relación que teníamos, para que intercediera por mí ante ti, pero me traicionó e hizo lo que has visto»—«¿Y dónde estuviste todo el año anterior?»—«En casa de un judío, al que me unía el afecto de vecinos; él me acogió, sin escatimar nada en protegerme, ni sentir zozobra por mi presencia». El Emir, encolerizado, se dirigió entonces hacia Abu Bassam: «¡Qué vergüenza para ti! Un judío, enemigo de la fe, guarda a este maestro la consideración que merecen su piedad y ciencia, arriesgando por ocultarlo su vida y fortuna, y tú, su correligionario y amigo, desbaratas los favores del judío a un hombre entre los mejores de su comunidad y más dignos de tu protección: grave es tu culpa con él, y has sido vil en tus deseos, pues has querido incrementar, derramando esta sangre inocente, las acusaciones que se nos hacen de algo de que nos hemos arrepentido: ¡mal compañero eres!¡Sal de nuestra presencia, Dios te dé mal galardón, y que no volvamos a ver tu rostro!». Los Banu Bassam se vieron entonces mancillados y su influencia decayó hasta hundirse en la oscuridad; respecto a Talut, al-Hakam ordenó que se le otorgase una generosa pensión y fue honrado y considerado por éste hasta el día de su muerte, ocurrida poco después de este suceso con gran pesar del Emir, que acudió personalmente a su funeral y elogió su sinceridad.

En los primeros días de mayo del año 822 el Emir al-Hakam ibn Hisham, impulsado por el recuerdo de los problemas dinásticos que le habían causado sus tíos Abd Allah y Sulayman, convocó a toda la corte en el Qasr y tomo la jura a favor de sus hijos Abd al-Rahman y al-Mughira como sucesores, ratificándolo y comunicándolo además por escrito a los gobernadores de todas las coras; sería el primero de los emires que nombraría a su sucesor en vida. El día 24 de ese mismo mes al mediodía, Abu al-As al-Hakam ibn Hisham fallecía a los cincuenta y un años tras veintiséis de gobierno.

Noticias del Emir Abd al-Rahman ibn al-Hakam

Abu l-Mutarrif Abd al-Rahman ibn al-Hakam había nacido en Tulaytula entre los meses de octubre y noviembre del año 792; durante toda su juventud recibió una atención especial por parte de al-Hakam, que lo preparaba para gobernar al-Andalus. Como bien relata al-Hassan ibn Mufarrig[104]:

> *El Emir Abd al-Rahman llevaba la kunya[105] de Abu-l-mutarrif, y su madre fue una esclava llamada Halawah. Primogénito de su padre al-Hakam, a quien nació en Tuylaytula, cuando era su gobernador por su progenitor, en el año 176h, era su preferido: lo anteponía a todos sus otros hijos y consideraba propiciador de bendiciones, haciéndole morar consigo en el Qasr en su niñez y ya en plenitud de su vigor. Se cuidó de su educación, pues le designó maestros de Corán, y luego le puso preceptores de lengua árabe y humanidades, y lo introdujo a las ciencias de la época, llegando a tener criterio científico propio y a leer las obras de los antiguos.*

Una vez heredó el trono con veintinueve años, su primera tarea fue la de ocuparse de las exequias de su difunto padre, llevando su cuerpo frente a toda la corte al interior del Qasr, donde sería enterrado junto a su abuelo Hisham. Permaneció de pie junto a su tumba hasta que éste fue cubierto de tierra, momento en el que Abd al-Rahman se sentó cabizbajo en el suelo sin ningún tipo de alfombra y pronunció un hermoso elogio hacia al-Hakam, anunciando a las gentes su propósito de convertirse en un gobernador ejemplar y benevolente, palabras que todos recordarían. Debido al gran afecto que le unía a su hermano al-Mughira, el nuevo Emir confirmó la situación de éste como heredero, título con el que fue llamado y que ostentó durante algún tiempo, hasta que decidió renunciar a este derecho y desligarse de la jura hecha por su padre.

Los problemas no tardarían en llegar de nuevo de la mano de Abd Allah ibn Abd al-Rahman al-Balansí, de quien cuenta Isa al-Razi que presentó excusas para retrasarse en la jura del nuevo Emir hasta que escribió a éste reclamando sus derechos ante él de manera arrogante y exigiendo la cesión

---

104. Texto recogido en el Muqtabis II-1 de Ibn Hayyan, traducido como *Crónica de los emires Alhakam I y Abdarrahman II entre los años 796 y 847* por Ali Makki y Corriente (2001).

105. Lit. sobrenombre. Título honorífico en árabe que normalmente consiste en el uso de "padre de", seguido del nombre del primogénito.

de Tudmir[106]. Antes de recibir ninguna respuesta, Abd Allah la ocupó y a ella se dirigieron parientes y seguidores animando al rebelde a partir hacia Qurtuba, pero él les pidió calma diciéndoles: «Más bien, imploraremos la bendición de Dios en la plegaria del viernes, mañana, y saldremos el sábado». Al día siguiente, mientras daba el sermón a las gentes de Tudmir, dijo: «Dios mío, si soy más merecedor del mando por el que me he levantado que Abd al-Rahman ibn al-Hakam ibn Hisham, nieto de mi hermano, ayúdame y dame la victoria contra él, y si lo merece él más que yo, que soy hermano de su abuelo, ayúdalo contra mí». No había acabado de hablar cuando sufrió una *arrih Ibaridah*[107] y cayó al suelo paralizado. Fue llevado a su campamento, donde permaneció varios días sin habla hasta que pudo articular palabra: «Dios ha escuchado la petición y resuelto el caso, negándome el mando: su sentencia es inapelable, marchaos a vuestras casas». Sus seguidores se dispersaron y Abd Allah escribió un carta a Abd al-Rahman informando de su enfermedad sin esperanza de vida, encomendándole además el cuidado de su mujer e hijos, de los que el nuevo Emir se haría cargo tras su muerte al año siguiente. Lejos de estabilizarse la situación en Tudmir, aconteció que poco después éste sería el escenario de una nueva lucha entre yemeníes y qaysíes; hace poco leí de mi coetáneo al-Udri[108] como se inició el conflicto en la ciudad de Iyi[109]:

> *Y el motivo de eso fue que uno de los yemeníes había llenado un cántaro de agua en el río de Lurqa[110], y cogido una hoja de parra, colocándola en la boca del cántaro. Se lo prohibió el qaysí, diciendo: «Tú has hecho eso burlándote de mí, al coger la hoja de mis viñedos». Entonces lucharon hasta que el asunto ya no tuviera remedio, y uno de ellos mató al otro, después de lo cual se generalizó la lucha entre los dos bandos.*

Aquel incidente desató de nuevo las hostilidades que siempre mantenían estas dos tribus, desembocando en una verdadera guerra que se extendió

106. Provincia del este andalusí que comprendía las actuales ciudades de Orihuela, Alicante, Mula, Murcia, Albacete, Elche y Lorca, entre otras.

107. Apoplejía.

108. Geógrafo andalusí (1003-1085) conocido por su compendio acerca de la Marca Superior de al-Andalus.

109. Ciudad desaparecida en la actualidad que algunos autores sitúan en el cauce del río, cercana a Murcia.

110. Lorca, en la provincia de Murcia.

por toda la cora de Tudmir. Con intención de pacificar e imponer de nuevo el débil equilibrio entre qaysíes y yemeníes, durante los siguientes dos años el Emir enviaría tropas, pero siempre que la situación parecía estabilizarse y éstas abandonaban la zona, ambos bandos volvían a la lucha. Finalmente Abd al-Rahman optó por una solución drástica: destruyó la ciudad de Iyi, germen del conflicto, y fundó Madinat Mursiya[111] el 25 de junio de 825, nombrándola nueva capital de la cora de Tudmir. Tras la rendición de Abussamah, líder de los yemeníes, el conflicto se dio por terminado y éste incluso se convertiría en cortesano de confianza del Emir. A estos problemas iniciales que Abd al-Rahman enfrentó dentro del país de al-Andalus se sumarían una revuelta de los Banu Qasi bajo el mando de Musa ibn Musa, que se apoderaría de varias plazas de la Marca Superior. No obstante se convertiría de nuevo en su aliado participando incluso en incursiones sobre territorio cristiano en el año 839 y en diferentes expediciones que hubo de realizar contra las siempre beligerantes Marida y Tulaytula entre los años 830 y 837.

No obstante, si un suceso ha trascendido del gobierno de Abd al-Rahman, es sin duda la llegada de los Normandos al país de al-Andalus. Los conocidos como *mayus*[112] no eran sino una leyenda con la que asustar a los niños, hasta que Wahballah ibn Hazm, gobernador de al-Isbunah[113], informó de la aparición de cincuenta y cuatro *drakkar* frente a sus costas hacia finales agosto de 844. Durante trece días llegaron a entablar batallas con las fuerzas locales hasta en tres ocasiones, tras lo cual se desplazaron a Qadis[114] y Siduna y, finalmente el 2 de octubre, llegaron a Ishbiliya y la saquearon al encontrarse ésta desprotegida. La reacción del Emir no se hizo esperar, y pronto convocó a las fuerzas de todo al-Andalus bajo el mando de Ab'ul Fath Nasr; el enfrentamiento tuvo lugar el 12 de noviembre en la aldea de Talyatah[115]; así lo relata Mu'awiyah ibn Hisham Assabinasi[116]:

> *Nasr, quien salió tras todos los alcaides, tomando el camino de Qarmuna*[117]*, por el que llegó a las puertas de Ishbiliya, donde atacaron a los normandos con*

111. Murcia.

112. "Magos" o "Adoradores del fuego".

113. Lisboa.

114. Cádiz.

115. Tablada, una zona actualmente despoblada a las afueras de Sevilla.

116. *Crónica de los emires Alhakam I y Abdarrahman II entre los años 796 y 847*, Ali Makki y Corriente (trad.)

117. Carmona (Sevilla).

denuedo y resolución, sacándolos de ella ignominiosamente tras sufrir una gran matanza. Tras la derrota, se refugiaron en sus naves ancladas, después que las naves de los musulmanes traídas para combatirles les quemaran treinta de las suyas, retirándose los infieles en el resto de sus embarcaciones para salir del río de Ishbiliya y sufriendo allí una gran carnicería con muchos muertos, lo que ocurrió el martes, quedando cinco noches de safar del año 230h.

[...]

El que volvió con las cabezas cortadas a los enemigos de Dios infieles, entre estos alcaides, ganando fama y atribuyéndose la victoria, fue el eunuco Nasr, lugarteniente y preferido del Emir Abd al-Rahman, que lo enalteció y encumbró aún más en su aprecio, haciéndole un espléndido regalo. Durante varios días la gente vino en tropel a felicitarle por la victoria, y los poetas le recitaron epinicios y panegíricos que le habían compuesto.

Los problemas no se limitaban a las coras, ya que dentro de la misma Qurtuba hubo de afrontar dos importantes conflictos surgidos de la convivencia entre dimmíes y árabes. El primero de ellos acaeció cuando sólo llevaba veinte días al frente del emirato: mientras gente de todas las coras acudían a jurarle lealtad, los llegados desde Ilbiri aprovecharon para quejarse acerca de los gravámenes y el canon de forrajeo establecido anteriormente por el Qund Rabí ibn Teodulf[118], haciendo con ello además reclamaciones abusivas que Abd al-Rahman rechazaría de plano. Al no ser aceptadas sus condiciones, comenzaron una protesta y generaron disturbios, por lo que el Emir envió al cuerpo de *al-jurs*[119] con la intención de dispersarlos, pero se negaron, insultándolos mientras esgrimían armas para rechazarlos, exigiendo además que se les otorgase preferencia en el trato. Viendo que los alborotadores no desistían, Abd al-Rahman lanzó contra ellos a su guardia, arrollándolos y matando a los que les hacían frente mientras el resto huía sin ser perseguidos; una vez disuelta la protesta, su benévola y recta política durante los años sucesivos aplacó los ánimos y demostró de éstos sus prejuicios infundados hacia el hijo de al-Hakam. Su estrategia fue la de favorecer en parte los intereses de la población árabe —que ya comenzaba a superar

118. Acerca de este personaje se hablará más adelante.

119. Traducido como "los mudos", era un cuerpo de élite formado por soldados extranjeros que no sabían hablar árabe.

en número a la hispanovisigoda— en compensación por el reinado de su padre; esta decisión sin embargo le granjeó otro conflicto hacia el final de su mandato, pues un grupo de dimmíes encabezados por aquel que conocían como Eulogio comenzaron a proferir insultos hacia Dios y su profeta en actos públicos —concurriendo en los crímenes de *istifaf* e *irtilad*[120]— , buscando con ello su ejecución y quedando como mártires a la causa cristiana. Los acontecimientos se precipitaron con la ejecución de Perfecto, presbítero de San Acisclo, el 18 de abril de 850, tras lo cual este tipo de conductas se multiplicaron y, a pesar de quitarle importancia para evitar un baño de sangre, Abd al-Rahman se vio obligado finalmente a hacer cumplir la ley coránica y ordenó la ejecución de once cristianos más entre el 3 y el 25 de junio de 851. La gran cantidad de condenas alarmó tanto al Emir como a la Iglesia, y éste convocó un concilio al que acudirían el arzobispo de Ishbiliya, Recafredo, el obispo cordobés Saúl y el exceptor Gómez —por parte de los intereses de Abd al-Rahman— y el propio Eulogio como representante de los mártires. Las acusaciones contra el movimiento se basaron en que se exponían innecesariamente a la muerte, por lo que era una conducta condenable según la ley cristiana; si bien se respetó a los ya fallecidos, la Iglesia condenaba oficialmente la posterior práctica del martirio y permitía el encarcelamiento de Eulogio, quedando con ello Abd al-Rahman satisfecho.

En su afán por engrandecer el país de al-Andalus, Abd al-Rahman ibn al-Hakam mejoró las instalaciones de la *Dar al-Tiraz*[121], ya existentes desde tiempos de Abd al-Rahman ibn Mu'awiya, que producirían ropas suntuarias y tapices de excelente factura célebres y codiciadas en todo el mundo conocido; por otro lado y por consejo de su cortesano Harit ibn Abd al-Rahman —conocido como Abussibl—, impulsó la ceca con la intención de acabar con el problema de la escasez de efectivo venido de oriente, acuñando monedas propias con su nombre. A ambas instituciones les dio gran importancia y asignó sueldos a sus trabajadores extraídos del mismo Tesoro real.

Sobre la persona del Emir, todos los cronistas coinciden en destacar su vasta cultura e inclinación por las ciencias. Fruto de estas inquietudes, Abd al-Rahman ibn al-Hakam envió a Abbas ibn Nasih a Iraq sin reparar en gastos, con la misión de realizar copias de antiguos tratados científicos para enriquecer la biblioteca de su Qasr y darlos a conocer a todos los habitantes de Qurtuba, siendo el primero de los gobernantes que las introdujo en al-

120. Lesa religión y apostasía.

121. Fábrica oficial de bordados.

Andalus: las tablas *Zig*[122], el *Qanun*[123], el *Sindhind*[124], el *Arkland*[125] y el *Libro de la Música*[126], junto a las restantes obras conocidas de filosofía y ciencia. Respecto a su constante búsqueda del conocimiento, el propio al-Hakam ibn Abd al-Rahman al-Mustansir bi'llah[127] diría:

> *Era hombre dado a la lectura del Corán y la memorización de tradiciones del Profeta, de las que decía saber tres mil, además de lo cual tenía conocimientos de todas las ciencias islámicas y preislámicas, así como de cuestiones muy particulares de filosofía, conocimiento de las posiciones de los astros, astronomía en general y astrología, al tiempo que conocía poesía sobre ello, léxico rebuscado, y especialidades de todo tipo, con el que constantemente abordaba a cualquier sabio en su ciencia y le hacía ver que lo superaba y vencía.*

De su pasión por las mujeres se ha escrito largamente y existen muchas y conocidas historias acerca de ello. De entre ellas es célebre la pasión por su esclava al-Shifa, a la que regaló un collar que había pertenecido a Zubayda —esposa de Harun al-Rasid[128]— y que adquirió por diez mil dinares; esta cuantía pareció excesiva a uno de sus visires, que le reprocharía: «Esta es joya que se guarda y preserva para un mal momento» —el Emir contestó: «¡Ay de ti! Quien lo lleva es en valor más preciosa, más importante y de sustancia más noble que él; si es placentero y grato a la vista el brillo de esta piedra, Dios ha hecho en sus criaturas humanas sustancias que ofuscan la vista y cautivan las mentes, pues ¿acaso hay en la tierra, entre todas sus nobles gemas, brillantes adornos, deliciosos goces y espléndidas hermosuras, algo más grato a la vista y de más completo ornato que un rostro, cuya hermosura ha perfeccionado Dios, dándole la belleza por brillo?». Se dio su nombre a una mezquita por la que se conoce el barrio que se encontraba en medio del arrabal occidental. También se recuerdan los casos de Mu'ammarah, esclava a la que

122. Posiblemente la obra de Ibrahim ibn Habib y Muhamad ibn Ibrahim al-Fazari acerca del cómputo de los años entre los árabes.

123. Puede tratarse del tratado astronómico de Ptolomeo.

124. Una de las primeras obras indias de astronomía conocidas.

125. Otro tratado hindú de astronomía.

126. Quizá la obra que refiere al-Qifti en su *Ihbar* acerca de las melodías fundamentales y nociones de composición.

127. El Califa al-Hakam II.

128. Quinto y más famoso califa de la dinastía abbasí que reinó entre 786 y 809.

manumitió y desposó, teniendo con ella a al-Mundir, uno de sus más inteligentes vástagos al que acabaría confiando importantes misiones y el mando de grandes ejércitos; Fahr, que daría nombre a una de las más conocidas y notables mezquitas de Qurtuba; Fadl, conocida como "la medinesa", de quien se decía había pertenecido a una de las hijas de Harun al-Rasid y que era diestra en el canto y perfecta en cualidades; y Qalam, tercera tras Fadl y Alam, cautiva vascona e hija de un notable entre sus condes. Pero si entre todas ellas hubo una que le hizo perder la razón, esta fue Tarub, *umm walad*[129] y madre de su hijo Abd Allah, quien había conquistado su corazón de tal manera que muchos temían la influencia que ejercía sobre el Emir Abd al-Rahman. Se cuenta que a causa de algún enfado, ella venía tratándolo con desdén por algún tiempo, evitando encontrarse con él y provocándole una añoranza tal que se desvivía por intentar complacerla. Envió a algunos de sus eunucos a sus aposentos para intentar hacerla volver junto al Emir, pero Tarub les cerró la puerta en la cara y se atrincheró jurando que no saldría de allí así la mataran; los sirvientes de Abd al-Rahman entonces solicitaron su permiso para derribar la puerta, pero éste se lo prohibió, ordenando en su lugar cubrirla con bolsas de dinero y prometiéndole con tono conciliador que serían suyas si ella le perdonaba. Cedió entonces a sus deseos y abrió las jambas, cayendo la enorme fortuna mientras ella se arrojaba a besar los pies de Abd al-Rahman; se dice que la suma que recibió alcanzó un total de cincuenta mil dinares, o incluso el doble. La influencia de Tarub llego a ser tal, que consiguió el apoyo de los sirvientes y clientes de Abd al-Rahman para que éste favoreciese a su hijo Abd Allah por delante de Muhammad en la línea sucesoria; y entre todos los cortesanos, el poderoso jefe de eunucos Abu'l Fath Nasr tuvo una especial implicación, ya que cuando el Emir cambió de parecer y decidió nombrar heredero a Muhammad, planeó acabar con la vida del ya enfermo soberano antes de que se produjese el nombramiento y así Abd Allah sería el nuevo Emir. Para ello mandó llamar a Yunus ibn Ahmad al-Harrani[130] y le dijo: «¿Qué piensas acerca de la corrección de mis aspiraciones?» —a lo que el médico, incapaz de negarse a una orden del poderoso eunuco, contestó: «Con gusto te ayudaré a conseguirlo, si soy capaz». Nasr, complacido le dijo: «Entonces toma estos mil dinares y fabri-

129. "Madre del hijo", es un estatus que garantizaba el reconocimiento de la concubina como persona libre y de sus hijos como herederos legítimos.

130. Célebre médico venido de Oriente en esos años, alrededor de 850.

ca el *bushun al-Mulk*[131]». Obligado por su temor a Nasr, al-Harrani sintetizó el veneno, pero contó lo ocurrido a la concubina Fahr, advirtiéndole de que vigilase lo que Abd al-Rahman comiera y bebiera los siguientes días. Nasr, encargado de proporcionar los medicamentos a Abd al-Rahman, le recomendó a éste un ayuno para que la siguiente toma fuese más efectiva y así despertó sus recelos, de tal manera que obligó al eunuco a ingerirla en primer lugar. Alarmado, Nasr corrió a casa de al-Harrani en busca de un remedio y el médico le indicó que bebiera leche de cabra. A pesar de tomar el remedio, el poderoso eunuco Nasr murió por los efectos del veneno destinado a Abd al-Rahman ibn al-Hakam.

Era Abd al-Rahman ibn al-Hakam, no obstante, proclive a rodearse de personas de su confianza y otorgar familiaridad a aquellos que apreciaba, como a su gran amigo Ubayd Allah ibn Qarluman o el poeta Abd Allah ibn Assimir, de quien el propio Abd Allah ibn Abd al-Rahman[132] cuenta que un día él y el ya Emir se encontraban bebiendo y éste le preguntó: «Abd Allah, ¿qué fue de aquel capotillo gastado y raído que tenías, al que le salían los hilos como venas marchitas, que intentabas ocultar pero se desplegaban?» —Ibn Assimir contestó: «Lo hice vendas para tu mulo rucio en los días en que estaba en las últimas, pero no tenías otra cosa». Irritado, Abd al-Rahman espetó: «¡Sacadme al hideputa!» —y el poeta, mientras salía gritaba: «Ea, pardiez, cuando Ibn Assimir dice la verdad le pegan» —Abd al-Rahman se echó a reír: «¡Que vuelva!». Otro de los notables cortesanos de Emir era Yahya al-Gazal[133], a quien le encargaría la gran responsabilidad de viajar a Qustantiniya al-Uzma, acompañando al embajador de Teófilo, para ratificar la amistad entre ambos países —y una secreta alianza contra los abbasíes— que el mismo rey había propuesto al escribir a Abd al-Rahman en primer lugar. Una vez en palacio, cuando se disponían a tener la audiencia con Teófilo, la comitiva andalusí encontró que la última puerta que daba acceso a la sala del trono era tan baja que sólo podía cruzarse de rodillas, estratagema que utilizaba el rey para que todas las embajadas comparecieran ante él en señal de reverencia. Al-Gazal se negó a inclinarse diciéndole a un sirviente de Teófilo: «Esto no es lícito en nuestra ley, pues sólo a Dios se hace reverencia»; tras transmitirle estas palabras, el rey ordenó rebajar aún más la puerta y cuando el sabio llegó de nuevo a ella, se dio la vuelta dándole la

131. Traducido como "matarreyes".

132. Uno de los hijos de Abd al-Rahman III.

133. Traducido como "gacela".

espalda, y entró por ella con el trasero por delante hasta pasarla entera; fue entonces cuando le dio la cara y saludó a Teófilo que, riendo la ocurrencia de al-Gazal, exclamó: «Con razón dijeron los sabios que el mensajero es como quien lo envía; este andalusí es sabio y astuto entre las gentes». A partir de este primer encuentro el rey sintió gran simpatía por al-Gazal y en los sucesivos días le invitó a una audiencia privada en la que se encontraba la reina; el sabio, impresionado por la belleza de aquella mujer, apenas prestaba atención a las palabras que le transmitían del rey. Éste, al darse cuenta de ello, se molestó y ordenó al intérprete preguntarle acerca de tan grosera conducta y al-Gazal contestó: «Estoy tan deslumbrado por la belleza de esta reina y su peregrina hechura que me es ajeno el motivo por el que se me llamó, y es justo, porque nunca he visto una imagen más hermosa, ni espectáculo más bello: ¿cómo no he de desatender a lo que me dice el rey, cuando miro más bien a un rostro que deslumbra al sol con su luz y lo eclipsa con su brillo, que recuerda al insensato el poder de Dios para hacer maravillosa creación, y hace sentir el deseo de los huríes[134]?». Cuando el intérprete tradujo las palabras de al-Gazal, Teófilo quedó complacido y se las comunicó a la reina, logrando en adelante de ambos cuantos objetivos eran complicados. Cuentan que otro día le pregunto la reina en una conversación: «¿Qué os mueve a los árabes a circuncidaros, sufriendo esa abominación y alterando la creación divina al cometerla?¿Qué ganáis de ello?» —a lo que al-Gazal contestó: «Dios guarde a la reina; la viña plantada, al ser podada, crece, se endurece y engrosa, haciéndose recia, mientras que, si no se hace, se queda fina y floja» —la reina echó a reír y creció su simpatía por él hasta tal punto que, el día en que partían de vuelta a al-Andalus, ella le dijo: «Pídeme lo que quieras que esté en mi mano y te concederé tu ruego, en premio a tu buen hacer» —al-Gazal, humildemente respondió: «Tengo hijas pequeñas, vaciadas de mi feo molde, y vestidas con las esclavinas de mi pobreza que, si se quedan solteras, no saldrán de mi casa: desparrame mi señora sobre ellas alguno de sus collares, para que puedan encontrar maridos, cumpliendo en ellas conmigo». La reina se llevó la mano al cuello y se despojó de un hermoso collar de costosas perlas, como nunca al-Gazal había visto otro, y se lo entregó, siendo el origen de su riqueza. Aquella comitiva además volvería a la corte de Abd al-Rahman con una sólida alianza como presente.

Abd al-Rahman ibn al-Hakam fallecía el 22 de septiembre de 852, a los sesenta y siete años; mientras por las calles de Qurtuba algunos rumoreaban

134. Jóvenes perpetuamente vírgenes que esperan en el Paraíso de la creencia islámica.

acerca de la posible implicación de Tarub en su muerte, pues había padecido una extraña afección durante tres años y muerto entre horribles vómitos de sangre. Sería largamente recordado, coincidiendo muchos cronistas en afirmar que sólo los gloriosos años del califato de Abd al-Rahman al-Nasir y de su hijo al-Hakam lograrían igualar, habiendo sentado éste sus bases. Leí de Ahmad ibn Muhammad al-Razi unas palabras que bien recogen el esplendor que el Emir trajo al país de al-Andalus:

> *El Emir Abd al-Rahman ibn al-Hakam fue el primero de los califas marwaníes en dar lustre a la monarquía en al-Andalus, la revistió con la pompa de la majestad y le confirió carácter reverencial, eligiendo a los hombres para las funciones, haciendo visires a personas perfectamente capaces y nombrando alcaides a paladines probados; en sus días aparecieron excelentes visires y grandes faquíes y le vinieron muchos migrantes. Sostuvo correspondencia con soberanos de diversos países, elevó al-qasrayn*[135]*, hizo obras, construyó puentes, trajo agua dulce hasta su Qasr desde las cimas de las montañas, perforando para ello las duras rocas hasta conducirla a su palacio con bien trazado plan.*

Noticias del Emir Muhammad ibn Abd al-Rahman

Cuando ocurrió la muerte del Abd al-Rahman, Tarub, que parecía no haberse desanimado con la fallida conspiración de Nasr, intentó proclamar a su hijo Abd Allah nuevo Emir, pero los sirvientes de palacio corrieron a avisar a Muhammad y, trayéndolo a palacio, desbarataron sus planes. La ciudad de Qurtuba se despertaría a la mañana siguiente con la noticia de la muerte de Abd al-Rahman y el nombramiento de un nuevo Emir: Muhammad ibn Abd al-Rahman. Nacido en 823, tenía veintinueve años y se decía de él que era de carácter bondadoso, cumplía la ley a rajatabla y se guardaba de dejarse llevar por la cólera; un gran erudito y entendedor de la aritmética. Su primera decisión respecto a la política en al-Andalus vino dada por la experiencia junto a su padre en el asunto de los Banu Qasi y, apenas transcurrido un mes de su nombramiento, designó a Musa ibn Musa gobernador de Saraqusta y señor de la Marca Superior, buscando con ello fortalecer la unión con la poderosa familia muladí que controlaba el valle del wadi Ibru. Esta renovada alianza obligaría al líder de los Banu Qasi a enfrentarse y derrotar a García Íñiguez —hijo de su hermanastro Eneko Aritza— en 854 cuando apoyó junto al rey Ordoño una nueva rebelión de las gentes de Tulaytula, que mantenían una

135. Plural de *qasr.*

forzada sumisión desde hacía diecisiete años. El nuevo Emir Muhammad, no obstante, no recuperaría la ciudad hasta 858, cuando Ordoño abandonó a los habitantes a su suerte y éstos se vieron obligados a pedir un amán que les fue concedido. Ese mismo año, los mayus volvieron a inquietar las costas de al-Andalus, pero su desembarco en la ribera del wadi al-Kabir se vio frustrada por la aparición de los barcos de guerra del Emir y las noticias de la llegada del ejército andalusí; finalmente fueron rechazados en Yazirat al-Jadra, pero durante su huída remontarían el Wadi Ibru y harían prisionero a García Íñiguez en Bambaluna. La negativa de Musa ibn Musa a pagar el rescate que exigían los normandos y la intransigencia religiosa de su sobrino acabó por provocar que los vascones, hasta entonces aliados del emirato andalusí, se uniesen definitivamente a Ordoño. Aquella alianza derrotaría y heriría gravemente a Musa ibn Musa en 859, dañando además su influencia de tal forma que su hijo Lubb —nombrado hacía pocos meses gobernador de Tulaytula— desertaría a las filas de los cristianos; el Emir Muhammad se vio obligado a intervenir y encabezó personalmente una aceifa contra Bambaluna al año siguiente que culminaría con la victoria, la destitución de Musa ibn Musa como gobernador de la Marca y la captura del hijo de García Íñiguez, Fortún Garcés, y su hija Onneca, que permanecerían custodiados en Qurtuba durante veinte años. Musa ibn Musa moriría en 865 durante una expedición contra Madinat al-Faray[136], en la que intentaba de nuevo ganarse el favor de Muhammad. Muerto el líder de los Banu Qasi, sus hijos no eran tan proclives a la alianza con los andalusíes y en 872 Fortun, Lubb, Mutarrif e Ismail ibn Musa se rebelaron contra el emirato, rebelión que fue sofocada por Muhammad en 875, acabando además con la vida de todos ellos excepto el último. Ismail ibn Musa continuaría su enfrentamiento contra el Emir, en cambio, su sobrino Muhammad ibn Lubb volvería al bando andalusí siéndole concedida gran parte del gobierno de la Marca Superior, aunque protagonizaría diversos actos de rebeldía.

La rebelión en Tulaytula y la desobediencia de los Banu Qasi no serían más que el principio de los problemas para Muhammad ibn Abd al-Rahman, pues en el clima de descontento de muladíes y dimmíes se estaban gestando las primeras revueltas en contra del emirato. De Abd al-Rahman ibn Muhammad Ibn Marwan, el muladí al que conocíamos por *Ibn Yunus al-Yilliqi*[137] —debido a su ascendencia visigoda—, no hay escrita apenas historia has-

136. Guadalajara, el topónimo actual deriva del nombre del río que discurría por esta ciudad, *wadi l-iyara*.

137. El hijo del gallego.

ta el año 852, cuando se encontraba preso en Qurtuba por un delito que desconozco. A pesar de su condición de cautivo, la personalidad de Ibn Marwan despertó la simpatía del Emir, y su valor e inteligencia acabaron granjeándole su respeto, llegando finalmente a ser nombrado capitán de la guardia real. Sin embargo, el *hayib*[138] Hashim ibn Abd al-Aziz[139] no confiaba en el muladí y lo consideraba tanto una amenaza para el emirato como para su propia posición dentro de la corte, por lo que no desaprovechaba la ocasión de desprestigiarlo en público. Se cuenta que durante una audiencia frente al Emir Muhammad, Hashim, aprovechando su posición superior, lo abofeteó insultándole: «Vales menos que un perro». Este suceso pareció colmar la paciencia de Ibn Marwan, que huyó junto a un grupo de fieles hacia Marida, donde se atrincheró y comenzó un levantamiento contra Muhammad, renegando además de la fe recién adoptada; Ibn Hayyan lo relata así:

> *Se alejó de las filas musulmanas para entrar en las de los cristianos, cuya amistad prefirió a la de los que dirigen su oración hacia la qibla [...] tenía fama de caudillo temible. Sus victorias eran muy celebradas; sus actos crueles le valieron gran reputación y respeto entre los emires sus rivales, que terminaron por colocarlo por encima de ellos.*

Tras un prolongado asedio, sería derrotado y obligado a volver a Qurtuba en el año 875, donde Muhammad le fijaría una residencia; pero no tardaría en volver a Marida y sublevarse de nuevo con la ayuda de los clientes de su familia, refugiándose en el castillo de Alange[140]. Después de unos meses de resistencia, se vio obligado a rendirse y firmó un pacto con el Emir, pero fijando sus condiciones: «Mi deseo es que se me conceda el Baxarnal[141] para construir allí, formar una ciudad y poblarla y establecer en ella el culto, sin que se me impongan tributos, ni órdenes, ni limitaciones, quedando el río entre ambos». No sería éste el fin de las hostilidades, pues se sucedieron nuevas batallas, llegando incluso a ser capturado Hashim, al que liberaría el propio Ibn Marwan a cambio de un rescate y la promesa de no volver a ser atacado, olvidando con ello aquel incidente en la corte. No obstante el hayib convencería a Muhammad para romper la tregua y volver a atacar a

138. Cargo político que suele traducirse como chambelán pero que literalmente significa "el que tapa o vela".

139. Fue el hombre de confianza y mejor amigo del Emir Muhammad.

140. Fortificación erigida en el llamado "Cerro de la Culebra", en la provincia de Badajoz.

141. La actual Badajoz, que él mismo fundaría en 875.

Ibn Marwan, pero una seria advertencia de éste al Umayya lo disuadió definitivamente. Muhammad y su antiguo amigo y capitán firmarían finalmente la paz; Ibn Marwan gobernaría un país propio[142], no del todo reconocido por la autoridad de al-Andalus, que heredarían sus descendientes y que no volvería a ser integrado en el emirato hasta los tiempos del gran al-Nasir.

Pero si un personaje marcó la historia de al-Andalus, fue sin duda Umar ibn Hafsun, un muladí nacido en una alquería de Hisn Autha[143] perteneciente a su familia. De los Banu Hafsun se decía que eran descendientes de Adefonsus, un noble visigodo relacionado con Witiza que se vio involucrado en la traición a Ludriq durante la batalla del wadi Lakka, aunque otros cronistas me han referido que este parentesco pudo ser inventado por el propio rebelde para justificar su posterior conversión al cristianismo. Durante su juventud, Umar llegó incluso a prestar servicio militar al emirato, pero su vida se vio truncada cuando descubrió que un pastor bereber estaba robando cabezas de ganado a su abuelo Ya'far ibn Salim y, al enfrentarse al ladrón, acabó matándolo. Al cometer este crimen y temiendo ser perseguido por los bereberes, huyó refugiándose en las ruinas del antiguo asentamiento Rum[144] conocido como *Municipium Bobastrense*[145], cuyo escarpado paisaje le ofrecía protección. Allí comenzaría su vida al margen de la ley y se uniría a otros fugitivos que se dedicaban a robar por las coras de Rayya y Takurunna[146], hasta que fue capturado por el gobernador de Malaqa; éste, desconociendo el asesinato cometido por Umar ibn Hafsun, se limitó a azotarlo. Tras haber sido castigado, emprendió un viaje a Ifriqiya para trabajar junto a su tío Muhadir como aprendiz de sastre, buscando con ello llevar una vida tranquila y alejada de las desdichas que había sufrido en al-Andalus.

Pero el destino guardaba una misión muy diferente para el joven Ibn Hafsun, pues una mañana irrumpió en su taller un anciano venido de al-Andalus que decía poder leer el futuro y, postrándose a sus pies le dijo: «Te levantarás desde el monte de Barbashtar y dominarás un gran reino». Aquello impresionó tanto a Umar, que decidió embarcarse de nuevo a al-Andalus

---

142. Comprendía la actual Extremadura y la zona del Algarve portugués.

143. Parauta, en el oeste de la provincia de Málaga.

144. "Romano", por este término se conocía tanto al antiguo Imperio Romano Occidental, como al Oriental, o Bizancio, término por el que se denominan actualmente.

145. Conocido en época andalusí como Barbashtar, es un antiguo asentamiento situado en el norte de la provincia de Málaga y perteneciente al municipio de Ardales.

146. Cora de al-Andalus cuya capital era la actual Ronda, en Málaga.

y volver a Barbashtar, reconstruyendo sus murallas y mejorando las defensas hasta convertirla en prácticamente inexpugnable. Con la ayuda de su tío Muhadir, consiguió reunir a un nutrido grupo de dimmíes junto a muchos de los habitantes de las tierras de Rayya que, ahogados por la presión fiscal del Emir, se unieron también a su causa: Umar ibn Hafsun declaraba abiertamente su rebelión contra el Muhammad ibn Abd al-Rahman, era el año 880.

La enorme popularidad del rebelde de Barbashtar entre las gentes obligó a Muhammad a aceptar su rendición en 883, a pesar de haber atacado varias aldeas entre su fortaleza y Qurtuba. En una hábil jugada, el Emir introdujo a Ibn Hafsun en las altas esferas del ejército con la intención de integrarle en el estado andalusí y disuadirle de cualquier insurgencia, recibiendo todos los honores y consideración del general y hayib Hashim ibn Abd al-Aziz. El antiguo enemigo de los Umayya llegó a encabezar valientemente una aceifa contra Saraqusta, no obstante, en su retorno a Qurtuba, el visir Muhammad ibn Walid ibn Ganim lo trató con desprecio, hospedándolo pobremente y proporcionándole escasos alimentos. Cuando Umar fue a quejarse al visir, éste le recriminó: «¿Quién eres tú para osar elevar una queja ante mí?» —el muladí, furioso, decidió interponer una queja ante su protector Hashim ibn Abd al-Aziz, que al escuchar los hechos le respondió: «Este hombre del que me hablas no sabe quién eres, díselo tú mismo». Confundido y desengañado ante el trato recibido por los dirigentes andalusíes, abandonó Qurtuba y se dirigió a Barbashtar decidido a reanudar su rebelión, aquel desprecio a Umar ibn Hafsun tendría un elevado precio.

La situación dentro de Qurtuba no era mejor, a las hambrunas sufridas en 865 y 868 se sumó un problema gestado en los últimos años del reinado de su padre Abd al-Rahman: el movimiento martirial, que seguía dejando sucesos y enardeciendo a la los dimmíes. Estos además se encontraban molestos con el nuevo Emir a causa de la presión que los faquíes ejercían sobre él, de manera que llegaron a conseguir que Muhammad obligase a aquellos dimmíes que ostentaban puestos en la administración a convertirse al islam para conservar sus trabajos. Buscando congraciarse con ellos, el Emir liberó al líder del movimiento martirial, Eulogio que, lejos de aplacar a sus semejantes, se dedicó a extender el fenómeno por todo al-Andalus e incluso buscar aliados en la Marca Superior y en territorio cristiano, provocando con ello varios levantamientos de muladíes y dimmíes coaligados que Muhammad hubo de reprimir. Finalmente, la ejecución de Eulogio en 859 y la destrucción del monasterio de Tábanos[147], terminaron por desalentar a los integrantes del movimiento martirial.

De las muchas historias que se recogen en las crónicas acerca de la persona del Emir Muhammad, recuerdo aquella que llegó a mis oídos a través de Abu Abd Allah ibn Umar, a quien se lo habían referido algunos hombres de fiar de entre los Banu Marwan, y ocurrió cuando éste aún era príncipe —a la edad de veinte años—, heredero del trono y de la fogosidad de su padre. Se cuenta que el por entonces Emir Abd al-Rahman, teniendo que abandonar Qurtuba por unos meses a causa de sus campañas militares, había limitado los movimientos de su hijo Muhammad en el Qasr, recayendo además su supervisión en los grandes fatás y visires. El príncipe Muhammad había sido instalado en los aposentos de la azotea del palacio, sin que pudiera abandonarlos, donde además cada noche un visir y un fatá se turnarían para vigilar su sueño. Aquella madrugada estaría al cargo el visir Muhammad ibn Walid ibn Ganim[148], que así relataría lo sucedido:

Cierta vez me tocó mi turno de guardia de noche junto con uno de los grandes que contaba pocos años y era un portento de hermosura. Entonces me dije para mí: «Me temo que esta noche Muhammad ibn Abd al-Rahman sucumba a los embates del pecado y a las trazas del demonio y vaya en pos de éste». Me acosté en la parte de fuera de la azotea; Muhammad se acostó a la de dentro, que da sobre el harem del Príncipe de los Creyentes, y él se colocó en la otra esquina, frontero a la puerta. Yo me quedé espiando al príncipe, sin distraerme, y él creyó que yo me había dormido, sin caer en la cuenta de que yo lo vigilaba. Pasada una parte de la noche, lo vi que se incorporaba y se estaba sentado en el lecho por poco tiempo; pero pidió auxilio a Dios contra Satanás y volvió a acostarse. A poco se incorporó de nuevo, se puso la camisa, como con ánimo de levantarse; pero a seguida se la quitó otra vez y tornó a acostarse. Luego se incorporó por tercera vez, se puso la camisa y echó los pies fuera de la cama. Estuvo así durante unos momentos y, por fin, llamó al paje por su nombre. Cuando el paje le respondió, le dijo: «Sal de la azotea y quédate en el pórtico que hay debajo». El mancebo se levantó y obedeció la orden. Cuando se hubo ido, Muhammad se levantó, cerró la puerta por dentro y volvió a su lecho. Desde aquel momento, entendí que Dios lo quería bien.

147. Templo considerado el núcleo del movimiento martirial cuya ubicación es desconocida en la actualidad, aunque se hipotetiza con la zona de Los Villares.

148. El ya citado visir de Muhammad, que lo fue también de Abd al-Rahman II.

No obstante, su justicia era también célebre y corrían numerosas anécdotas acerca de esta cualidad en Muhammad ibn Abd al-Rahman, como aquella en la que el ya mencionado Hashim ibn Abd al-Aziz manipuló a un hombre para que denunciase a al-Walid ibn Ganim, de quien quería librarse, sabiendo que Muhammad consultaría al mismo Hashim acerca del asunto y reservándose así el derecho de decidir su suerte. Cuando transcurrieron los días y aún no tenía noticias acerca del asunto, el hayib desvió la conversación que estaba manteniendo con el Emir hacia aquellas acusaciones, con las que aparentemente él no tenía nada que ver, a fin de tantear la posición de Muhammad sobre aquello. Para su sorpresa, no desaprobó aquella supuesta conducta y Hashim recurrió a algunos falsos testigos que declararon en contra de Ibn Ganim; fue en vano pues el Emir se negaba a destituir al sirviente de su puesto. El hayib se marchó furioso y cometió el error de reiterar por escrito dichas acusaciones y añadir otras más graves —dejando ver así su parcialidad— que podrían suponer la muerte de Ibn Ganim si se tomaban como ciertas. Al leer la misiva, el Emir convocó a Hashim a su presencia y le dijo: «¿Esta carta es tuya?»-«Mía es» —contestó— «¿Y qué piensas que deba hacer en este caso, pues las inculpaciones que se le hacen son muchas?»—«Que le impongas un severo castigo y le destierres» —dijo Hashim— «Bien, ve a la sala donde solemos reunirnos y trae un legajo de cartas que encontrarás». El hayib volvió con más de cien misivas que Muhammad le hizo leer en voz alta. En ellas se acusaba a Hashim ibn Abd al-Aziz de los más graves delitos y éste comenzó a sudar, mientras su voz se tornaba más temblorosa; antes de que acabase una, el Emir le ordenaba pasar a la siguiente hasta haber revisado todas. «¿Qué dices Hashim de esto?» —aterrado y sorprendido por aquellas falsas acusaciones se defendió: «Éstas son calumnias de mis rivales, envidiosos de las mercedes que me hace el Emir, cuya benevolencia siempre ha sido muy grande para conmigo. Yo ruego al Emir, que es mi señor, que en este asunto se detenga y me deje vivir hasta que pueda presentar mis descargos y poner de manifiesto mis excusas; el Emir podrá más bien hacer después lo que ahora no haga, que reparar lo que haya hecho» —Muhammad contestó: «¡Ah Hashim! a menudo la ligereza engendra arrepentimiento y no es de mi carácter obrar con ligereza, de otra manera serías tú la primera víctima. He visto esas acusaciones y persuadido estoy de que la mayor parte son falsedades y mentiras, pero si así lo declaráramos y nos opusiéramos a recibirlas, se abstendrían de escribirnos y de hacernos algunas advertencias que a veces son sinceras. Comprendo y me hago cargo de estas cosas con la mayor claridad, pero ¡ay de ti si los autores de estas cartas se enteran de que sabes acerca de ello!, pues si hay quien sospeche que se ha divulgado una sola palabra de su escrito, te castigaré severamente y sin remisión alguna! Preocúpate por tu bien u olvídate de estos asuntos». Cuando tiempo después Hashim ibn Abd al-Aziz fue hecho prisionero en Karakui[149] durante la rebelión de Ibn Marwan, y el Emir Muhammad hubo de pagar un elevado rescate por él, lo culpó de haber actuado precipitadamente y ser descuidado ante sus visires, que no dijeron una palabra en favor de Hashim; salvo al-Walid ibn Ganim quien, a pesar de aquellas graves acusaciones que anteriormente había vertido sobre él, dijo: «Dios dé la paz al Emir; no ha estado en mano de Hashim lo sucedido, obró de buena fe y combatió hasta donde le alcanzaron las fuerzas, pero los enemigos cayeron sobre él por el abandono de los que le acompañaban, mas él merece elogios y recompensas». Muhammad aceptó el consejo de Walid, y Hashim jamás volvió a recelar de aquel a quien había considerado su competidor.

Muhammad ibn Abd al-Rahman murió el 4 de agosto de 886, a los sesenta y tres años, siendo uno de los emires que hubo de afrontar mayores dificultades en su gobierno y habiéndolos solventado con mayor o menor acierto. Quizá por ello su figura haya quedado ensombrecida ante otros cuyas circunstancias fueron más favorables.

Noticias del Emir al-Mundir ibn Muhammad

Cuando Muhammad falleció, su hijo Al-Mundir se encontraba combatiendo en la cora de Rayya contra Umar Ibn Hafsun; precipitó entonces su marcha y llegó a Qurtuba el 8 de agosto, sólo cuatro días después de su muerte; por fortuna su esfuerzo se vio recompensado y logró llegar a tiempo a los funerales en honor del Emir. Cuentan las crónicas que el que había sido su mejor amigo en vida, Hashim ibn Abd al-Aziz, muy afectado por el fallecimiento de Muhammad, le dedicó durante la ceremonia unos versos de Abu Nuwas[150]:

¿Consolaré mi alma por vuestra pérdida, oh Muhammad?
Líbreme Dios y el recuerdo de los inmensos beneficios que de ti he recibido.
¿Por qué la muerte no arrebata a otros que aún permanecen con vida
y aparta de ti la copa de la muerte y a mí me la presenta?

149. Caracuel de Calatrava, en la provincia de Ciudad Real.

150. Abu Nuwas al-Hasan ibn Hani al-Hakami (747-815) fue uno de los más grandes poetas árabes.

Al-Mundir, creyendo que el visir aludía a él con estos versos, montó en cólera y mando su encarcelamiento y, finalmente, su ejecución; sus hijos además serían también encarcelados para evitar cualquier tipo de oposición en Qurtuba. Al-Mundir fue proclamado Emir tras las exequias de su padre y recibió la jura de las grandes familias y los miembros de la corte; mientras tanto, Umar ibn Hafsun esparcía su influencia entre los campesinos y las gentes de las alquerías con sus ya célebres palabras:

> *Desde hace demasiado tiempo habéis debido soportar el yugo del sultán, que os quita vuestros bienes y os cobra impuestos aplastantes, mientras que los árabes os llenan de humillaciones y os tratan como esclavos. Yo no quiero sino haceros justicia y sacaros de la esclavitud.*

El caudillo de Barbashtar también sabía ganarse el cariño y respeto de sus tropas, a los que recompensaba con valiosos regalos para su disfrute personal con la intención de animarlos a participar activamente en su rebelión en busca de mayores privilegios. Contando con un gran apoyo entre las gentes humildes y respaldado por un leal ejército tomó las ciudades de Baguh[151], Jayyan[152], Qabra[153] y el castillo de Hisn Ashar[154]: la rebelión se acercaba peligrosamente a Qurtuba. Al-Mundir no tardó en tomar medidas drásticas y mostrar su carácter irascible, y en la primavera de 888 encabezó el ejército andalusí para recuperar los territorios ocupados por los hafsuníes. Su primer golpe caería en Arxiduna[155] donde, a pesar de la rendición de sus habitantes, ajustició a gran parte de ellos y crucificó a su jefe dimmí Ayshun entre un perro y un cerdo, el más infame y humillante de los castigos para un rebelde derrotado[156]; poco después los insurgentes perderían Baguh y, finalmente, Hisn Ashar a manos del general andalusí Asbain ibn Futays, que masacraría las tropas de Ibn Hafsun tras ser forzadas a plantar batalla fuera de sus murallas. La presión sobre el rebelde lleva a al-Mundir a conducir personalmente sus tropas hasta Barbashtar el 10 de mayo, poniéndole sitio

---

151. La actual localidad de Priego de Córdoba.

152. Jaén.

153. Cabra (Córdoba).

154. Iznájar, también en la provincia de Córdoba.

155. Archidona, en Málaga.

156. Como es sabido, el Islam considera al cerdo un animal impuro. En el caso de los perros, se dice que son la montura de los *jinns* (ver nota 343).

durante semanas; Umar ibn Hafsun, sabiendo que su derrota podría ser sólo cuestión de tiempo, propone al Emir una negociación: la rendición y sometimiento a la autoridad de al-Mundir a cambio de respetar las vidas de él y los suyos. Satisfecho por esta aparente victoria, al-Mundir aceptó el trato y ordenó preparar todo lo necesario para el traslado del rebelde mientras el cadí redactaba el amán y él mismo partía hacia Qurtuba. El Emir además ordenó enviar cincuenta mulos cargados de regalos al interior de Barbashtar para que Ibn Hafsun pudiera transportar su equipaje y el de su familia. Una vez en la entrada de la fortaleza, el rebelde y sus hombres ahuyentaron a la escolta del convoy y se apoderaron de los tesoros; al-Mundir, furioso por el engaño, hubo de dar la vuelta y dirigirse de nuevo hacia la fortaleza con la firme promesa de no abandonar su sitio hasta que Ibn Hafsun fuese derrotado. Transcurridos cuarenta días, el Emir cayó enfermo y envió un mensaje a su hermano Abd Allah para que encabezase el asedio en su lugar mientras se recuperaba de su dolencia; no obstante, al-Mundir ibn Muhammad murió en las inmediaciones de Barbashtar.

Noticias del Emir Abd Allah ibn Muhammad

Abd Allah ibn Muhammad —nacido el 11 de enero de 844— llegó finalmente al campamento de su hermano y fue conducido por sus sirvientes hasta el cadáver. Sabiendo del estado calamitoso de las tropas andalusíes tras el prolongado asedio y al percatarse de que sólo aquellos más cercanos al Emir conocían la trágica noticia, ocultó su muerte con la intención de mantener la presión sobre la fortaleza, pero tras tres infructuosos días de asedio, se vio obligado a anunciarla. Convocó entonces a los mandos del ejército para comunicarles lo que le había ocurrido a su hermano, instándoles a reconocerlo como nuevo Emir de al-Andalus. Sobre su proclamación se han dicho muchas cosas: Ibn al-Qutiyya afirma que Abd Allah fue proclamado Emir ya en Qurtuba el 8 de julio, pero tanto Ahmad ibn Muhammad ibn Abd Rabbih[157] como el escriba Sakan ibn Ibrahim al-Katib dijeron que su reconocimiento se produjo el mismo día de la muerte de al-Mundir en las cercanías de Barbashtar, el 27 de junio de 888. Si bien no hubo ninguna objeción al respecto por parte de los mandos militares, Abd Allah fue inmediatamente objeto de ciertos rumores —que creo fundados— acerca de cómo la ambición le podría haber empujado a asesinar a al-Mundir: se decía que habría

157. Posíblemente se trate de Ibn Abd Rabbih (860-940), poeta andalusí conocido principalmente por su enciclopedia didáctica *Iqd al-Farid* (El Collar Único).

sobornado al médico que lo trataba de su enfermedad para que le realizase las sangrías con instrumental envenenado, provocando así una aparentemente muerte fortuíta del Emir y heredando el poder de manera legítima. Cuando la noticia corrió entre los soldados, aquellos campesinos e integrantes de las diferentes tribus que reforzaban las tropas de asedio se dispersaron, y los visires recomendaron a Abd Allah enterrar el cuerpo allí mismo y abandonar inmediatamente el sitio, pero este respetaba profundamente las tradiciones y respondió: «Aun sabiendo que con ello salvaría mi vida, con todo jamás dejaría el cadáver de mi hermano expuesto a los pies de los infieles, donde tal vez se levantaran casas para las campanas y las cruces». Redactó entonces numerosas misivas dirigidas a todas las ciudades andalusíes —muchas de ellas declaradas en rebeldía ante la caótica situación—, y otra a su primogénito Muhammad, en la que le indicaba que debía instalarse en el Qasr y asegurar su llegada mientras él partía con todo el ejército hacia la capital de al-Andalus portando el cadáver de al-Mundir. Umar ibn Hafsun cayó entonces en la cuenta de lo ocurrido y salió en persecución de la comitiva, infringiéndoles una grave derrota y provocando que prácticamente todo el ejército, alertado además por los rumores de fraticidio, abandonase a Abd Allah a su suerte y se dispersase por todos los territorios de al-Andalus según su procedencia. El heredero solicitó entonces al rebelde que respetase al fallecido y su duelo y, tras la concesión de Ibn Hafsun, Abd Allah ibn Muhammad partió hacia Qurtuba acompañado por sólo cuarenta jinetes y sus *mawali*[158] más cercanos. Isa ibn Ahmad al-Razi relata así su llegada a la capital de al-Andalus:

> *Sintiéndose colmado de la gracia de Dios, pese a la calamidad que había sufrido, prosiguió su camino hacia la almunia de la noria de su propiedad que se hallaba a la ribera, en el arrabal de Qurtuba. Llegó un domingo, 14 de Safar, el año 275*[159]*. Después de descansar del viaje y de remediar el estado deplorable de sus acompañantes, entró en el palacio del emirato el lunes siguiente. Oró por su hermano al-Mundir y lo sepultó al lado de su padre el Emir Muhammad, en el cementerio de los emires, lugar llamado de al-Rawda, dentro del mismo palacio*[160]*.*

158. Plural de *mawla*.

159. 27 de junio de 888.

160. Estas *rawdas* eran zonas ajardinadas que adornaban los enterramientos de las familias más poderosas. En este caso, dentro de las murallas del Alcázar se localizaba una destinada a los emires y califas Omeya.

La mayoría de los gobernantes de las ciudades andalusíes reconocieron la autoridad de Abd Allah y volvieron a la obediencia, pero de entre las gentes de zonas rurales —y especialmente entre los muladíes y dimmíes, siempre propensos a la rebeldía ante el emirato— surgieron numerosos líderes insurgentes espoleados por el enorme avance de Umar ibn Hafsun que se enfrentaron a la dominación musulmana. Asímismo, la siempre presente tensión racial entre yemeníes y qaysíes y árabes y bereberes sumaron a este escenario otros conflictos que sumieron al país de al-Andalus en un caos que lo abocaba a la desaparición. Estos terribles sucesos serán relatados más adelante, pues merecen ser tratados de forma paralela a la vida del Emir Abd Allah ibn Muhammad.

La falta de apoyo y la agitación en el país de al-Andalus hacía de la situación en Qurtuba algo muy difícil de manejar; buscando congraciarse con las gentes de la ciudad, Abd Allah liberó a los hijos de Hisham Abd al-Aziz, restableciendo el derecho a sus propiedades y nombrando además a uno de ellos importante ministro de su gobierno. Los problemas se sucedían incluso dentro de su propia familia: el 28 de enero de 891, mientras Umar ibn Hafsun se encontraba en el cénit de su poder y atacaba Qurtuba, su hijo y heredero Muhammad fue asesinado por su otro vástago, al-Mutarrif. Abd Allah no tomó represalias contra él, justificando su acción por una hipotética conspiración del primogénito. No obstante, el 2 de enero de 896 ordenó la ejecución de al-Mutarrif tras sospechar de una alianza de éste con la familia que controlaba Ishbiliya; sin descendencia directa, Abd Allah nombró heredero del emirato a su nieto de cuatro años Abd al-Rahman, hijo de su primogénito Muhammad, que había nacido sólo tres semanas después de la muerte de su padre y por el que desarrolló un gran afecto, pues vio en él los signos de inteligencia. En seguida se hizo cargo personalmente de su educación, le transmitió la solidez de sus conocimientos y lo alojó en palacio.

Ibn Hayyan me refirió en una ocasión que la avaricia del Emir Abd Allah ibn Muhammad era proverbial, y que hasta negó una asignación digna a su nieto y futuro príncipe de los creyentes, Abd al-Rahman ibn Muhammad; sobre este asunto me relató aquella historia que el propio al-Nasir recogió acerca de su juventud junto a Abd Allah. Al parecer, el joven Abd al Rahman salió en compañía de su abuelo y su séquito a pasear por las vegas de al-Rusafa cuando fueron sorprendidos por la hora de la oración; el piadoso Emir fue a echar pie a tierra en campo abierto para cumplir con su obligación. «Cuando vi a mi abuelo —comenta al-Nasir— que se disponía a desmontar, bajé de mi mulo y corrí a sujetarle el estribo, por respeto y en cumplimiento de mi deber filial. De este modo descuidé el mulo y mi palafrenero no se acercó a mí para cuidar del bruto, porque se hallaba distante en ese momento, preocupado por sus asuntos». Al parecer, la montura del joven Abd al-Rahman, al verse libre de la mano de su amo, echó a correr, lo que obligó a los jinetes de la comitiva a salir en su persecución y capturarlo, tarea que les llevó largo tiempo y esfuerzo. El príncipe permaneció de pie avergonzado mientras su séquito le traía de vuelta al mulo y su abuelo Abd Allah lo miraba con desaprobación. Cuando hubieron retomado la marcha, el Emir le dijo a su nieto: «¿Cómo es que te veo, oh Abd al-Rahman, sin eunuco que te sirva y cuide de ti, evitándote este acto tan bochornoso de la huída de tu animal?»—«Hasta hoy —repuso el avergonzado príncipe— no he podido hacerlo, porque de mi sueldo no me sobraba nada como para permitírmelo»; tras meditar unos instantes, Abd Allah le dijo: «No te preocupes, en cuanto lleguemos a palacio, recuérdamelo y nos ocuparemos de tu asunto». Una vez hubieron llegado a palacio, el esperanzado Abd al-Rahman corrió a hablar con su abuelo, esperando recibir de él un nuevo asistente o un aumento sustancial de su asignación: «Tu promesa, mi Señor, te pido que la satisfagas». Tras responder afirmativamente, Abd Allah llamó a uno de sus secretarios y le susurró unas palabras al oído que el joven heredero no llegó a percibir; éste abandonó la estancia y a los pocos minutos volvió portando unas riendas forradas de seda que el Emir alargó a su nieto: «Tómalo, oh Abd al-Rahman, es la mejor pieza para evitarte un contratiempo como el que te ha ocurrido. Cuando salgas de viaje, envuelve con él el cuello de tu cabalgadura, y cuando te apees te servirá para sujetarla, pues, teniéndolo en la mano, el animal no podrá escaparse». La sonrisa del príncipe se quedó congelada y no supo que decir, aceptó el obsequio de su abuelo y abandonó la estancia; el mismo al-Nasir reconocería años después: «Mi decepción fue muy grande, pero la oculté simulando una manifestación de agradecimiento por el regalo. No obstante, le disculpé interiormente mi indignación por su avaricia, instinto que le tenía muy dominado».

He de reconocer que mi opinión respecto al Emir Abd Allah ibn Muhammad es firme y a la vez subjetiva pues, como ya comenté anteriormente, conozco testimonios que me hacen pensar que dió muerte a al-Mundir para ostentar el poder; así, en el *Naqt al-Arus*[161] subrayo su instinto homicida, la

161. Célebre escrito de Ibn Hazm que recoge las noticias ocurridas a los emires y califas Omeya de al-Andalus.

facilidad que mostraba para el derramamiento de sangre y recojo algunos crímenes contra su propia famila igualmente deprorables de los que he tenido noticia: acabó con la vida de sus otros hermanos, Hisham —al que pasó a espada tras acusarlo de graves injurias al gobierno— y al-Qasim —que moriría aseteado—, y los ya citados ajusticiamientos de sus propios hijos Muhammad y al-Mutarrif. Pese a estas críticas hacia su persona, las dudas acerca de su inocencia en lo que a la muerte de su hermano al-Mundir se refiere, y el haber tenido que enfrentarse a la desalentadora tarea de defender tanto su legitimidad como la propia integridad del país de al-Andalus, Abd Allah ibn Muhammad es largamente ensalzado por otros muchos cronistas que recogieron la historia de sus años de gobierno. Así, Isa al Razi dice de él que fue uno de los mejores gobernantes de entre los Banu Umayya, *el de conducta más perfecta y el más versado en materia religiosa*; Muhammad ibn Hamid el educador lo definía como un Emir muy piadoso y enormemente versado en el Corán que además *tenía las manos generosas para le gente necesitada y pobre, a la cual daba provisiones o dinero de la Casa de los Tributos* —contrariamente a lo que sostiene Ibn Hayyan—; Muhammad ibn Walid ibn Ganim añade además que *era uno de los más elocuentes y versados en el idioma, cuando escribía no había quien lo igualase* y que *su redacción era elegante y reunía la pureza y delicadeza de la forma, la certeza del fondo*. El Emir Abd Allah falleció el 15 de octubre de 912 a los sesenta y ocho años de edad.

Relato de los trágicos acontecimientos ocurridos durante la primera fitna en el país de al-Andalus

y de los motivos que desataron la rebelión, hechos ocurridos y líderes que encabezaron cada una de las insurgencias en las coras, entre los que destacó Umar ibn Hafsun, el más célebre de los renegados.

El conflicto adormecido

Transcurrido poco tiempo desde la llegada del nuevo Emir a Qurtuba, Umar ibn Hafsun envió una embajada a la capital encabezada por su propio hijo Hafs ibn Umar, con la aparente intención de buscar una salida pacífica a aquel conflicto. Acuciado por la frágil posición en la que se encontraba, el Emir Abd Allah acogió a la comitiva con grandes honores, agasajándoles largamente en función de su rango y hospedándoles en las más suntuosas mansiones; además, como gesto de buena voluntad y con la intención de calmar las pretensiones de Umar ibn Hafsun, nombró a éste gobernador de Rayya y puso a su servicio a Abd al-Wahhab ibn Abd al-Rauf en el gobierno de la cora; esta última concesión era un pretexto para poder ser así informado secretamente acerca de las actividades de Ibn Hafsun. No obstante, esto no escaparía a la sagacidad del nuevo gobernador de Rayya, que permanecería varios meses fingiendo sumisión y obediencia a las órdenes de Abd Allah. No tardaría en volver a declararse en rebeldía y extender un saqueo por toda la cora y los pueblos vecinos, llegando hasta Istiya y Usuna[162]; la intencion de Ibn Hafsun era acumular bienes y haciendas —principalmente de aquellos de quienes sospechaba se oponían a la causa— para enfrentarse directamente al gobierno central. Ante este estado de cosas, Abd Allah envió un numeroso ejército bajo el mando de Abd al-Malik ibn Maslama al-Bayi para intentar acabar con la nueva insurgencía hafsuní, y ambas fuerzas se encontraron finalmente en las cercanías de Istiya, pero el ejército emiral fue derrotado y el general al-Bayi murió durante el combate. Este triunfo espoleó a Ibn Hafsun a declarar abiertamente su intención de acabar con el gobierno musulmán, expulsando de su cargo a Abd al-Wahhab ibn Abd al-Rauf y tomando Rayya bajo su exclusivo dominio; para asegurar su posición, extendió su poder a todas las fortalezas de la cora y se apropió de ellas una a una. Aquel desafio directo al poder emiral propagó su fama entre los muladíes y dimmíes, y la tensión entre éstos y los diversos grupos árabes —que a su vez se encontraban enfrentados entre ellos— heredada de la época de Abd al-Rahman ibn al Hakam, dispuso un levantamiento general en 888 que se conocería como primera *fitna*[163] de al-Andalus; en palabras del propio Isa al-Razi:

> *A esta altura de los acontecimientos, el descontento iba agravándose cada día más entre los árabes, los muladíes y los cristianos, aguijoneada cada parte por su celo racial y religioso. Ya se perfilaba en ese entonces y con claridad el reagrupamiento de cada partido y su adhesión a la causa que defendía. Retornaron a la época Yahili[164], época de guerras internas con derramamiento de sangre y violencia sin medida.*
>
> *La población pacífica se alió con los muladíes, y a ellos se sumaron los cristianos, volviéndose todos en contra de los árabes, obedeciendo a las órdenes de Umar ibn Hafsun, jefe supremo de esa causa. A raiz de de la insurrección de Ibn Hafsun, al-Andalus se convirtió en una sola llama, con excepción de las fronteras cuyos habitantes rehusaron plegarse a los rebeldes, permaneciendo leales mucho tiempo al poder central.*

162. Osuna (Sevilla).

163. Término que designa una guerra civil dentro del islam.

164. Término referido a la era anterior a la unificación árabe, marcada por las guerras tribales por el control de la península arábiga.

El contagio de la revuelta comenzaría en la cora de Lebla[165], donde Utman ibn Amrun encabezó un movimiento que, apoyado tanto por árabes como por muladíes contrarios al Emir, derrocó a Amru ibn Sa'id al-Qurasi —gobernador designado por Abd Allah—, tomando su palacio y saqueando la propia capital de la cora; esta victoria atrajo a muchas gentes hacia la causa de Ibn Amrun, cuyo poderío se extendió rápidamente hasta zonas de Ishbiliya. Estas noticias pronto llegaron a oídos de Abd Allah, que no tardó en responder al desafío y envió a Utman ibn Abd al-Gafir del clan de Jalid a negociar la paz. El emisario colmó al rebelde de promesas en nombre del estado andalusí y consiguió un breve periodo de tregua, pero no tardó en alzarse de nuevo en armas contra el poder central. El caos desatado en la cora fue el germen para que las distintas facciones enarbolasen sus causas, enfrentándose entre ellas dentro del mismo movimiento rebelde; de esta manera los muladíes se enfrentaron a su antiguo cabecilla Ibn Amrun, obligándolo a atrincherarse en la fortaleza de Qurquba[166]. El propio Utman ibn Abd al-Gafir apoyó su defensa contra éstos, poniéndolos en fuga con su ejército y obligando al líder insurgente a abandonar Lebla, pero la rebelión muladí se había tornado en una causa mayor: Ibn Jasib en Ulyat Qanbaniya[167] e Ibn Afir en las sierras de al-Uiun[168] expandieron el fuego de la insurrección muladí hacia el sur de Qurtuba reforzándose además la posición de plazas como al-Hama[169], bajo dominio muladí desde 886 con el apoyo de Ibn Hafsun. Mientras tanto, en Siduna los yemeníes liderados por Sulayman ibn Abd al-Malik se enfrentaban a los qaysíes de forma sangrienta, conquistando las fortalezas de la zona y extendiendo sus dominios; al sur, tras repeler un ataque de Ibn Hafsun, los habitantes de al-Yazirat expulsaron al gobernador Ibrahim ibn Jalid y formaron un gobierno propio bajo el mando de al-Baransi y al-Zayyat, pero tuvieron que pagar tributos a sus vecinos bereberes, pues estos comenzaron a hostigarles; en la cora de Jayyan, el gobernador Ubayd Allah ibn Muhammad ibn al-Gumar ibn Abu Abdah hubo de enfrentarse a la alianza que un tal Sa'id Abd Allah ibn Janyar había establecido con los vecinos muladíes de Tudmir, venciéndoles finalmente y ganando con ello gran prestigio.

165. Niebla; municipio en la provincia de Huelva que fue capital de la cora del mismo nombre.

166. Esta fortaleza no ha sido identificada con ningún topónimo actual.

167. Montemayor, municipio de la provincia de Córdoba.

168. Traducido como "Las Fuentes", no se ha encontrado relación con un topónimo actual.

169. Alhama de Granada, al sudoeste de la provincia.

Los focos insurgentes se multiplicaban por todo el país de al-Andalus y el Emir Abd Allah se vio sobrepasado de tal forma, que hubo de ceder a las peticiones de algunos líderes que reclamaban el señorío de sus dominios para hacer frente al caos desatado. El enemigo del estado Abd al Rahman ibn Marwan al-Yiliqi consiguió que se le confirmasen todas las posesiones arrebatadas en sus incursiones y el gobierno de Baxarnal bajo promesa de lealtad; a los habitantes de Turtusha se les designó como gobernador propio a Abd al-Hakam ibn Sa'id ibn Abd al-Salim —de los Banu Salim de Ilbiri— para defender la causa del Islam en las altas fronteras; a los qaysíes de Yahya ibn Saqala les permitió ejercer la autoridad en Munt Saqir[170] y hostigar a sus muladíes y dimmíes impunemente. Pero si una de esas peticiones puso de manifiesto la incapacidad de Abd Allah para controlar la creciente rebelión, fue sin duda la desproporcionada concesión a los habitantes de Bayyana[171]: confirmó como gobernador autónomo a Abd al-Razzaq ibn Isa —líder de los marinos de la zona— y continuaron así la fortificación iniciada en tiempos del Emir Muhammad, ensanchando su territorio con hasta veinte ciudadelas más como Wadi[172], al-Habia[173], Bursana[174], Abla[175], Ibn Tariq[176] o la fortaleza de Nisar[177], y convirtiéndose en una república marítima al margen del emirato andalusí. Comenzaba la primavera de 889 y el poder efectivo de Abd Allah se limitaba a la ciudad de Qurtuba; en tan sólo un año de reinado, el emirato de al-Andalus estaba abocado a su total desintegración.

La revuelta en Ishbiliya

En Ishbiliya la situación era más compleja: la facción yemení liderada por Kuraib ibn Utman ibn Jaldun se enfrentaba a una alianza que los qaysíes habían establecido con los bereberes de al-Mouror[178]; si bien ambos grupos mostraban su descontento con la política de Abd Allah, existía a su vez un tercero formado por árabes fieles el Emir que se separaron de los dos an-

170. Probablemente se trate de Montejícar (Granada).

171. Pechina (Almería), fue la capital de una importante república marítima formada a raíz de la primera fitna.

172. Guadix (Granada).

173. Alhabia (Almería).

174. Purchena (Granada).

175. Localidad homónima de la provincia de Almería.

176. Bentarique (Almería).

177. Níjar (Almería).

178. Morón de la Frontera (Sevilla).

teriores, ignorando lazos de sangre en muchos casos. Ante la inoperancia del gobernador, Abd Allah puso al mando de la cora a Musa ibn al-Asi ibn Abd Allah ibn Talaba, que acabaría con las revueltas y obligaría a Kuraib ibn Utman y sus partidarios a abandonar Ishbiliya y refugiarse en al-Balat[179], una aldea de la región de al-Saraf[180]. Desde allí el lider rebelde enviaría emisarios a los bereberes de Marida e Hisn Madellin[181] para incitarlos a atacar Ishbiliya, asegurándoles que se hallaba desprotegida; no dudaron en emprender la marcha. Al conocer que éstos se encontraban camino de la ciudad, Musa ibn al-Asi llamó a las armas a todo habitante capaz de sostenerlas y salió hacia Talyata a su encuentro, pero ésta ya había saqueada por los bereberes. Musa no obstante estaba decicido a acabar con la amenaza y estableció su campamento en el Monte de los Olivos —a sólo tres millas del enemigo— mientras Kuraib trazaba un plan: consciente de que era un objetivo más importante para el gobernador, emprendería una descarada huída desde la cercana al-Balat durante la batalla para desviar así la atención y facilitar un ataque bereber por la retaguardia. El ardid tuvo éxito y mientras Musa ibn al-Asi desviaba sus tropas del enfrentamiento para salir en persecución de Kuraib, los bereberes masacraron su retaguardia, obligándolo a refugiarse en la fortaleza de Iqlim Webar[182]. Sin oposición alguna, estos causaron grandes estragos a toda la cora de Ishbiliya, recaudando un gran botín; Musa ibn al-Asi tuvo que contemplar impotente como tras ellos llegaba también Abd al-Rahman ibn Marwan al-Yiliqi desde Baxarnal con su ejército para saquear la zona, poniendo de manifiesto su ineptitud. Abd Allah escuchó las quejas de los asustados habitantes de Ishbiliya y lo sustituyó por Hasan ibn Muhammad al-Muri que, a pesar de su rectitud e incorruptibilidad, *carecía de sentido mlitar y suficiente voluntad para emprender una acción guerrera de vastas proporciones.*

La dispersión de las tropas por la cora en un vano intento de contener la situación hizo de los caminos el escenario idóneo para los asaltantes, como el bereber Tamasikka, que desde Qarmuna desvalijaba a los incautos viajeros y aterrorizaba a agricultores y pobladores de la comarca, mientras el nuevo gobernador no se atrevía a emprender acciones contra él. Fue entonces cuando Muhammad ibn Galib, llegado de Istiya, se presentó ante el Emir asegurando que podría erradicar esta nueva amenaza, pero para ello

179. Traducido como "El Palacio", no se ha encontrado relación con topónimo actual.

180. La actual comarca del Aljarafe, en Sevilla.

181. Medellín, en la provincia de Badajoz, era de mayoría bereber de la tribu de los Hawara.

182. Huévar del Aljarafe (Sevilla).

necesitaría construir una fortaleza en la aldea de San Turs[183]; Abd Allah, desbordado por la situación, accedió a su petición. Algunos sospechaban que éste nuevo aliado guardaba relaciones con el insurgente Ibn Hafsun, entre otras cosas debido a que sus clientes y hombres de armas se componían principalmente de muladíes. La concesión de poder a Ibn Galib desató la ira de los clanes árabes de los Banu Jaldun[184] y los Banu Hayyay[185], que conspiraron para asesinar al líder muladí. Su intención era deshacerse de él durante la noche, para sembrar la confusión entre sus tropas y la población, pero la férrea vigilancia que Ibn Galib había establecido desabaratό el elemento sorpresa y el enfrentamiento directo fue inevitable. Durante la lucha, uno de los hombres de los Banu Hayyay cayó herido de muerte y su cadáver fue llevado al día siguiente ante el gobernador Hasan ibn Muhammad en demanda de justicia, acusando a Ibn Galib de asesinarlo a traición y negando su ataque con falsos testigos. Sabiendo de la delicadeza de aquel asunto, en el que decidir en favor de uno u otro podría desatar una revuelta árabe o muladí, el gobernador les instó a que presentaran el pleito ante el mismísimo Abd Allah. El Emir no pudo sino suspender el litigio, pues ambas partes presentaban numerosos y contradictorios testimonios que no conducían a aclarar aquel asunto, por lo que envió a su hijo Muhammad a Ishbiliya para indagar los hechos y sustituyó al gobernador por Muhamad ibn Jalid al-Jalidi "el jorobado". Este pronto sería también destituido en favor de su primo Umayya ibn Abd al-Gafir al-Jalidi.

Una vez instalado en Ishbiliya, el príncipe convocó a Muhammad ibn Galib y a los Banu Hayyay, pero el proceso se alargaba y parecía no conducir sino a un mayor enardecimiento de los ánimos entre los árabes y los muladíes en la ciudad, por lo que Muhammad ibn Abd Allah se vió obligado a autorizar el retorno de Ibn Galib a Sans Turs, causando tal ira entre los árabes que abandonaron definitivamente Ishbiliya dejándola en manos muladíes. Los Banu Hayyay y los Banu Jaldun se aliaron entonces con Sulayman ibn Abd al-Malik y Utman ibn Amrun —jefes de las insurgencias en Siduna y Lebla— y Yunaid ibn Wahb —al frente de los bereberes que se habían rebelado en Qarmuna—, declarándose juntos en rebeldía y atacando

183. Esta aldea, con la que no parece haber correspondencia actualmente, se encontraba a medio camino entre Sevilla y Écija.

184. A este clan pertenece el antes citado Kuraib ibn Utman ibn Jaldun.

185. Prestigiosa familia andalusí del clan yemení y descendientes del rey visigodo Witiza cuyo origen se remonta a las alianzas establecidas en la conquista musulmana. Del primer matrimonio que dió origen a esta estirpe, nacería también la rama de la que desciende el propio historiador Ibn al-Qutiyya.

directamente posiciones del emirato; en un sólo día se apoderaron de Qarmuna, Qawra[186] y Yazirat al-Mundir[187]. Estos ataques unidos a las cada vez más peligrosas protestas de los muladíes de Ishbiliya, que además intentaban atraer a Ibn Galib a su causa contra los Umayya, desbordaron al príncipe Muhammad y le obligaron a pedir ayuda de su padre. En cuanto Abd Allah se enteró de los sucesos, convocó un consejo de visires, pero su opinión aparecía totalmente dividida; algunos de éstos solicitaron una audiencia secreta en la que aconsejaron al Emir eliminar a Muhammad ibn Galib para atraerse de nuevo a los árabes y recuperar las plazas arrebatadas por éstos. Tras valorar los riesgos de apoyar o ejecutar a Ibn Galib, tomó una decisión.

Ya'ab Ibn Abd al-Gafir al-Jalidi, hermano del gobernador de Ishbiliya, se presentó al mando del ejército emiral en Qarmuna mientras Ibn Galib, temiendo por su vida, se puso bajo la protección de Ibn Hafsun. No obstante, el general escribió al líder muladí informándole de que el motivo de su expedición era castigar a la alianza árabe por su afrenta al Emir y que el propio Abd Allah esperaba el apoyo de las tropas de Muhammad ibn Galib, que ya había prestado grandes servicios a al-Andalus. El muladí se vió espoleado por las ansias de revancha contra los Banu Hayyay y los Banu Jaldun y se reunió con Ya'ab, que acompañó a él y sus tropas hasta Qarmuna, sitiada en esos momentos por el ejército emiral. Mientras Ibn Galib se encontraba descansando en su tienda, dos enviados del general Ya'ab lo atacaron por sorpresa y lo decapitaron; el asedio a la ciudad controlada por los Banu Hayyay había sido una farsa y los miembros de la alianza árabe, informados previamente del plan por el general del Emir, evacuaron sus conquistas y volvieron a la obediencia. La fortaleza de Sans Turs erigida por Ibn Galib fue destruida hasta sus cimientos.

Los defensores de la causa de Ibn Galib en Ishbiliya, al enterarse de lo ocurrido, solicitaron audiencia con el príncipe Muhammad ibn Abd Allah en su palacio de Ishbiliya y le manifestaron lo siguiente[188]:

> *Señor, ya se ve que en la Corte del Emir hemos sido caluniados por causa que ignoramos, mancillándosenos con imputaciones de un crimen que no hemos cometido y del cual somos inocentes. Han fraguado, como tú ves, un proyecto funesto*

186. Coria del Río (Sevilla).

187. Una de las islas fluviales situada al sur del área periurbana de Sevilla que pertenecía a al-Mundir ibn Abd al-Rahman, tío paterno del Emir Abd Allah.

188. Extraído del *Muqtabis* III de Ibn Hayyan, traducción de Guraieb (1953).

contra nosotros. Tal vez Ya'ab, ese asesino cruel, nos acometa de sorpresa con ejército numeroso. Nosotros no podemos resistirnos ni tú defendernos de sus golpes. Danos seguridad y confíanos la defensa y las llaves de la ciudad hasta que las cosas se aclaren, tanto para ti como cuanto para nosotros. Entonces obrarás a la luz de la verdad. De ti no desconfiamos; pero harto sabes que, cuando el ejército haya franqueado las puertas de la ciudad, no tendrás fuerzas suficientes para proteger nuestras vidas y haciendas.

El príncipe no pudo negarse a su demanda, ya que no contaba con tropas suficientes para defenderse de los muladíes y su decisión de liberar a Ibn Galib le había granjeado la enemistad de los árabes. Una vez en posesión de las llaves de la ciudad, los renegados pidieron la ayuda del líder de la insurrección en el cercano al-Mouror, Ibn Maulud —que había prometido defender la causa muladí y combatir al gobierno central— para asesinar al gobernador Umayya ibn Abd al-Gafir al-Jalidi. Éste les enviaría todo un destacamento de caballería junto al que sitiaron el palacio del gobernador en pleno centro de la ciudad, pero Umayya ibn Abd al-Gafir logró huir y refugiarse en el palacio del príncipe. La enardecida rebelión se extendió por toda la ciudad y sus gentes cercaron la residencia del príncipe Muhammad, atronando el cielo con sus gritos y proclamando su insurgencia abiertamente. El Emir Abd Allah, viendo amenazada su posición en Ishbiliya y la vida de su hijo, no tardó en tomar una decisión drástica. En palabras de un cronista[189] que me refirió Ibn Hayyan:

La trágica batalla de la capital de Ishbiliya acaeció el día martes, ocho de Yumada Primero, año 276[190]*, el mismo día de la llegada de los generales Ya'ab ibn Abd al-Gafir y Asbag ibn Isa ibn Futays. El miércoles subsiguiente se libró el combate en que murieron muchos millares, sin contar los que perecieron ahogados en el río, al pretender vadear su cauce y salvarse de la matanza. Los ciudadanos habían rodeado el palacio del príncipe Muhammad, hijo del Emir Abd Allah, y se hallaban a punto de tomarlo por asalto, cuando llegó el ejército, ante cuya aparición huyeron. En su fuga las espadas del ejército monárquico hicieorn estragos en los desbandados. esta catástrofe no tuvo otra igual salvo la de Qurtuba*[191]*.*

189. Testimonio recogido en el Muqtabis III de Ibn Hayyan, traducción de Guraieb (1953).

190. Martes 9 de septiembre de 889, según el calendario gregoriano.

191. Posiblemente se refiera al incidente del Arrabal, que se tratará más adelante.

Los rebeldes árabes no quedarían sin castigo y Abd Allah ordenó encarcelar a los líderes Ibrahim ibn Hayyay, Kuraib ibn Utman ibn Jaldun y a su hermano Jalid, pero los visires aconsejaron poco después al Emir liberarlos, pues era peligroso dejar desguarnecidas las fortalezas de Qarmuna y Qawra frente a la expansión de la rebelión muladí, cuyos supervivientes de Ishbiliya se estaban uniendo a las filas de Ibn Hafsun; bajo una promesa de lealtad y quedándose algunos rehenes en Qurtuba, Abd Allah permitió a los Banu Hayyay y Banu Jaldun volver a sus fortalezas. Mientras tanto, el gobernador Umayya ibn Abd al-Gafir protagonizaba terribles actos de represión contra muladíes y dimmíes y provocó una nueva revuelta que puso cerco a su palacio, dejándole sin alimentos. Sumido en la desesperación, Umayya mató a sus mujeres y sus caballos y salió a combatir solo, buscando una muerte digna, pero al lanzarse contra las gentes, un ladrillo le alcanzó en la cabeza, lo derribó, y finalmente fue degollado por la turba. Con su muerte, el poder emiral desapareció de la cora de Ishbiliya, pues los Banu Hayyay y los Banu Jaldun aprovecharon el vacío de poder rebelarse de nuevo y repartirse la cora, dejando de pagar los impuestos e imponiendo los suyos propios a los territorios bajo su control. Viéndose sobrepasado ante los numerosos focos de insurgencia que se extendían por todo el país de al-Andalus, el Emir recurrió con los líderes de Ishbiliya al antiguo recurso de sembrar la discordia y atizó el fuego de la intriga entre los Banu Hayyay y los Banu Jaldun; no tardaría en surtir efecto, pues Ibrahim ibn Hayyay dio muerte a Kuraib y a su hermano Jalid, quedando como único dueño de Ishbiliya. Se apresuró no obstante a escribir a Abd Allah justificando su conducta, señalando que fueron los Banu Jaldun los que le impulsaron a la rebelión y solicitando del Emir el cargo oficial de gobernador de Ishbiliya a cambio de sufragar todos los gastos exigidos y la entrega de siete mil denarios, petición que le fue concedida. El poder de Ibrahim ibn Hayyay no haría sino aumentar hasta el punto de atreverse a exigir de Abd Allah la liberación de su hijo, ante su negativa, el líder insurgente se negó a pagar tributo y propuso una alianza a Ibn Hafsun en el año 900; éste le ayudaría enviándole dinero y tropas para que la región de Ishbiliya mantuviese su independencia, pero Abd Allah finalmente accedió a su petición y su hijo el fue devuelto. Ibrahim ibn Hayyay se apartó entonces del bando hafsuní y permaneció leal a Abd Allah hasta su muerte.

Las coras de Ilbiri y Bayyana

A principios de la primavera de 889 el líder qaysí Yahya ibn de Munt Saqir estableció una alianza con los muladíes que controlaban Ilbiri, a pesar de que ésta facción era enemiga de los árabes en gran parte de las regiones. Confiaba en ellos por los solemnes juramentos hechos durante su pacto y eran frecuentes sus desplazamientos a su ciudad, pero desconocía que en ella era vigilado y estaba totalmente expuesto a las verdaderas intenciones de los muladíes; finalmente fue emboscado y asesinado, siendo la fortaleza de Munt Saqir además arrebatada por éstos. Ante tal afrenta, los clanes árabes de Barayila[192], Jayyan y Rayya se reunieron bajo el mando de Sawwar ibn Hamdun al-Qaysi, al que reconocían como cabecilla debido a la amistad que le unió a Yahya ibn Saqala, y partieron hacia Munt Saqir dispuestos a recuperarla y tomarse así la revancha ante la inoperancia del Emir. Las tropas compuestas en su totalidad por guerreros árabes y con Sawwar a la cabeza recuperaron el castillo y masacraron a sus ocupantes muladíes; dominado por la sed de venganza y espoleado por su victoria, esta alianza de árabes comenzó a extender su exterminio por toda Ilbiri recaudando además un vasto botín. Los aterrados muladíes de Canshayar[193] se vieron obligados a solicitar el auxilio del Emir a cambio de la promesa de lealtad y obediencia al poder central. Ante la posibilidad de recuperar Ilbiri, Abd Allah ordenó a Ya'ab ibn Abd al-Gafir de los Banu Jalid —entonces gobernador de esa cora— partir al frente de sus tropas contra Sawwar; como relata Ahmad al-Razi[194]:

> *El ejército que salió a combatir y enfrentarse con Sawwar era muy numeroso, mas éste, sin desalentarse, se presentó en el campo de batalla con sus aguerridos hombres, trabándose ambos ejércitos en una cruenta lucha cuerpo a cuerpo. Sawwar abrió brechas e hizo estragos en las filas del enemigo que, en su fuga, dejó en el campo de batalla siete mil muertos y prisionero a Ya'ab, su adalid. Sawwar libertó a éste, mas dícese también que fue rescatado a cambio de los soldados prisioneros y de los rehenes que Ya'ad tenía en su poder. Esta batalla fue conocida con el nombre de «batalla de Ya'ab».*

192. Asentamiento sobre el que existe discusión; si bien se coincide en identificarlo con una zona de paso en la Subbética granadina controlada por una tribu qaysí, algunos autores la relacionan con poblaciones actuales como Baza.

193. Canjáyar, municipio de la Alpujarra perteneciente a la cora de Elvira.

194. Tomado del *Muqtabis* III de Ibn Hayan, traducción de Guraieb (1952).

Habiendo derrotado al ejército emiral y ebrio de gloria tras tan magistral triunfo, Sawwar reanudó sus ataques y saqueos, conquistó nuevos territorios y ensanchó sus dominios, estableciendo su cuartel en la derruída Hisn Rumman[195], que ordenaría reconstruir. Mientras tanto, el eficaz gobierno de Abd al-Razzaq ibn Isa en la cora de Bayyana hacía de ésta una floreciente región dentro de la caótica al-Andalus, donde cada día llegaban más demandantes de asilo a quienes daba protección y trabajo; se decía que era implacable con los malhechores y que llegó a establecer una seguridad tal, que los viajeros podían dejar sus pertenencias en plena calle sin temor a que le fueran sustraídas. Las ansias de expansión llevaron a Sawwar a poner sus ojos sobre esta cora, pero al percibir la amenaza, el propio Abd al-Razzaq envió una comitiva de ancianos faquíes que apeló a la hermandad del Islam y consiguió disuadirlo. Habiéndose alzado como el líder insurgente más poderoso contra los muladíes, todos los árabes desde Ilbiri a Qalat Rabah[196] se unieron a él, cobrando su nombre gran fama y siendo sus hazañas conocidas incluso mas allá de los límites de al-Andalus. El Emir hubo de ofrecerle el gobierno de la cora a cambio de su lealtad y de que dejase de hostigar a los muladíes y dimmíes; Sawwar, que aún respetaba la legitimidad Umayya, aceptó el trato y Ya'ab ibn Abd al-Gafir fue destituido.

Después de un breve periodo de paz, Sawwar ibn Hamdun al-Qaysi comenzó a atacar las fortalezas de los aliados de Ibn Hafsun, al que el propio Abd Allah había reconocido su señorío sobre ellas tras haber vuelto a la obediencia; aunque sobre esto, algunos cronistas me habían referido que el Emir ordenó secretamente los ataques. Ante los estragos causados, los habitantes de Ilbiri empuñaron las armas y animaron a todos los demás muladíes de la cora a enfrentarse a Sawwar —alcanzando el número de veinte mil— y se dirigieron a la fortaleza de Hisn Rumman apoyados por las tropas del propio Ibn Hafsun. A pesar de su inferioridad numérica, las violentas acometidas de la caballería árabe en la defensa de la fortaleza consiguieron poner en fuga al ejército muladí, persiguiéndolos y causándoles enormes bajas durante su retirada. Se dice que durante este enfrentamiento, conocido como "la batalla de al-Madinat", los muertos alcanzaron los doce mil.

Umar ibn Hafsun no podía contener su ira ante una derrota que achacaba a la cobardía de los muladíes de Ilbiri y dejó al mando de la defensa de la causa en Hisn Rumman a su mano derecha, Hafs al-Marra, un astuto gue-

195. Fortaleza localizada en la actual Granada, algunos autores la identifican con la alcazaba de la Alhambra.

196. La actual Calatrava la Vieja (Ciudad Real).

rrero deseoso de ganar méritos ante el rebelde de Barbashtar. Este general urdió un plan para acabar con Sawwar: ocultó un cuerpo de caballería a cierta distancia de la fortaleza y atacó con escasas fuerzas para provocar la salida del líder árabe; éste, confiado, se apresuró a la persecución de los asaltantes escoltado tan sólo por su guardia personal y fue emboscado por las tropas de Hafs, que les dieron muerte. Era la primavera de 890, y la reacción de los muladíes fue desmedida, tal y como me contó Isa al-Razi[197]:

Su cadáver fue conducido a Ilbiri, provocando una gran manifestación de júbilo entre los muladíes. Las mujeres, que odiaban a Sawwar porque en sus continuas batallas las había dejado sin marido, sin hijos, sin hermanos ni parientes, se precipitaron sobre su cadáver despedazándolo. En su exasperación, algunas mujeres, sedientas de venganza, comieron de su carne.

La muerte de Sawwar ibn Hamdun al-Qaysi supuso un duro revés para la causa árabe en la cora de Ilbiri, que se debilitó considerablemente; no obstante y para conservar la unidad racial, Sa'id ibn Yawdi fue elegido como nuevo líder de la facción. Este intentaría ganar prestigio anexionándose la vecina Bayyana, cuyos líderes ya habían disuadido a Sawwar, pero durante tres días sus ataques se vieron repelidos por la fiereza de los marinos. Al mismo tiempo, los habitantes de la costa se encontraban librando una batalla contra una flota franca compuesta de quince barcos que había arribado a los puertos de al-Mariyat. Tras derrotar e incendiar sus naves, los costeños acudieron en ayuda de los defensores de Bayyana y obligaron a retirarse a los árabes de Ilbiri. Desde esa fecha, los marinos de Bayyana vivieron en paz y fueron temidos en sus costas; por su parte, Sa'id ibn Yawdi murió asesinado a manos de unos amigos suyos en diciembre de 897, pasando el mando de los árabes a Muhammad ibn Abda ibn Abd al-Latif al-Hamdani. Este permanecería leal al Emir Abd Allah hasta el final de su gobierno.

La rebelión en Jayyan

La derrota de Ibn Janyar a manos del gobernador de Jayyan no fue sino el principio de la insurgencia en esta cora, pues Jayr ibn Sakir se rebelaría contra los árabes desde sus dominios de Shawdar[198] y llegaría a controlar la misma capital. Creyendo ser dueño de suficientes territorios como para

197. *Muqtabis* III de Ibn Hayan, traducción de Guraieb (1952).

198. Jódar (Jaen)

escindirse del gobierno emiral, entabla relaciones con Daysam ibn Ishaq —por entonces señor de Tudmir— y proclama su desafío a Abd Allah, provocando que éste enviase una expedición contra él en el invierno de 890-891 al mando de Abbas ibn Abd al-Aziz. Al ver peligrar sus territorios, solicitó la ayuda de su protector Ibn Hafsun, pero por entonces éste se encontraba simulando obediencia al Emir y, según cuentan, tampoco apreciaba la cercanía de Daysam ibn Ishaq, por lo que decidió traicionarlo: armó un supuesto ejército de apoyo bajo el mando del conocido como Ruyul[199], cuya maldad sobrepasaba al resto de los hafsuníes, con orden de dar muerte a Ibn Sakir. Éste, aliviado al ver llegar los refuerzos, salió a recibirles y condujo a sus aliados al salón, donde Ruyul le cortó la cabeza sin que puediesen reaccionar sus vasallos. Tras verse obligado Ibn Hafsun a retirarse de Jayyan en 890, los generales del Emir se vieron libres para combatir las numerosas insurgencias por toda la cora, como la de Sa'id ibn Hudayl al año siguiente, los Banu Habil en 896 o la del bereber Mudim al-Hatruli en 899.

Ente todos ellos fue célebre Ubayd Allah ibn Umayya ibn al-Saliya, cuyos dominios se extendían desde la sierra de Sumuntán[200], donde las torres y fortalezas llegaron a pasar del centenar. Tras una derrota inflingida por el general Abd al-Malik ibn Abd Allah ibn Umayya en 895, volvió brevemente a la obediencia, pero al verse libre decidió aliarse con Ibn Hafsun casando a su hija con Ya'far, hijo de éste, para ganar mayor poder e influencia. En 898 se apropiaría de Qastuluna[201] y Rimiya[202] gracias al gran ejército que comandaba junto a sus hermanos, con el que además amasaría un gran botín que le permitió construir dichas fortalezas; entre ellas destacó la de Murina[203], cuyo objetivo era vigilar la cercana Shawdar y que entregó al poeta y rebelde Muhammad ibn Abd al-Rahman ibn Yury, expulsado de Bakur[204]. El desafío de Ubayd Alla ibn Umayya ibn al-Saliya al poder central duraría hasta los días del gran al-Nasir.

---

199. "El rojo".

200. Según algunos autores, la Serrezuela, entre Jódar y Bedmar (Jaén).

201. Antiguo asentamiento ocupado desde época íbera cuyas ruinas se encuentran en el municipio de Linares, a 5 km al sur del núcleo urbano.

202. Situada ente Alcázar de San Juan y el río Añador, al norte de la provincia de Ciudad Real.

203. Posíblemente se corresponda con las ruinas del conocido como Castellón de Fuente Garcíez, situado en el término municipal de Jódar (Jaén).

204. El actual municipio de Bacor (Granada).

La agitación en la Marca Superior

Ahmad ibn al-Barr ibn Malik al-Qurasi ostentaba el cargo de gobernador de Saraqusta desde que fuera nombrado por al-Mundir ibn Muhammad para hostigar a los Banu Qasi en la Marca Superior, y ratificado por Abd Allah cuando llegó al trono. Su propio padre, al-Barr, era visir de la corte del Emir, pero de él se decía que tenía un gran defecto: hablaba en exceso y sin medida. De puño y letra de al-Qutiyya supe que el motivo de que padre e hijo cayeran en desgracia fueron ciertos comentarios que el visir hizo en presencia de los otros consejeros y dentro de palacio, y cuyo contenido enojó enormemente a Abd Allah. Resolvió entonces el Emir escribir secretamente a Abu Yahya Muhammad ibn Abd al-Rahman al-Tuyibi, cuya familia controlaba la Marca Superior en detrimento de los Banu Qasi, a quien Abd Allah conocía desde los años del reinado de su padre Muhammad y por quien sentía un profundo respeto; en la misiva le ordenaba dar muerte a Ahmad ibn Barr y adjuntaba la cédula real concediéndole el gobierno de Saraqusta. El 12 de enero de 890, el gobernador fue asesinado a manos de sus sirvientes, a los que Abu Yahya había sobornado, recibiendo el Emir Abd Allah la noticia de su puño y letra. Éste confirmaría a Abu Yahya en su cargo y ordenaría encarcelar a al-Barr, padre del gobernador asesinado.

No obstante, Ibn al-Qutiyya a veces adolecía de cierta tendencia a ocultar los defectos de los Umayya que, si bien comparto el apoyo a su linaje, en el caso de Abd Allah no puedo sino rescatar la versión sobre esta historia que recogió Ibn Hayyan de mano de Isa al-Razi, en la que el Emir no es sino un espectador impotente ante la insurgencia del líder Tuyibí aquel 12 de enero de 890:

> *En esa misma fecha se rebeló Abu Yahya Muhammad ibn Abd al-Rahman ibn Abd al-Aziz al-Tuyibi, conocido por al-Anqar [...], se apoderó de la ciudad [Saraqusta] y en ese día logró dar muerte a Ahmad ibn al-Barr. Dícese que su muerte se produjo a manos de unos sirvientes suyos que, inducidos por Abu Yahya, atacaron a Ibn al-Barr [...]. Acto seguido escribió al Emir Abd Allah, diciéndole que, habiendo Ibn al-Bara intentado sublevarse y, con él, arrastrar a toda la cora contra la autoridad del Emir, él le castigó con la muerte, con lo cual Saraqusta quedó en paz; y que, tanto él como sus clientes, eran leales servidores del Emir. Éste aparentó creerle y le confirió el cargo de gobernador. Desde entonces Abu Yahya se hizo fuerte y el amo de Saraqusta.*

Ibn Hafsun, rey de los muladíes

Después de sufrir la ya relatada derrota ante Sawwar en Hisn Rumman, Ibn Hafsun, furioso con los muladíes de Ilbiri, les obligó a reparar todas las pérdidas que sufrió su ejército, les impuso una enorme contribución como castigo y dejó a cargo de la defensa de la ciudad a Hafs al-Marra, retirándose de nuevo a Barbashtar. Era verano de 889, y el propio Abd Allah encabezó una aceifa junto a su general Abd al-Malik ibn Abd Allah ibn Umayya contra las fortalezas que se habían unido a la causa de Ibn Hafsun, recuperándolas. Tras estas victorias el ejército arribó a Barbashtar y el Emir aumentó la presión sobre el rebelde muladí ordenando arrasar sus campiñas, colocando guarniciones en las fortificaciones cercanas y nombrando como jefe supremo de la cercana ciudad —y capital de la cora— de Rayya a Muhammad Ibn Zanin, un guerrero árabe muy respetado por las principales familias. Después de cuarenta días de campaña, Abd Allah regresó victorioso a Qurtuba seguro de haber disuadido a Ibn Hafsun de continuar con su desafío al poder emiral; pero esto pareció enardecer aún más los ánimos del muladí que, tras aliarse con el líder de Takurunna, Ausaya, se dirigió con sus fuerzas a Istabba[205] y la tomó. Esta victoria además hizo que sus partidarios de la cercana Istiya le entregasen la ciudad y se levantasen también en armas. La nueva agresión de Ibn Hafsun obligó al Emir a enviar de nuevo al ejército, esta vez bajo el mando de su tío al-Mundir ibn Abd al-Rahman, en persecución de los insurgentes. Pero el astuto muladí ya se había adelantado a los movimientos de Abd Allah y, al tiempo en que sus tropas del Emir llegaban a la zona, dos hombres de quraysh que el muladí había capturado en Istiya se presentaban ante el Emir portando una carta del propio Ibn Hafsun en la que solicitaba el amán, le prometía total obediencia y justificaba sus acciones para disculpar sus actos, rogándole además que le confiara el dominio de las tierras que se hallaban ahora bajo su poder. Queriendo evitar un mal mayor, sus peticiones le fueron concedidas y le fueron reconocidas todas las fortificaciones occidentales que había tomado.

A principios de 890, el muladí Sa'id ibn Walid ibn Mastana se levantó en armas junto los árabes que se hallaban fortificados en Qalat Yahsib[206] —perteneciente al clan de los Banu Asn— y comenzó un saqueo de toda la zona. Abd Allah envió entonces a su ejército bajo el mando de Ibrahim ibn

205. Estepa (Sevilla).

206. Alcalá la Real (Jaén).

Jamir, dando además instrucciones al por entonces aliado Ibn Hafsun para que se uniese al contingente. No obstante, los planes del nuevo gobernador de Rayya distaban mucho de los intereses del Emir y, una vez al mando del ejército, escribió en secreto a Ibn Mastana pidiendo que se uniese a su causa:

La defensa de la causa muladí de parte tuya, comprometería mi honor en no dejar que el ejército que yo mando te haga mal alguno. De esto puedes estar seguro.

Ibn Mastana aceptó la propuesta e Ibn Hafsun irrumpió en la región del nuevo rebelde sin voluntad ninguna de hostigar a los insurgentes. Fue un paseo militar con la intención de ganar tiempo mientras se dedicaba a arrestar a los soldados y quitarles los caballos para entregárselos a los muladíes con cualquier pretexto; ante las objeciones del eclipsado general Ibn Jamir, Ibn Hafsun utilizaba su amabilidad y poder de convicción hasta disipar sus sospechas. De esta manera, estableció nuevas alianzas con los muladíes de la zona, entregándoles el dinero y el equipamiento de guerra del ejército emiral. Tras un infructuoso paso por Ilbiri, arrestó a Ibn Jamir y a los altos mandos y declaró nuevamente la guerra el Emir, dirigiéndose con las tropas a Bayyana[207]. No obstante, los defensores de esta plaza consiguieron rechazar los intentos de asalto de Ibn Hafsun, que finalmente recurriría *a su astucia y a su ardid, armas que pocas veces le fallaron*: les prometió bajo solemnes juramentos que no sufrirían daño alguno si deponían las armas, y cuando finalmente los oficiales bajaron al campamento de Ibn Hafsun a firmar el pacto, éste los arrestó a todos, ejecutando además a varios de ellos. Habiéndose incautado de sus haciendas y bienes, condujo a sus tropas hasta Poley[208], a sólo una jornada de Qurtuba, y la fortificó hasta volverla inexpugnable; desde allí comenzaría a saquear e incendiar la campiña, provocando grandes estrecheces en la capital de al-Andalus y cerrando el cerco sobre ella, mientras sus gentes comenzaban a elevar la voz en una protesta pública ante los infructuosos intentos de Abd Allah por llegar a un acuerdo con Ibn Hafsun.

En el invierno de entre 890 y 891, Ibn Hafsun recibe una petición de refuerzo de su aliado Jayr ibn Sakir, pues el ejército de Abd Allah se acerca a su fortaleza de Shawdar bajo el mando del general Abbas ibn Abd al-Aziz. El ingenioso líder muladí, sabiendo la predisposición del Emir a buscar una salida pacífica, decide traicionar a Ibn Sakir enviando a su lugar-

207. En este caso se refiere a Baena, al sudeste de la ciudad de Córdoba.

208. Aguilar de la Frontera, localidad al sur de la provincia de Córdoba.

teniente Ruyul con la orden de degollarlo y así enviar la cabeza su Qurtuba en señal de amistad; sobre este hecho no me extenderé, pues ya lo relaté con anterioridad. De esta manera el territorio de Ibn Hafsun se extendió hasta Jayyan, a la que cargó de tributos ante la inoperancia de Abd Allah, que dejaría sin representante también a Ilbiri y las abandonaría a ambas a su propia suerte. Los ataques se propagaban por toda la cora de Qabra, llegando hasta al-Isana al Yahud[209]. La profecía hecha por aquel anciano en Ifriqiya años antes parecía cumplirse: el constante crecimiento del territorio bajo su dominio espoleó la voluntad de Ibn Hafsun de apropiarse de toda al-Andalus y para ello se atraería el favor de la dinastía abbasí de Madinat al-Salam. Envió al gobernador de Ifriqiya —Ibn al-Aglab— magníficos regalos y éste le correspondió, pues la propuesta de Ibn Hafsun era tentadora, animándole a persistir en su empresa y alimentando sus esperanzas. Desde entonces la hostilidad y osadía del muladí se intensificaron, llevando noche tras noche desde Poley los ataques más cerca de la propia ciudad de Qurtuba hasta realizar incursiones en la zona de Saqunda[210], llegando incluso uno de sus soldados a arrojar una lanza contra la estatua que había sobre la Bab al-Qantara y aterrorizando de esta manera a sus habitantes. El Emir veía en aquellos ataques una humillación y decidió salir personalmente al frente de sus tropas a enfrentarse con Ibn Hafsun; sus consejeros, conscientes de la delicada situación, intentaron disuadirle, pues una derrota bajo su mando terminaría por enardecer las protestas al no poder ser culpado otro sino el mismísimo Abd Allah ibn Muhammad. Para los visires *era preferible que diez generales perdieran diez batallas, y no una el Emir.*

Desoyendo los consejos, Abd Allah reunió a sus tropas y les ordenó levantar las tiendas reales en la misma Saqunda para esperar al rebelde, pero éste ya estaba al tanto de los planes del Emir y había trazado los suyos propios: aprovecharía la oscuridad de la noche para acercarse sigilosamente a las tiendas y prenderles fuego con la intención de ponerlo en ridículo. Cuando el pequeño ejército con el propio Ibn Hafsun a la cabeza comenzó a prender los pabellones, se encontraron con una desagradable sorpresa: en ellos no se encontraban ni el Emir ni sus más cercanos mandos, sino todo un destacamento de arqueros mamelucos[211] que comenzó a descargar una

209. Traducido como "Ciudad de los judíos", se refriere a la actual Lucena (Córdoba).

210. La ya mencionada alquería separada por el río Guadalquivir de la ciudad de Córdoba donde se sitúan actualmente los barrios de Fray Albino, Miraflores y Campo de la Verdad.

211. Unidad militar de élite formada por esclavos turcos, muy apreciada por los califas abbasíes y omeyas.

lluvia de proyectiles sobre los atacantes. Los gritos de alarma llegaron a las ya advertidas guarniciones de la ciudad que partieron al galope y, tras cruzar el puente, alcanzaron a los hafsuníes, cuyo grueso de caballería se batía en retirada. La noche y la confusión de la lucha se convirtieron entonces en los peores enemigos de Ibn Hafsun, pues durante la persecución a la que le sometía la caballería del Emir perdió el camino de vuelta a su fortaleza de Poley durante horas; cuando logró cruzar sus puertas, sólo le acompañaba un jinete. A la mañana siguiente, las tropas de Abd Allah regresaron a Qurtuba portando en sus lanzas las cabezas de algunos de los insurrectos; la victoria que habían conseguido *adquirió a los ojos de los habitantes proporciones mayúsculas, admirando los trofeos y tranquilizando sus ánimos.*

Aquella escaramuza no significaba para Abd Allah otra cosa que el preámbulo de la gran batalla que llevaría a los dominios de Ibn Hafsun y el 15 de abril de 891 el ejército real acampó a la orilla del wadi al-Fuska[212]; las avanzadas de ambas fuerzas convinieron, como era costumbre, que el enfrentamiento tuviese lugar la mañana del día siguiente. Para tan decisiva batalla, y según relató el cronista Sakan ibn Ibrahim, a Abd Allah sólo sólo le quedaban catorce mil hombres *entre los cuales había mucho de su servidumbre, su Corte y guardianes, y cuatro mil voluntarios*; con los que había de enfrentar a treinta mil aguerridos soldados curtidos en numerosas batallas. Al despuntar el alba, el ejército rebelde se encontraba desplegándose frente a su fortaleza bajo la dirección de Ibn Hafsun que, conociendo la superioridad numérica de sus fuerzas, arengaba a las tropas: «¿Qué puede hacer esa manada de bueyes? Ofrezco quinientos denarios al que me traiga la noticia de que ese Emir sale de su tienda». Consciente Abd Allah de esta situación, ordenó al general en jefe Abd al-Malik ibn Umayya replegarse tras una montaña cercana a la fortaleza con el grueso de las fuerzas. Creyendo que el ejército real se batía en retirada, Ibn Hafsun lanzó un ataque contra su línea de vanguardia; al advertir su movimiento el general de ésta, Ubayd Allah ibn Muhammad ibn al-Gumar ibn Yahya ibn Abd al-Gafir ibn Abu Abda, corrió a la tienda de Abd Allah gritando: «¡Que Dios se apiade de nosotros, oh Emir!¿A dónde te llevan?¿Cómo es posible que volvamos las espaldas al enemigo, ahora que él viene hacia nosotros?¡Por Dios, oh Emir, creerá que le tememos y arremeterá con más arrojo contra nuestro ejército y nos derrotará!¿Qué debemos hacer?» —Abd Allah ibn Muhammad respondió con tranquilidad: «Avanzar

212. Río que Isa al-Razi sitúa a *casi dos millas de Poley* (Aguilar de la Frontera); por localización podría tratarse del actual río Cabra, salvo cambios fluviales de importancia.

y enfrentarnos con él; golpearlo con más vigor, entremezclarnos con sus huestes, atacar su infantería y aguantar hasta el último momento y que se cumpla la voluntad de Dios». Ubayd Allah entonces encabezó sus tropas que pronto se enzarzaron en una dura batalla contra los hafsuníes[213]:

El ruido era infernal, y el grito de los combatientes, mezclado con el relincho de los caballos y el tronar de sus cascos sobre el pedernal, llenaba los espacios, hasta que sucedió lo que no se esperaba: el ala izquierda del Emir cargó con tanto vigor contra la derecha del intrépido sedicioso Ibn Hafsun que, en poco tiempo y perdiendo gran ventaja, se vio obligado a retroceder. En este corto lapso y frente a esta señal del comienzo de la derrota del enemigo, los realistas aprovecharon el momento y empezaron a hacer su cosecha, segando cabezas que a porfía cortaban y enviaban a la tienda del Emir, que había puesto precio a cada una para el soldado que la presentase.

En este combate murió mucha gente de los facciosos. En cuanto al jefe de los insurrectos, se veía perdido, pues, deshecha su ala derecha por los soldados del Emir, vio con espanto como todo el peso del ejército volvía y arremetía contra el ala izquierda, que mandaba él personalmente. Entonces no le quedó otro partido que huir y volver grupas, camino de su fortaleza, abandonando su ejército a su suerte y, al grito de «sálvese quien pueda», el desbande de los facciosos fue general y espantosa la matanza.

El enorme ejército en desbandada atascaba la única entrada a Poley al intentar penetrar en la seguridad de la fortaleza hasta el punto que, al llegar Ibn Hafsun a ésta, hubo de ser recogido en volandas de su montura por los soldados apostados en las murallas. Ante el enorme tapón, la mayor parte de sus hombres desistió de intentar ponerse a salvo y huyeron en todas direcciones perseguidos y alcanzados por la caballería real. Cuando cayó la noche, el temor ante un asedio de Emir se propagó entre el mermado contingente que se protegía en la fortaleza de Poley, y los hombres comenzaron a huir aprovechando la oscuridad mientras Ibn Hafsun intentaba en vano retenerlos; finalmente tuvo que ceder y decidió salir con los que quedaban. En medio de la enorme confusión el mismo Ibn Hafsun no pudo conseguir ningún caballo y hubo de conformarse con una escuálida mula que le dió un dimmí amigo suyo; *habiendo montado en ella, en pelo, la aguijoneaba y apuraba*

213. Crónica de Isa al-Razi recogida por Ibn Hayyan en el *Muqtabis III*, traducción de Guraieb (1950).

a una marcha al galope que el pobre jamelgo, mal alimentado y acostumbrado al paso de la acémila[214]*, no podía llevar.* La infantería penetró en la desierta fortaleza mientras la caballería conducía a los innumerables prisioneros muladíes que portaban el vasto botín conseguido: dinero, alhajas, ropas y gran cantidad de maquinas de guerra de incalculable valor; estos habían sido amnistiados tras jurar lealtad a los musulmanes. Los cristianos fueron todos decapitados, menos aquel que flaqueó en el momento en que la espada del verdugo se cernía sobre su cuello y pronunció la fórmula de la fe islámica: «Doy fe de que no hay más divinidad que Dios y Muhammad es el mensajero de Dios» —que le valió el perdón.

El huído Ibn Hafsun, tras un breve paso por Arxiduna, se dirigió a su guarida de Barbashtar acompañado por cuatro jinetes, entre los que se encontraba Sa'id ibn Mastana, que intentaba calmar los ánimos de su general: «Dios te ha ahorrado los quinientos denarios que pensabas regalar al que te llevara la noticia de la salida del Emir al campo de batalla ¡Cómo te has engañado respecto de ellos!» —furioso por el revés sufrido, Ibn Hafsun le contestó: «Mi desgracia se debe a tu cobardía y a la de los que son como tú, vosotros sois semihombres». Mientras tanto Abd Allah, espoleado por su victoria, llegó a la cercana Istiya, que apoyaba a Ibn Hafsun y refugiaba a los huídos en la batalla, y comenzó su asedio utilizando las ballestas y catapultas arrebatadas al insurgente. La hambruna y el cansancio hicieron tal mella en sus defensores, que terminaron solicitando el amán desde lo alto de las murallas con sus mujeres e hijos, prometiendo volver a la obediencia. Asegurándose de esta promesa mediante rehenes tomados de las principales familias de Istiya, el Emir dictaminó una amnistía general y nombró un nuevo gobernador; no podía entretenerse en aquel asunto mucho tiempo, pues debía atacar Barbashtar ahora que Ibn Hafsun flaqueaba.

Cuando el ejército emiral llegó a las inmediaciones de Barbashtar, Umar ibn Hafsun había conseguido el apoyo de los muladíes de al-Yazirat, no obstante, nada podía hacer salvo observar como las tropas de Abd Allah destruían todo cuanto había alrededor de su fortaleza. La fortuna no tardaría en volver a sonreirle, pues los hombres de Abd Allah estaban cansados y deseosos de volver a sus hogares; aquella última empresa no parecía valer la pena su esfuerzo y, finalmente, el Emir accedió a sus peticiones ordenando el retorno a Qurtuba convencido de que aquel golpe al rebelde había sido

214. Del andalusí *azzamila*, traducido como "bestia de carga".

decisivo y le costaría levantar cabeza. Pero éste planeaba su venganza tendiendo una emboscada a Abd Allah en los abruptos desfiladeros que había de atravesar su ejército. Era mediadios de junio de 891.

Los hombres de Ibn Hafsun cayeron sobre ellos en el paso más delicado de aquel maldito desfiladero, pero la precisión de los arqueros reales sorprendió a los atacantes imposibilitándoles hacer mella en la cerrada formación que Abd Allah había dispuesto. Hastiado ante aquel lento intercambio de golpes, el guerrero Abu Utman Ubayd Alla ibn Muhammad ibn Abu Abda rompió filas y se lanzó contra los hafsuníes haciéndolos retroceder; otros oficiales se sumaron a aquella embestida al ver como los insurgentes flaqueaban, convirtiendo aquella acción impulsiva en un efectivo contraataque que puso a los enemigos en fuga. Una vez más, Ibn Hafsun debía huir mientras la caballería real perseguía y diezmaba a sus fuerzas; la victoria quedó simbolizada por las quinientas cabezas de insurgentes que el Emir ordenó transportar para ser expuestas. Tras recoger algunos rehenes en Arxiduna, Hisn Rumman y de los Banu Jalid para asegurarse sus lealtades, Abd Allah ibn Muhammad y sus tropas entraron en Qurtuba entre los vítores y admiración de las gentes; Ubayd Allah ibn Abu Abda sería además nombrado visir por su decisiva intervención que cambió el curso de la batalla y salvó al ejército real. Aquel año de 891 traería aún más triunfos para el Emir, pues recuperaría la fortaleza de Jayyan de manos de uno de los más altos oficiales de Ibn Hafsun, al-Sarray, que sería crucificado en Qurtuba.

En el año de 892, Umar ibn Hafsun solicitó una vez más la paz con el Emir y ésta le fue concedida mediante la entrega de rehenes pero, de nuevo, no era más que un ardid para ganar tiempo mientras instigaba a los habitantes de Arxiduna a rebelarse contra Ahmad ibn Hasim ibn Abd al-Aziz, el gobernador nombrado por Abd Allah. Estos nunca habían dejado de apoyar su insurgencia y cumplieron sus órdenes: tomaron las armas, apresaron a Ibn Hasim y a su colaborador inmediato, Muhammad ibn Danim al-Udmi; y abrieron las puertas a Ibn Hafsun, que entraría esa misma noche con sus fuerzas. Ahmad ibn Hasim era un valioso prisionero y su vida fue respetada, no así la de Ibn Danim, al que el rebelde ejecutaría impulsado por un odio personal. La violación del pacto llevó a Abd Allah a encabezar una nueva aceifa contra el colaborador del insurgente, Ibn Mastana. Bajo el mando de Abd al-Malik ibn Abd Allah ibn Umayya, las tropas emirales devastaron los castillos y campos de sus tierras de Baguh, obligándolo a entregar y destruir su fortaleza de Karkabuliya[215] a cambió del amán y la promesa de lealtad a Abd Allah.

Mientras tanto, Ibn Hafsun intentó invadir Ilbiri instado por el importante núcleo muladí de la ciudad; la falta de representación emiral le permitió colocar una guarnición en su qasr sin encontrar resistencia por parte de los leales a Abd Allah. La alarma se propagó entre estos y solicitaron el auxilio de Ibn Ishaq, gobernador de Ibda[216] que, junto a otros partidarios del Emir que se unieron a la causa, consiguió expulsar a los soldados del rebelde. Pero una vez el Emir abandonó la cercana Karkabuliya, los insurgentes de Ilbiri se volvieron más osados e introdujeron un grupo de oficiales hafsuníes aprovechando la oscuridad de la noche que eliminó la escasa resistencia; a la mañana siguiente, el gobernador había sido decapitado e Ibn Hafsun era Señor de Ilbiri. Sa'id ibn Yawdi, gobernador de la vecina Hisn Rumman, temía ser atacado por el insurgente con el respaldo de todos los muladíes de Ilbiri que clamaban venganza, y reunió a los árabes de la zona para salir a su paso antes de que pudieran acercarse. El enfrentamiento resultó fatal para los hombres de Ibn Yawdi, pues tras sufrir una aplastante derrota, fueron masacrados por su torpeza: *sus soldados habían de recorrer toda la vega antes de ganar la puerta de la fortaleza; y en ese largo trecho los soldados de Ibn Hafsun los acuchillaron por la espalda.* Por su parte, Ibn Hafsun estaba decidido a asentar su poder en aquella franja suroriental de al-Andalus y, tras esta victoria, conquistó y fortificó Jayyan —que había sido perdida por Ibn Mastana—, y nombró gobernador a un hombre conocido como Ibn Hadir, dejando parte de su caballería como guarnición.

En este punto de la historia, el rebelde Umar ibn Hafsun había alcanzado el cénit de su poder al unificar bajo su liderazgo a todos los muladíes insurgentes del país de al-Andalus; el vasto territorio que controlaba le permitía llevar la guerra de igual a igual al propio Emir Abd Allah. Durante los siguientes años el enfrentamiento entre ambos resultaría en una pareja lucha en la que grandes figuras de ambos bandos perderían la vida, como la mano derecha de Ibn Hafsun, Hafs al-Marra, en 893; o el laureado general emiral Abd al-Malik ibn Abd Allah ibn Umayya, a manos del propio príncipe al-Mutarrif en 895 tras una falsa acusación de despotismo. Mientras el mando de las aceifas alternaba entre al-Mundir —tío del Emir Abd Allah— y Aban ibn Abd Allah —hijo del mismo—, el rebelde Ibn Hafsun abandonó

215. El actual municipio de Carcabuey, en el extremo suroriental de la provincia de Córdoba.

216. Úbeda (Jaén).

totalmente el Islam convirtiéndose al cristianismo en 899 e instalando a un obispo en Barbashtar. Aquel simbólico y último desafío del ahora bautizado como Samuel unificaría a todos los árabes en su contra e incluso le costaría alguna deserción, como la de Ausaya, que abandonaría la causa hafsuní e imploraría el perdón del Emir para volver a la obediencia.

Durante sus últimos años de gobierno, Abd Allah concentró sus esfuerzos en recuperar la hegemonía perdida en al-Andalus, bien contra los numerosos líderes locales cuya aparición se convirtió en una constante —como el poderoso señor de Tudmir, Daysam ibn Ishaq—, o bien contra el siempre beligerante Umar ibn Hafsun. A pesar del respiro que significó la vuelta a la obediencia de Ibn Hayyay y el consecuente restablecimiento del comercio entre Qurtuba e Ishbiliya, las campañas de Abd Allah no resultaron sino en una precaria estabilidad del caos desatado hasta el momento, falleciendo sin ver garantizada la paz ni la unidad del país y totalmente ajeno al hecho de que sería su nieto, Abd al-Rahman ibn Muhammad, quien no sólo culminaría brillantemente su proyecto al sucederle, sino que llevaría el sueño de Abd al-Rahman al-Dahil mas allá de lo que ninguno de los habitantes de al-Andalus podría soñar, cuyas voces se unirían para ensalzar el nombre de al-Nasir.

El aspecto de la ciudad de Qurtuba, capital de al-Andalus y Luz de Occidente

desde la llegada de Tariq hasta la caída del califato, lugares de interés dentro y fuera de sus murallas y noticias acerca de quienes los edificaron, así como su importancia y los sucesos con ellos relacionados.

Madinat Qurtuba

La capital del califato de al-Andalus era una enorme metrópolis rebosante de vida, vibrante de actividad, resplandeciente como no he visto otra; y digo era, pues mis ojos han contemplado cómo se ha convertido en la sombra de lo que un día fue, desangrada por las luchas y objeto del rencor de aquellos que jamás pudieron poseerla en sus días de grandeza. Quizá el recuerdo que guardo en mi corazón de Madinat Qurtuba se vea engrandecido por el amor que le profeso y las penurias a las que me he visto sometido alejado de ella; mi mano temblorosa al escribir estas líneas recordando la ciudad donde transcurrieron los años más felices de mi vida es prueba fehaciente de ello. Intentaré plasmar en las siguientes páginas la Qurtuba que se mantiene viva en mi recuerdo, permitiéndome el lector que en ocasiones la emoción dirija la pluma de este anciano, pues ninguno de aquellos que vivimos sus más resplandecientes años entendemos La Luz de Occidente sin dejarnos embriagar por ella. El gran viajero Ibn Hawqal[217], al visitarla en una ocasión dijo:

217. Muhammad Abu-l-Qasim Ibn Hawqal, nacido en la actual Nusaybin —al sudeste de Turquía-, fue un célebre escritor del siglo X que recogió las crónicas de sus viajes en el *Surat al-Ard* ("La faz de la Tierra").

La ciudad más grande de al-Andalus es Qurtuba, que no tiene su equivalencia en todo el Magrib, más que en Bayn Nahrain, al-Sham o Qubt, por la cifra de población, la extensión de su superficie, el gran espacio ocupado por los mercados, la limpieza de los lugares, la arquitectura de las mezquitas, el gran número de baños y alhondigas.

El verdadero nacimiento de la Qurtuba andalusí se produjo de manos de Abd al-Rahman ibn Mu'awiya al-Dahil y la proclamación del emirato independiente, pues durante los años transcurridos bajo dominio de Dimashq, al-Andalus sólo fue una extensión de la provincia de Ifriqiya. A pesar de ser independizada de ésta en 719 y ser nombrada Qurtuba la capital de la nueva provincia, las reformas llevadas a cabo por el gobernador de aquellos años, al-Samh[218], y de aquellos que le sucedieron, no fueron sino adaptaciones de las estructuras ya presentes en tiempos de los visigodos, pues su presencia era mayoritaria y al-Andalus carecía de identidad propia por su lejanía al centro del poder en oriente.

Madinat Qurtuba en realidad eran dos ciudades dentro del mismo teritorio: la madinat propiamente dicha, y los arrabales, barrios establecidos fuera de sus murallas cuya población llegó a superar a la contenida intramuros. En el primer caso, nos encontramos lo que en ocasiones también llamábamos *madinat al-Attiqa*[219], pues la línea que trazaban sus murallas se conservaba desde tiempos de la Ruma imperial[220], al igual que sus puertas principales. A éstas las conocíamos como Bab al-Yahud —al norte—, Bab al-Rumiyya o Bab ibn Abbas y Bab al-Hadid —al este—; Bab al-Qantara —al sur—; Bab Ishbiliya o Bab al-Attarin y Bab Amir al-Qurasi[221] —al oeste—. Lo que en ellas se contenía tampoco había variado demasiado desde hacía siglos debi-

218. Quinto valí de al-Andalus, de 719 a 721.

219. Traducido como "la ciudad antigua".

220. El lienzo norte coincidía con el trazado de Ronda de los Tejares continuando por la zona meridional de la plaza de Colón hasta la esquina con la calle Alfaros; en este punto comenzaba la parte oriental que descendía por ésta, pasaba por Capitulares y continuaba por la calle San Fernando hasta la ribera; paralela al rio se levantaba la cara sur del trazado hasta las Caballerizas Reales —resultado de una ampliación posterior—, siendo el antiguo alcázar califal el área fortificada que coincidía con la esquina sudoeste; atravesando el barrio de San Basilio en dirección noroeste hasta la avenida de Vallellano y el lado oriental de la avenida de la Victoria hasta la esquina con Ronda de los Tejares, encontraríamos la cara occidental de la muralla. Restos del trazado original pueden observarse en el sótano del edificio de Cajasur de Ronda de los Tejares, en la esquina de la plaza de Colón y la calle Alfaros, en el Ayuntamiento, a lo largo de la calle San Fernando y bajo el local de la esquina norte de la calle Concepción y la avenida de la Victoria.

221. Puerta del Judío —actual puerta Osario—, Puerta de Roma o de Ibn Abbas —situada la unión de las calles San Pablo y Alfonso XIII—, Puerta de Hierro —entre las calles Cardenal González y Lucano—, Puerta del Puente, Puerta de Sevilla o de los Drogueros y Puerta de Amir al-Qurasi —actual Puerta Gallegos—.

do a la limitación que ofrecía modificar la distribución de las calles en un recinto cerrado, de hecho, aún se distinguía algo distorsionado el trazado de las vías principales de aquella *Colonia Patricia Corduba*, como la gran via que cruzaba la madinat de norte a sur y pasaba entre la mezquita aljama y el Qasr Umayya junto a unos populares baños públicos[222] al norte del templo. De éstas nacían numerosas calles secundarias de longitud y anchura variables que las unían entre sí o con las demás puertas, como la que partía hasta Bab al-Hadid y donde se encontraba la mezquita erigida por al-Mansur[223] en la madinat. No obstante, el crecimiento de la población durante las primeras décadas del gobierno de al-Dahil provocó la aparición de los característicos adarves, unas pequeñas callejuelas sin salida —y en muchos casos delimitadas por un portón que se cerraba de noche— nacidas de la división de las casas al ser heredadas por hijos o por el acondicionamiento de nuevas viviendas dentro de la misma manzana.

Los arrabales eran, a mi parecer, la verdadera esencia de Qurtuba. Se extendían en todas direcciones alrededor de la madinat junto a las principales vías en cuatro zonas que conocíamos según su localización: al-Rabad, Yanib al-Sharqiyya, Yanib al-Gharbiyya y Yanib al-Yawfiyya —al sur, oeste, este y norte, respectivamente—. Su origen, al parecer, se debe a la aparición de las almunias durante los primeros años del gobierno islámico que, en muchos casos, eran residencias preexistentes de nobles visigodos situadas en las afueras de la ciudad que los notables andalusíes reformaron y ocuparon; en otros casos, como al-Rabad, se trataba de una qaryat[224] cuya cercanía a la ciudad y su crecimiento acabó conectándola a ésta. Aquellos que deseaban huir del bullicio de la madinat y los que trabajaban en las almunias comenzaron a establecer sus residencias en estas zonas, de tal manera que comenzaron a crecer, obligando a la administración andalusí a intervenir dotándolas de las instalaciones y servicios que precisaban: cementerios, mezquitas, baños y otros centros asistenciales, así como de una red comunitaria de saneamiento, a pesar de la existencia desde los primeros momentos de gobierno islámico de cuatro principales cementerios situados junto a las puertas en los puntos cardinales como eran las *maqabir*[225] llamadas Umm Salama al norte, Ibn Abbas al este, al-Rabad al sur y Bab Amir al-Qurasi al oeste. He de aclarar

222. Los restos de estos baños se conservan en la calle Velázquez Bosco.

223. Se corresponde con la integrada en el actual convento de Santa Clara.

224. Alquería, conjunto de propiedades rurales que compartían la misma jurisdicción.

225. "Cementerios", plural de *maqbarat*.

que estas intervenciones no salían exactamente de mano del Emir —salvo algún caso concreto—, pues solían ser inicitativa o compensación al gobierno por parte de personajes ilustres o *sayyidas*[226], que realizaban donaciones a la comunidad en lo que conocíamos como *waqf*[227]. Es por ello que tanto las mezquitas como las maqabir erigidas por estas personalidades se conocían por sus nombres, extendiéndose esta denominación a los barrios que se alzaban a su alrededor. El aumento de la población en los arrabales —sobre todo en los albores del siglo IX— hizo que aquellos grandes propietarios hubieran de intervenir alrededor de sus almunias, mediante la compra de terrenos y la ordenación de vías secundarias, para evitar la aglomeración; de esta manera, los arrabales adoptarían en muchos casos una distribución cuadriculada. Con esta pequeña explicacion y el previo relato de la historia de Qurtuba considero que es conocido su desarrollo de manera suficiente, pues mi intención es que el lector contemple la hermosa ciudad a través de mis ojos, que paso a describir en las siguientes páginas.

El Qasr Umayya

Ocupando todo el ángulo suroriental de la madinat, junto a la mezquita aljama, se erigía la más antigua de las residencias palaciegas de los Umayya en Qurtuba: el Qasr[228]. En mis días, éste había perdido protagonismo frente a Madinat al-Zahra y al-Zahira, pero seguía albergando algunos de los asuntos de los Umayya y siendo su residencia en ciertos periodos, a pesar de ser recordado por las gentes a causa de la belleza de sus jardines, cuyo acceso solía ser libre a lo largo del día para su disfrute.

Por todos era sabido que el origen de este palacio se remonta a los tiempos de los visigodos, desde donde los gobernadores del rey Ludriq dirigían los designios de sus gentes, controlaban el puerto fluvial y la puerta del puente, y poseían un lugar de preferencia junto a la antigua iglesia principal de la ciudad, muy cercana a su costado oriental. Tras conquistar Qurtuba, Mugit al-Rumi ocupó la fortaleza al reconocerla como un lugar inmejorable para estabilizar la situación durante aquellos primeros momentos de incertidumbre, mientras esperaba la llegada de Tariq ibn Ziyad, Musa ibn Nusayr o

226. "Gran señora", se refiere a las madres y concubinas de los emires.

227. Fundaciones pías consistentes en la donación de un bien privado como legado en beneficio de la comunidad, cuyos terrenos adquieren de este modo el carácter de inalterable e inalienable.

228. La extensión del alcázar omeya abarcaría el Obipsado, el Seminario de San Pelagio, la Biblioteca Pública Provincial y el Alcázar de los Reyes Cristianos, además de la plaza del Campo Santo de los Mártires y las calles Amador de los Ríos, Tomás Conde, Dr. Fleming y Caballerizas Reales.

las indicaciones desde Dimashq. Pero sería inmediatamente después cuando la antigua fortificación visigoda se consolidaría como residencia de los valíes de al-Andalus; a pesar de conservar la vocación defensiva —proteger el acceso suroccidental de la madinat—, el conocido por entonces como Qasr al-Umara fue adaptándose a las necesidades de los gobernantes musulmanes, fundándose en estos días la *rawda*[229] —en la que incluso sería enterrado el propio Baly[230] de los al-Sham— y constituyendo en un primer momento el centro político, económico y religioso de la ciudad.

El recinto se encontraba totalmente fortificado coincidiendo, como ya mencioné antes, los lienzos sur y oeste con la propia muralla de la madinat. Este vértice además se encontraba resguardado por la imponente Bury al-Asad[231], desde donde se divisaba todo el tráfico que ascendía el río. El Qasr contaba con varias puertas que permitían a las gentes acceder a sus bellos jardines o al propio gobernante atender a asuntos oficiales: al oeste se abría la Bab Ishbiliya, y la Bab al-Siba[232], que daba a la Dar al-Burud[233]; al norte la Bab al-Hammam[234], situada junto a los baños erigidos por el Califa al-Hakam[235]; en el oeste —hacia la mezquita aljama— la Bab al-Mulk[236] y la Bab al-Adl[237], en cuya torre el muecín llamaba a la oración hasta la construir del primer alminar en 794 y desde donde una vez partió el sabat de Abd Allah; y la Bab al-Sabat, lugar que los califas utilizaban para acceder a este pasadizo que conducía a la maqsura. Por último, las puertas del sur: Bab al-Sudda —la más grande de todas, cubierta por unas enormes planchas metálicas— y la Bab al-Yinan[238] —donde el Emir Abd al-Rahman ibn al-Hakam había instalado un gran pilón de mármol—; éstas daban al Rasif, la explanada que orillaba el río situada tras una gran vía y en cuyo extremo oocidental el Emir Abd al-Rahman había ordenado la construcción de un

229. Enterramientos ajardinados normalmente destinados a familias relacionadas con la nobleza.

230. Baly ibn Bisr (m. 742) el sirio, fue una pieza clave durante las rebeliones bereberes del segundo cuarto del siglo VIII.

231. "Torre del León".

232. "Puerta de los Leones".

233. "Casa de Correos".

234. "Puerta de los Baños".

235. Los restos de los Baños Califales se conservan en la Plaza de los Santos Mártires.

236. "Puerta Real" o "del Poder".

237. "Puerta de la Justicia".

238. "Puerta de los jardines".

embarcadero aprovechando una estructura que, según algunos eruditos de mi época, ya había utilizada a tal fin por los Rum.

En el interior de sus murallas encontrábamos dos ejes viarios que atravesaban el recinto desde la Bab al-Hammam a la Bab al-Yinan y de la Bab Ishbiliya a la Bab al-Mulk para facilitar el tránsito entre los diferentes edificios que allí se erigían: la alcazaba —en el ángulo suroeste—, los ya mencionados baños, los salones donde los gobernantes realizaban las recepciones y atendían las demandas de las gentes —como al-Mubarak, el Maylis al-Kamil y el Maylis Annasamah[239]—, la Dar al-Hasa[240], la biblioteca del Califa al-Hakam —cuyos fondos fueron destruídos en gran parte por al-Mansur— y, junto al accceso desde la Bab al-Yinan, la imponente rawda de los Banu Marwan. De los frondosos jardines donde descansaban los Umayya ya desaparecidos he oído innumerables leyendas, como aquella que asegura que su origen se remonta a los días del gran Julio César, siendo él mismo quien plantara en aquel paraje diversas especies vegetales traídas de todos los rincones del mundo; acondicionados para dar más lustre al harem real, aquel vergel y el huerto anexo se alimentaban del agua canalizada desde Yabal Qurtuba por el acueducto del Emir Abd al-Rahman y la extraída del cercano molino de Kulayb.

Ibn Hayyan me contó en una ocasión un curioso suceso ocurrido durante la visita del rey Ordoño en los días del Califa al-Hakam ibn Abd al-Rahman: al parecer, mientras ambos partían hacia Madinat al-Zahra con sus séquitos, pasaron por los alrededores del Qasr, entre la Bab al-Sudda y la Bab al-Yinan, y Ordoño recordó la costumbre de los Umayya de ser enterrados dentro de los muros de aquel palacio, por lo que preguntó dónde se hallaba el lugar de descanso de al-Nasir. Una vez le llevaron hasta la rawda y le indicaron el sitio exacto, se quitó el gorro y se inclinó para orar por el alma de quien tanto le había dado y quitado, un aliado tan poderoso como temible enemigo al que, a pesar de todo, respetaba y apreciaba profundamente. Pero he de reconocer que la historia relacionada con este palacio que más me conmovió fue aquella que los sirvientes del Qasr relataban generación tras generación hasta la caída del califato: durante los últimos días del Emir Abd al-Rahman ibn al-Hakam en los que ya se encontraba consumido por la enfermedad, éste llamó a sus servidores y les dijo: «¡Oh hijos míos! Cada vez veo menos de cerca como de lejos y, por otro lado, tengo prohibida por mi

239. "Salón bendito", "Pabellón Principal" y "Pabellón de la Alegría".

240. "Casa de los Guijarros".

enfermedad la salida hacia el campo. Antes me distraía subiendo a la atalaya y contemplando desde allí el paisaje, pero ahora mi cuerpo está débil y por eso pregunto si esto no tendrá remedio» —Sa'dun, el principal de sus sirvientes que había sustituído a Nasr tras su muerte le respondió: «Sí lo tiene» —y volvió portando un sillón de caña de bambú donde acomodó al Emir sobre un cojín blando de plumas. De este modo lo subieron hacia el mirador que erigió el propio Abd al-Rahman sobre la Bab al-Yinan, deteniéndose en las sinuosas escaleras de caracol cada vez que lo deseaba el Emir, para así evitar que se fatigase. Una vez arriba, pudo contemplar las colinas de la campiña, la zona del Arrabal y el río, por donde los barcos surcaban su curso arriba y abajo; emocionado ante tan hermosa visión, el Emir exclamó: «¡Oh hijos míos! Tratadme familiarmente con vuestro lenguaje, dejadme disfrutar de vuestra conversación y seguid hablando entre vosotros como cuando estáis solos, como cuando estábais preocupados por los sufrimientos cuidándome de mi enfermedad» —y así lo hicieron, disfrutando Abd al-Rahman aquel momento como no había hecho con otro. Caía la tarde sobre Qurtuba y los sirvientes comenzaron a preparar la habitación del Emir para que reposase mientras seguía absorto con la visión de la explanada del Arrabal. Observó entonces un rebaño que allí pastaba, pero no alcanzó a ver al pastor que había de cuidarlo: «¿Oh hijos míos!¿Cómo es que este ganado está suelto y no lo guarda nadie?» —sus sirvientes, tras escudriñar más detenidamente, respondieron: «Señor, allí está el pastor que lo conduce, sobre el límite de la explanada, descansando frente al huerto de Tarub». De los ojos de Abd al-Rahman ibn al-Hakam brotaron las lágrimas hasta humedecer su barba: «Yo quisiera, por Dios, ocupar el lugar de aquel pastor y no estar sujeto a la esclavitud del mundo ni de las cosas de la gente».

La gran mezquita aljama

Cuando al-Andalus fue conquistada por los árabes, su proceder en lo referente a la fundación de una mezquita aljama en Qurtuba fue igual que el llevado a cabo en Dimashq cuando esta fue tomada por los califas en los días del Rashidun. Como fue indicado por el mismo príncipe de los creyentes, Umar ibn Abd al-Aziz[241], se expropió a los cristianos rendidos por capitulación la mitad de la iglesia mayor de la ciudad, conocida por Shant Binyant[242],

241. Octavo Califa omeya de Damasco entre 717 y 720.

242. "San Vicente", en la actualidad se pueden apreciar restos de este templo dentro de la Mezquita de Córdoba.

y se construyó en dicha porción una mezquita aljama, quedando la otra en poder de los derrotados que, por otro lado, vieron demolidos el resto de los templos de la ciudad.

Aquello contentó a los musulmanes hasta que aumentó la población de Qurtuba y se vio acrecentado su número, atrayendo a los príncipes árabes a establecerse en la ciudad. La mezquita comenzó a quedarse pequeña y las gentes a sufrir estrecheces, por lo que se instalaron gradas a diferentes alturas para poder albergar a todos los fieles que a ella acudían cada viernes, sin embargo, estas tribunas dificultaban el acceso e impedían a muchos ponerse en pie por su cercanía al suelo. No cambiaría esta situación hasta la llegada de Abd al-Rahman ibn Mu'awiya, que consideraba que la capital de su nuevo imperio debía seguir el modelo de las grandes urbes y contar con una aljama a la altura de sus pretensiones, por lo que se interesó en ensancharla y perfeccionar su construcción. Para ello convocó a los cristianos más notables de la ciudad y les exigió la venta de su mitad; a pesar de rehusar en un principio, finalmente cedieron a los deseos del Emir a cambio de cien mil dinares y el permiso para reedificar aquellas iglesias fuera de las murallas que les fueron demolidas años atrás. Al-Dahil dio entonces comienzo al derribo de la iglesia y la edificación de la aljama en 786; una vez completadas sus naves y cerrados sus muros, terminó en el plazo de un año, gastándose para ello ochenta mil piezas de oro y plata. En 794, su hijo Hisham ibn Abd al-Rahman mejoraría la mezquita aljama añadiéndole un alminar de cuarenta codos[243] de alto, desde donde la llamada a la oración del muecín pudiera ser escuchada por todos los fieles de Qurtuba; en la parte de atrás de la mezquita erigió unas galerías donde las mujeres pudieran hacer sus plegarias, además de una pila de abluciones al este.

Entre 833 y 834, el Emir Abd al-Rahman ibn al-Hakam comenzaría una nueva ampliación en la que aumentaría su superficie hasta los ciento cincuenta codos de ancho y cincuenta de largo, conteniendo en su interior hasta ochenta columnas; su celebrada inauguración se llevaría a cabo en diciembre de 848. Hace pocos días y, sabiendo el manuscrito que estoy llevando a cabo, mi querido discípulo Abu Abd Allah Muhammad ibn Futuh, más conocido por al-Humaydi, me remitió el siguiente escrito acerca de la ampliación de Abd al-Rahman, fruto del trabajo que él mismo está realizando:

243. A pesar de existir diferentes medidas de codos en al-Andalus según su uso, un promedio aceptable sería 0'50 metros, por lo que el alminar de Hisham alcanzaría unos veinte metros de altura, aproximadamente.

El Emir Abd al-Rahman dio orden de agrandar la gran mezquita de Qurtuba. Se le añadió el espacio que se extiende desde las grandes pilastras de piedra que se alzan en el interior del edificio, y que aparecen a los ojos de quien penetra en la mezquita, hasta el fondo del santuario, constituido por la trasera del mihrab. Para estos trabajos hizo reunir los materiales más ricos y empleó en la construcción un número considerable de hábiles obreros. Encargó la dirección de las obras al primero de los eunucos de su corte Nasr y a su colega Masrur en su deseo de acelerar el fin de los trabajos, asegurando, no obstante, la premura su solidez. Dios le asistió con su ayuda, gracias a lo cual alcanzó sus designios. El ensanchamiento se realizó como deseaba.

Creyó, no obstante, Muhammad ibn Abd al-Rahman que las obras no habían concluído, pues el mismo año de la muerte de su padre el Emir, y una vez tomó el trono, hizo renovar el ornato de la mezquita aljama, quedando en recuerdo de aquello una inscripción[244] que así lo atestigua:

Ha ordenador el Emir, que Dios ilumine, Muhammad ibn Abd al-Rahman, la restauración de lo que ha creído necesario en esta mezquita y su consolidación con la esperanza de la retribución de Dios para su provecho y recompensa en la vida futura por esta obra. Y ella ha salido terminada en el año 124 con la bendición de Dios y su ayuda.

Muhammad ibn Abd al-Rahman sería el primer Emir en erigir la maqsura, un espacio cercano al mihrab y privado al resto de gentes donde él y sus más allegados podían orar; pero sus hijos al-Mundir y Abd Allah volverían a llevar a cabo nuevas reformas en la mezquita aljama de una ciudad en continuo crecimiento. Al-Mundir, en su corto reinado erigiría la sala del tesoro, donde depositaría el dinero de las waqf, y reparó el depósito de agua y las galerías; todo ello destinado a ayudar a los musulmanes. Se dice, en cambio, del Emir Abd Allah ibn Muhammad que su reforma vino dada por el deseo de elevarse por encima de sus súbditos y ensalzar la figura del gobernante, motivo por el cual ordenó la construcción del sabat, un pasadizo elevado que unía el Qasr con la mezquita aljama para poder así acceder a la maqsura, sin tener contacto con las gentes y dotar a su figura real del misterio y la divinidad de lo desconocido. A este respecto, al-Hasan ibn Muhammad ibn Mufarriy[245] dijo:

---

244. Esta inscripción en caracteres cúficos aún se puede apreciar en la puerta conocida hoy en día como Postigo de San Esteban, en el costado occidental.

245. Posiblemente se trate del historiador cordobés al-Hasan ibn Muhammad ibn Mufarriy al-Qubbasi (959-1038).

Entonces [Abd Allah] mandó construir el corredor cubierto, conocido por al-Sabat, cuya bóveda se veía aflorar por la calle, entre el palacio del Emir y la Mezquita. Dicho corredor comunicaba el Qasr con su oratorio particular en la Gran Mezquita. Por él entraba y salía el Emir sin ser visto cuando acudía a la oración en compañía de su comitiva, formada por los cortesanos, los eunucos y los criados.

No obstante, el mismo al-Hasan ibn Muhammad ibn Mufarriy me relató que Muhammad ibn Maddah le había indicado el verdadero motivo que impulsó a Abd Allah a construir el sabat. Al parecer, cuando llegaba la hora de la llamada del muecin y el Emir entraba por la primera puerta del oeste —la principal, conocida como Bab al-Wuzara[246]—, los fieles se ponían en pie hasta que éste accedía a la maqsura; este hecho molestaba a los faquíes hasta el punto que incluso Sa'id ibn Jamir escribió al Emir Abd Allah en los siguientes términos:

Os haga Dios un digno y piadoso fiel, Señor. Los hombres deben ponerse en pie sólamente ante Dios, el Creador del mundo; sin embargo, ante ti se levantan apenas te ven llegar ¡Oh no! Tu no deberás aceptar ni dar a tu pueblo más que la verdad, pues sólo la verdad te hará llegar a la presencia de Dios. El poder es patrimonio de Dios, que no tiene igual; y quien se humille a los designios de Dios, Él lo elevará. La advertencia es útil a los fieles, y sólo la recuerda el que se arrepiente.

Fue entonces cuando Abd Allah ordenó a los musulmanes que permaneciesen sentados aunque le vieran llegar, orden que sólo acató una minoría y esto preocupó al Emir. Decidió construir este pasadizo con la intención de acceder a la maqsura sin ser visto y evitar así que los que acudían a orar se viesen obligados a postrarse ante su presencia.

El gran al-Nasir llevaría aún más gloria a la mezquita aljama, pues fueron no pocas las remodelaciones que llevó a cabo, empezando por su ampliación y la reparación de parte de la fachada norte, en peligro de derrumbe, donde se instaló una lápida conmemorativa[247] que así rezaba:

246. "Puerta de los visires", conserva esta denominación aún actualmente.

247. La lápida aún se conserva en la conocida como "Puerta de las Palmas".

Ha ordenado el siervo de Dios, Abd al-Rahman, el Emir de los Creyentes, al-Nasir li-din Allah —que Dios prolongue sus existencias— la restauración de esta fachada y su consolidación, a fin de dar realce a las ceremonias del culto de Dios y guardar el carácter sagrado de sus moradas que Dios ha prescrito elevar para que sea repetido su nombre, con la esperanza de recibir mayor provecho y la más grande recompensa, dejándole una noblre traza y alto renombre. Y estos trabajos fueron terminados con la ayuda de Dios, en el mes de Du-l-hiyya del año 346[248] *bajo los cuidados de su liberto, de su visir y su intendente Abd Allah ibn Badr. Obra de Sa'id ibn Ayub.*

Pero si la mano de Abd al-Rahman al-Nasir dejo alguna huella destacable en la mezquita aljama fue sin duda su portentoso alminar, que ordenó erigir derribando aquel levantado por Hisham y cuyas dimensiones fueron colosales: ochenta codos que elevaban al muecín por encima del suelo, alcanzando la altura total los cien. Se accedía a su cumbre por dos escaleras, una al oeste y otra al este, dispuestas de tal forma que si dos personas las tomasen a la vez, no se encontrarían hasta llegar a lo alto; estaba revestido de piedras de toba decoradas con esculturas geométricas, frisos qubtíes, marquetería policromada y dos filas de arcadas rebasadas que descansaban sobre columnas de mármol. El número total de estas, grandes y pequeñas, en el interior y en el exterior, alcanzaba las trescientas. Sobre la torre había una linterna formando una habitación abierta por cuatro puertas abovedadas donde dos muecines pasaban la noche, siendo dieciséis los totales asignados a la mezquita por turnos; esta estancia era rematada por una preciosa cúpula coronada a su vez por cinco manzanas, tres de oro y dos de plata, pudiendo contener la de mayor tamaño hasta setenta *ritl*[249] de aceite.

Es, por encima de todas, la llevada a cabo por al-Hakam ibn Abd al-Rahman la ampliación de más bella factura, que elevaba el alma y arrebataba el aliento. Transcurrido sólo un día desde su califato, al-Mustansir ordenó al hayib Ya'far ibn Abd al-Rahman al-Mushafi procurar las piedras necesarias para la remodelación de la gran mezquita, pues la ajetreada actividad del numeroso personal del Qasr obstruía gravemente el acceso al templo. Mientras tanto, el propio Califa se trasladó al mismo lugar de la futura am-

248. Entre el 23 de febrero y el 24 de marzo de 958.

249. Unidad de peso que corresponde, *grosso modo*, a 500 gramos; conociendo la densidad estándar del aceite de oliva, se puede estimar que el volumen de este elemento decorativo, según el dato dado por al-Himyan, era de 38 litros, aproximadamente.

pliación acompañado por sus visires y arquitectos para trazar el plan y fijar los detalles de los trabajos, resultando en once nuevas naves hacia el sur y aumentando noventa y cinco codos su longitud. Para la construcción del nuevo mihrab, al-Hakam escribió a rey de los Rum solicitándole uno de sus artesanos, pues conocía el portentoso talento de aquellos y deseaba imitar la obra que había hecho al-Walid Abd al-Malik en la mezquita de Dimashq. Los emisarios de al-Hakam volvieron del país de los Rum con el artesano y trescientos veinte quintales de mosaico que su rey enviaba como regalo; se le dio albergue y trató con generosidad, asignándosele esclavos para que trabajaran con él y aprendieran su arte; el aspecto final complació enormemente a al-Hakam, que recompensó con largueza a aquel cristiano. No obstante, del antiguo mihrab ordenó apartar el Califa las cuatro preciosas columnas, únicas en el mundo, para que constituyesen las jambas de la nueva joya de su mezquita aljama. Recordando tan magnífica obra, las inscripciones en dorado sobre rojo del exterior del mihrab y la grabada sobre ocho bandas en el interior recogen el ensalzamiento del Califa y la mención a quienes habían llevado a cabo tan magnífico trabajo: el ya mencionado Ya'far ibn Abd al-Rahman, Muhammad ibn Tamlih, Ahmad ibn Nasr, Jald ibn Hashim y Mutarrif ibn Abd al-Rahman, siendo ésta finalizada en diciembre de 965[250]. Las ampliaciones ordenadas por al-Hakam concluirían con una nueva maqsura de madera, esculpida interior y exteriormente y coronada por una cornisa de setenta y cinco codos de larga, cuarenta y dos de ancha, y ocho de alta.

La última ampliación conocida de la mezquita aljama fue la llevada a cabo por al-Mansur, hayib del Califa Hisham ibn al-Hakam, que comenzaría entre los años 977 y 978 como consecuencia de la llegada de los bereberes desde Ifriqiya en elevado número. Fue sin duda la de mayor tamaño —duplicando prácticamente su superficie total— pero por el contrario la menos vistosa, pues puso principal atención en su solidez y acabado, pero no en la ornamentación. Debido a la cercanía del Qasr a su parte occidental, el hayib hubo de trazar los planos hacia la oriental ante el temor de los dueños de las casas de este costado de verse desahuciados, pues sabían que para llevar a cabo tal empresa al-Mansur debía derribarlas. No tardaría el hayib en tranquilizar sus ánimos comprando las viviendas a precio equitativo e indemnizándoles por las molestías que suponía su traslado a otro lugar. Comenzarían entonces las obras a cargo de Abd Allah ibn Muhammad[251],

---

250. Estas inscripciones en caracteres cúficos pueden apreciarse claramente en la actualidad.

251. Evidentemente,no se trata del Emir Abd Allah, sino un visir de la corte de al-Mansur.

añadiendo ocho nuevas naves que comunicaban con la parte antigua a través de grandes aberturas en la derruida fachada oriental; los nuevos arcos del oratorio se construyeron en piedra pintada para simular la alternancia con el ladrillo y se sustentaban en toscas columnas —en cuyos fustes algunos canteros dimmíes grabaron sus nombres—; se abrieron siete nuevas puertas en la fachada oriental y cuatro en el patio, que ahora contaba con un gran aljibe.

En las ocasiones en que he vuelto a visitar Qurtuba tras mi huída, ha supuesto un leve consuelo encontrar la mezquita aljama tal y como la recordaba, ajena a los horrores de la guerra, y símbolo de la majestuosidad y grandeza que espero permanezca intacto, pues de su belleza creo que emana una admiración más elevada que sobrepasa creencias y gobiernos.

Al-Rabad

Al sur de la madinat se encontraba el popular barrio conocido como el Arrabal, que sería destruído en 818 tras unos graves sucesos que relataré más adelante. Cuentan las primeras crónicas que el origen de este asentamiento se remonta a la época del quinto valí de al-Andalus, Al-Samh ibn Malik al-Jawlani; cuando éste ordenó el establecimiento de la maqbara y una *musalla*[252] al sur del río, algunos habitantes se trasladaron a esta zona y construyeron sus viviendas formando una qaryat cercana a las recientes fundaciones de al-Jalwani y alrededor del segundo miliario[253] de los rum —que aún se encontraba en pie— de la antigua *via augusta*, razón por la cual también se conocía a esta qaryat como "Saqunda". La reconstrucción del puente mejoró las comunicaciones con la madinat y convirtió el asentamiento en un arrabal perteneciente a la propia Qurtuba.

No muchas construcciones se mantenían en pie en el Arrabal durante mis años en Qurtuba, pero es imposible olvidar la maqbarat al-Rabad, el enorme cementerio que acogía la hermosa rawda de los Banu Marwan[254], donde acostumbraba a jugar y pasar las calurosas tardes de verano a la sombra de los hermosos árboles acariciado por la brisa del wadí al-Kabir. Sobre este lugar recuerdo la historia que me contó Ibn Hayyan acerca del Emir al-Hakam ibn Hisham durante sus primeros meses de reinado, cuando las tensiones con los faquíes aún no se habían despertado. Según sus palabras,

252. Edificio de carácter religioso consistente en un oratorio similar a las mezquitas pero al aire libre.

253. Señalización de piedra que marcaba la distancia cada *mil passus*, es decir, unos 1480 metros.

254. Según las fuentes, esta zona estaba destinada a miembros de la familia Umayya, exceptuando a emires y califas, que eran enterrados en la rawda situada dentro de las murallas del Alcázar.

el propio Emir se encontraba asistiendo a un entierro en el cementerio del Arrabal, donde se había congregado una gran número de notables sabios entre los que se encontraba Ziyad ibn Abd al-Rahman; habiéndose apresurado el cortejo fúnebre para alcanzar la oración del mediodía, este anciano faquí había agotado sus fuerzas, por lo que al-Hakam le procuró un taburete que colocó junto al suyo. Estuvieron hablando hasta el final de la ceremonia y el Emir, queriendo continuar aquel interesante intercambio de pareceres, ordenó a Ziyad que montase junto a él de vuelta a la madinat. En el mismo momento en que cruzaban a caballo el puente, escucharon la llamada a la oración de la tarde que desde el alminar de la mezquita aljama entonaba el muecín; Ziyad súbitamente interrumpió la conversación con al-Hakam y exclamó: «¡Pido excusas al Emir, Dios le premie y le haga bien! Estábamos hablando cuando se interpuso este muecín que llama a la oración de Dios, ¡Ensalzado sea! y no es posible ignorarlo, pues el que invoca a Dios merece más que nadie una respuesta favorable; y cuando nos volvamos a reunir, podremos terminar la conversación si es necesario». Se despidió entonces el faquí, dejando con la palabra en la boca al mismísimo Emir de al-Andalus que, lejos de desaprobar la conducta de Ziyad, lo tuvo en mayor estima por su sabiduría y piedad.

Siguiendo el camino que partía del puente hacia el suroeste, junto a la maqbara, se levantaba la almunia que el célebre eunuco Abu-l-Fath Nasr construyó para su disfrute personal. Su fundación en este emplazamiento generó no pocas críticas, sobre todo por parte del poeta Yahya al-Gazal, que censuró en un par de poemas la cercanía del palacio de recreo al cementerio; su ángulo sudeste se encontraba junto al río, un recogido lugar cubierto de olivos donde se daban cita los bebedores y paseaban aquellos que querían lucir sus mejores prendas. Cuando apretaban los rigores del verano, siempre veíamos a las gentes de Qurtuba sentados a la sombra de aquellos árboles, pues la frescura del paraje no tenía igual en toda la ciudad; a este respecto, mi querido amigo Muhammad ibn Suhayd compuso estos versos:

Saluda de mi parte a al-Raqin y dile:
«desde que te dejé no hallo reposo
ni sombra oreada por el zafiro»
Puede llover bastante para que guardes
tu sombra, mañana y tarde, y la frescura de
tu agua cuando sopla criminalmente un viento tórrido.

Si yo tuviera el poder de suprimir tu
agua nadie podríaquedar en la sombra de
tus escondrijos.

Cuando murió Nasr, no obstante, esta propiedad pasó enteramente a manos de la casa Umayya y fue reformada por el Emir Abd Allah que, como dice Ibn Hayyan, *mejoró la construcción, introdujo nuevos ornamentos en los edificios y aumentó el caudal de agua en las cisternas.* A partir de entonces sería empleada de forma habitual para alojar a ilustres invitados como el músico Ziryab o a los embajadores venidos desde el país de los Rum y los reinos cristianos del norte de al-Andalus. Propiedad también de los Umayya era la cercana e imponente Dar al-Mulk, una almunia erigida por Hisham ibn Abd al-Rahman que siempre se encontraba muy bien protegida pues, aunque no existía ningún designio oficial al respecto, en ella residieron los príncipes herederos, como es el caso de al-Hakam ibn Hisham, al-Mundir ibn Muhammad e incluso el que sería Califa, al-Hakam ibn Abd al-Rahman; se dice además que el Emir Hisham ibn Abd al-Rahman —una vez se trasladó ya al Qasr— guardaba en ella su extensa biblioteca. Cercana a ésta, hacia el suroeste, también se encontraba la famosa Munyat Ayab, fundada como waqf de una de las concubinas de al-Hakam ibn Hisham —junto a la mezquita anexa— y cuyos beneficios estaban destinados al mantenimiento de la qaryat al-Marda, una comunidad de leprosos cercana.

Al pensar en el Arrabal, no puedo evitar recordar la historia que me contó mi buen amigo Abu Bakr Muhammad ibn Ahmad ibn Ishaq, a quien se lo había referido, si mal no recuerdo, el cadí Ibn al-Hadda: el poeta al-Ramadi[255] cruzaba la Bab al-Attarin cuando, de entre todas las mujeres que allí solían congregarse, sus ojos se posaron sobre una hermosa muchacha que, según sus palabras, se apoderó de las entretelas de su corazón y su amor se filtró por todos los miembros de su cuerpo; olvidando por completo la empresa que le había llevado por su camino, comenzó a seguirla atravesando el puente y cruzando los jardines de los Banu Marwan en el cementerio del Arrabal. Cuando ella se percató de que la seguía, se volvió y le preguntó: «¿Qué quieres, que vienes tras de mi?» —él le confesó que su sola visión había encendido la llama del amor en lo más profundo de su ser, a lo que ella le contestaría: «Déjate de esas cosas y no me busques la perdición. No puedes lograr tu intento ni hay modo de conseguir lo que quieres». El em-

255. Yusuf ibn Harun al-Ramadi (917-1012), célebre poeta y panegirista de al-Mansur.

briagado poeta le dijo: «Me contento con mirarte»—«Eso sí puedes hacerlo» —contestó la muchacha; al-Ramadi, ansioso por conocer más sobre ella, insistió: «¡Oh señora mía! ¿Eres libre o esclava?»—«Esclava»—«¿Cómo te llamas?»—«Jalwa»—«¿Quién es tu amo?» —aquellas preguntas comenzaron a incomodar a la joven esclava: «¡Por Dios! Antes sabrías lo que hay en el séptimo cielo que eso que me preguntas. ¡Déjate de imposibles!»; ante la posibilidad de perder su rastro para siempre, el poeta preguntó: «¡Oh señora mía! ¿Dónde volveré a verte?» —a lo que ella respondió: «Donde hoy me has visto, y a la misma hora, todos los viernes. Y ahora, ¿te vas tu primero o me voy yo?». Sabiendo que no sería capaz de abandonar voluntariamente la presencia de la hermosa Jalwa, al-Ramadi finalmente dijo: «Vete tú primero, con la guarda de Dios». Ella partió finalmente por el camino del puente, volviéndose a cada paso para asegurarse de que su pretendiente desistía en seguirla; una vez se había alejado lo suficiente, el poeta corrió en pos de ella, pero ya no pudo encontrarla entre el gentío. Según me dijo Ibn Ishaq, el propio al-Ramadi dijo a raíz de aquel suceso: «¡Por Dios! Desde aquel instante hasta ahora no me separé de la Bab al-Attarin ni del Arrabal, sin que haya vuelto a tener noticias suyas y sin saber si es que se la sorbió el cielo o si se la tragó la tierra. Pero por ella mi corazón está más ardiente que un ascua».

He de decir que jamás conocí barriada alguna en el Arrabal, pues desde la época del Emir al-Hakam no existía residencia que no fuesen las almunias de los propios Umayya o de sus cercanos. No obstante, sí recuerdo cómo siendo yo aún un mancebo durante los días de Hisham ibn Abd al-Rahman, su hayib al-Muzaffar permitió la compra de terrenos en esta zona para la edificación de nuevas casas particulares; el Califa, fiel a una promesa vinculada a su familia, tomó una decisión al respecto. Como bien relata Ibn Hayyan:

> *Compraron pues, aquellos solares a sus dueños a precio módico, y comenzaron a construir allí casas y aposentos con ahínco, y se aplicaron a ello, pues el Califa Hisam estaba ajeno a ellos, encerrado en su Qasr [...]. Hasta que un día subió a una habitación elevada del Qasr con vistas a aquella margen [...] aumentó su disgusto, recordando el esfuerzo hecho por sus antepasados y considerando descuido por parte de su chambelán Abdalmalik ibn Abi Amir, ausente en aquel momento [....]. Se apresuró a escribirle, censurándole su negligencia y ordenándole mandar destruir todo aquello y derribarlo hasta igualarlo con el suelo, volviendo a dejarlo raso como estaba, al tiempo que ensalzaba el recuerdo del*

legado de su antepasado al-Hakam [...]. Abd al-Malik se extremó en corregir aquello, suprimirlo y devolverlo a su primer estado.

Tu curiosidad de lector te hará preguntarte qué tipo de promesa se hallaba vinculada a los Banu Umayya, como si cada uno de ellos así la hubiera pronunciado ante el mismo al-Hakam ibn Hisham; y es que fue él quien decidió el destino de este barrio, tras los hechos ocurridos el 24 de marzo de 818 y que se resonarían a través de la historia con el nombre de el suceso del Arrabal.

El suceso del Arrabal

El arrabal de Saqunda o simplemente Arrabal suponía el lugar de asentamiento ideal para aquellos que no podían permitirse una vivienda en el atestado núcleo urbano, pero también para los comerciantes y personajes de cierta importancia que buscaban huir del bullicio de los alrededores de la mezquita aljama, instalándose en una zona menos masificada pero cercana al núcleo administrativo de la ciudad. Tras la prematura muerte en 796 del segundo Emir, Hisham ibn Abd al-Rahman, el Arrabal era ya un enorme organismo con identidad propia nacida de la mezcolanza de dimmíes, bereberes, faquíes y casi cualquier grupo que decidía instalarse en la flamante capital de al-Andalus. Tal amalgama de culturas suponía una fuente de ideas divergentes respecto al resto de la ciudad y a la legitimidad del poder, o así parecía verlo el nuevo Emir al-Hakam, de quien se comentaba que al ser hijo de una princesa carolingia no simpatizaba con los faquíes. Esta sospecha pareció confirmarse cuando éste nombró al dimmí Rabí ibn Teodulf nuevo *amil al-'ayam*[256], un personaje que con el paso de los años ejerció una influencia tal que llegó a acumular gran poder y reunió varios cargos administrativos, hasta que todos los asuntos financieros del emirato acabaron dependiendo de él. Los faquíes lo acusaban abiertamente de reunir su inmensa riqueza de manera ilícita y a su costa, pero igualmente debían acudir a él cuando necesitaban préstamos, lo que les suponía una total humillación. Leí del cronista Ahmad al-Razi como lo describían:

Era el funcionario que se ocupaba de los censos de los no musulmanes y el encargado de los servicios administrativos del Emir al-Hakam y de la ejecución de

256. "Gobernador de los cristianos". Figura administrativa creada por Abd al-Rahman I que representaba a la población cristiana y facilitaba las relaciones con este sector, elaboraba su censo y era responsable de esta comunidad ante el Emir,

sus órdenes personales, pero su naturaleza era perversa, y se mostraba atrevido y autoritario siempre que se dirigía a los musulmanes para todo lo que el Emir al-Hakam le confiaba, exigiéndoles cantidades ignominiosas. De su maldad cuentan cosas inauditas [...].

Otro cronista nos dice:

[...] se atrevió incluso a hacer que los árabes y bereberes le besaran la mano, y, en cuanto se quedaba a solas con sus privados, hacía traer agua y decía: «Lavadme lo que me han manchado esos perros[257]».

La abusiva política económica ejercida por el Qund Rabí hacia la población musulmana y *la excesiva afición de al-Hakam a la bebida, los placeres y pasatiempos de caza y otros semejantes*[258] provocó que las quejas y murmuraciones de los faquíes fuesen tornándose en una verdadera conspiración para derrocar al Emir. Éstos se pusieron en contacto con un noble llamado Muhammad ibn Qasim, a quien eligieron como candidato a suceder a al-Hakam, revelaron sus intenciones y juraron lealtad; éste solicitó el plazo de una noche para reflexionar sobre el asunto, pero se trataba sólo de una excusa para acudir al Emir y destapar a los culpables, eximiéndose así de toda responsabilidad. Para asegurarse de la sinceridad del aterrado Muhammad, al-Hakam envió a un súbdito con él que verificase tan grave acusación; éste decidió esconderse tras unas cortinas mientras se celebraba la reunión de los conspiradores. Cuando a la mañana siguiente los faquíes acudieron puntuales a la cita, Muhammad ibn Qasim, fingiendo desconfianza ante un asunto de tal magnitud, les pidió que enumeraran a aquellos involucrados en la conspiración, mientras el enviado del Emir anotaba hasta setenta y dos nombres de notables faquíes de Qurtuba. Una vez se puso en conocimiento de al-Hakam, éste ordenó crucificarlos. Después de este intento de golpe de estado en 805, la desconfianza del Emir le llevó a crear un enorme cuerpo de seguridad personal formado exclusivamente por soldados cristianos traídos cautivos de la Marca Superior, Yilliqi[259] y la Septimania Narbonense[260]; de esta manera se crearía la temida guardia conocida como al-jurs.

257. En *Una descripción anónima de al-Andalus*, texto árabe I, 132, traducción II, 141.

258. Literalmente recogido en *Historia de España y África* de al-Nuwayri, traducción de Gaspar Remiro.

259. Galicia.

260. Región sureste de Francia.

A pesar de la política de represión llevada a cabo por al-Hakam, la hostilidad de los habitantes del Arrabal no hacía sino crecer, amparándose en la oscuridad de la noche para subirse a los alminares de las mezquitas y gritar «¡A la oración, borracho!», o incluso insultándolo y amenazándolo directamente cuando éste atravesaba el barrio para salir de caza. La tensión entre el Emir y los habitantes del Arrabal era insostenible, hasta que llegó el fatídico día del 24 de marzo de 818. Un soldado de la guardia palatina acudió a un armero de la zona para quitar la herrumbre a su espada. La insistencia e insultos del soldado ante la forzada tardanza del artesano acabaron con la paciencia de éste último, que lo acuchilló con su propio arma. Este suceso pareció terminar de enardecer los ánimos de los vecinos del Arrabal que, como si estuviesen esperando una señal, no tardaron en armarse, cruzar el puente y dirigirse hacia la puerta de al-Sudda; a estos se sumaron los de los demás arrabales, congregando una gran masa ante el palacio del Emir, que empezó a temer que superasen a la guardia apostada para defender la entrada de su qasr. Mientras enardecía y hacía que armasen a los partidarios que también habían acudido en su defensa, al-Hakam ordenó a un criado llamado Lorenzo traerle su perfume de algalia[261]; éste se quedó inmóvil pensando que había perdido la cabeza: «Pero, señor ¿es éste momento de usar perfume?» —él le dijo: «Calla desgraciado, ¿Cómo podría, si no, quien matase a al-Hakam distinguir su cabeza de otra, cuando la arrastrase?». Ante la gravedad de la situación ordenó a su caballería de al-jurs salir de la ciudad a través de la puerta nueva bajo el mando de su primo Ubayd Allah[262] y atravesar la *Zuqaq al-Kabir*[263] para cruzar el río por el vado y llegar al oeste del Arrabal. La guardia del Emir incendió sus casas con la intención de provocar el regreso de los insurgentes que, cuando se disponían a atravesar el puente de vuelta, fueron atacados por la retaguardia y aplastados por dos frentes.

La represión de al-Hakam tras la victoria *fue un suceso terrible para ellos, pues muchos murieron y el corazón de todos quedó lleno de terror, aunque el Emir había ordenado respeto a las mujeres e indulgencia con los menores. Ordenó reunirlas en un lugar donde se las guardó hasta que se dispersaron, compadecido de ellas y sus hijos y demostrando en ello toda su buena voluntad.* No obstante, otros relatos afirman que

261. Sustancia de olor parecido al almizcle.

262. El ya mencionado hijo de Abd Allah ibn Mu'awiya "el valenciano", tío del Emir al-Hakam que se rebeló contra él tras su nombramiento.

263. La "Calle grande" atravesaba el arrabal oriental de Sabular y se corresponde aproximadamente con el trazado de las actuales calle Lucano y Lineros.

el Emir al-Hakam declaró presa lícita a las mujeres de los del Arrabal y sus secuaces de otros arrabales de Qurtuba, así como autorizó todo acto de muerte, saqueo e incendio durante tres días. Además, aunque en la versión dada por los afines al Emir se afirma que esta revuelta fue provocada por *los depravados, la canalla y la gente ínfima de Qurtuba, esparteños de corto alcance y rústicos, en actitud petulante e insolente*; sí conozco por otros relatos la participación activa de los faquíes. Algunos de los demás supervivientes fueron expulsados de Qurtuba y se marcharon a Tulaytula, pese a las reticencias que mostró el Emir ante el hecho de alimentar con más rebeldes aquella ciudad andalusí que ya era de por sí foco de insurgencia. No obstante gran parte de ellos embarcaron hacia Alejandría, donde el rechazo de la población provocó que éstos se levantaran y finalmente se pactara su exilio a Creta.

Si se tiene en cuenta que tras la muerte de al-Hakam la relación con los faquíes mejoró hasta que llegaron a convertirse en la verdadera élite de la sociedad cordobesa y que al-Andalus comenzó entonces su verdadero periodo de esplendor, es lógico encontrar motivos para que se minimizase la verdadera represalia tomada por este Emir de cara a las generaciones futuras. No obstante, un hecho que sí reflejan unánimemente todas las crónicas y escritos que he leido acerca del suceso del Arrabal, es que al-Hakam ordenó arrasarlo hasta los cimientos —tarea que encomendó al propio Qund Rabí— y, como recordatorio del poder emiral, dio la consigna de que jamás volviera a edificarse en aquel lugar, donde sólo permanecería su cementerio y la rawda de los Banu Marwan hasta la caída de la dinastía Umayya dos siglos después.

Cuando al-Hakam sentía próxima su muerte, pidió a su hijo Abd al-Rahman que se instalase con él en palacio y se encargase de los asuntos del gobierno como heredero. Éste aceptó, pero pidió a cambio la cabeza del Qund Rabí ibn Teodulf en una hábil maniobra para ganarse a la población musulmana, petición que le fue concedida por el aún Emir. Finalmente, el amil al-ayam fue crucificado en la explanada del Qasr, frente a la Bab al-Sudda, donde dicen que éste alardeaba de su poder ante los faquíes. Se congregó una enorme multitud para presenciar el suplicio, tal y como me relataron:

El Qund Rabí era, entre todos los mortales, el que más merecía el suplicio de la cruz y que se diera escarmiento [en su persona], por la maldad de los hechos que había perpetrado contra los musulmanes y su enorme sufrimiento a causa de los muchos perjuicios que les ocasionaba, por lo cual quiso el príncipe congraciarse con ellos. Su crucifixión fue muy sonada debido a la cantidad de gente que se reunió y al gran alboroto que formaron dando gracias a Dios altísimo por haberles levantado esta prueba.

Una vez llevada a cabo, las aliviadas gentes vinieron a agradecer a Abd al-Rahman su decisión, formándose un gran griterío en las inmediaciones de Qasr. Se dice que al oír el estruendo, el moribundo al-Hakam preguntó a sus sirvientes acerca de lo que estaba ocurriendo y éstos les informaron de que su hijo había llevado a cabo la condena, a lo que respondería: «Él sabe mejor lo que ha hecho». Pocos días después de la ejecución, el 25 de mayo de 822, fallecía al-Hakam ibn Hisham y asumía el poder su hijo Abd al-Rahman, recordado como uno de los emires más queridos de toda la dinastía. Cuentan que al-Hakam, cuyas grandes victorias militares se verían ensombrecidas por el suceso del Arrabal, compuso unos versos atormentado por la culpa en recuerdo al castigo de los rebeldes, entre los que decía:

No hice sino devolverles cumplida la medida prestada,
hallaron el fatal destino a que estaban predestinados.
Este es mi país, al que he allanado,
sin dejar en él ningún competidor.

Al escuchar estas palabras escritas por el emir, el poeta Abbas ibn Nasih[264] dijo; «Si al-Hakam hubiera sido llevado a un juicio entre él y los del Arrabal, este verso le habría valido de disculpa frente a ellos».

Yanib al-Yawfiyya

Al norte de Qurtuba se extendía la extensa zona de los arrabales de yanib al-Yawfiyya, delimitada al este por el camino que partía de la Bab Ibn Abbas y al oeste con el que lo hacía desde la Bab al-Amir. Al salir de la madinat por la Bab al-Yahud, a la izquierda, encontrábamos las casas de un arrabal que conocíamos con este mismo nombre, el más antiguo de los septentrionales, y que se extendía hacia el noroeste; a la derecha estaba el arrabal de Umm Salama —conocido así por la mezquita y el cementerio[265] donados a la co-

264. Reconocido poeta andalusí del siglo IX que llegó a ostentar la Cora de Algeciras.

265. Parecen haberse identificado los enterramientos hallados en las excavaciones de la Plaza de Colón con esta necrópolis.

munidad por una de las esposas del Muhammad ibn Abd al-Rahman— y su popular barrio de alfareros, donde hornos y viviendas se erigían por igual, cercano a la Dar al-Tiraz. La maqbara de Umm Salama, además, era de las de mayor extensión de Qurtuba desde que el Califa al-Hakam ibn Abd al-Rahman ordenase su ampliación en 972; en ella, junto a la Bab al-Yahud, se encontraba la hermosa rawda de los Banu Zayyali: un patio de mármol del más puro blanco atravesado por un arroyuelo que alimentaba la cristalina alberca; el pabellón central, de paredes y techo ricamente decorados en oro y azul, estaba rodeado por hileras de frondosos árboles y espesa vegetación que no dejaba al sol alcanzar el suelo terrizo, mientras las flores dibujaban en la brisa fragantes perfumes. No podría imaginar un mejor lugar de descanso para los restos de mi buen amigo Ibn Suhayd.

La construcción de la Munyat al-Rusafa con la llegada de Abd al-Rahman ibn Mu'awiya fue la causa de la aparición de un arrabal con este mismo nombre que se extendía al norte de los anteriores alrededor de los caminos y que contaba con su propia maqbara, cuya extensión era tal, que su zona más oriental se conocía como al-Furanik, a causa de la cercanía de esta mezquita, situada en el extremo opuesto a la de Ibn Mu'min.

Cercana a la Munyat al-Rusafa se levantaba el Qasr al-Dimashq, una almunia construída por al-Mushafi —el hayib del Califa al-Hakam— cuyos jardínes recreaban la belleza y fragancia de los de al-Dahil y eran célebres y admirados en todos los rincones de la ciudad; hacia el noroeste, por el camino que abandonaba Madinat Qurtuba, se encontraba el *fahs Assuradiq*[266], una gran explanada donde se reunían los ejércitos antes de partir hacia una campaña y cuyo nombre se debía a que era el lugar donde el Emir instalaba su tienda para pasar revista a las fuerzas expedicionarias; no obstante, en tiempos de paz aquel paraje cobraba un significado totalmente diferente, pues con su belleza se explayaba la vista y se regocijaba el espíritu.

El palacio de al-Rusafa

Uno de los hechos que más me impresionó y que acabó con los últimos restos de mi inocencia fue sin duda la destrucción del palacio de al-Rusafa en 1010 a manos de Wadih al-Amiri quien, tras derruirlo, ordenó prenderle fuego utilizando la madera de sus propios árboles. Conocía bien aquella hermosa almunia, pues era el lugar donde el sabio Abu-l-Qasim Abd al-Rahman ibn Abi Yazid al-Misri nos impartía las clases a mí y a algunos compañeros,

266. "Llano del Pabellón".

pero también había sido la sede del poder emiral durante los días de Abd al-Rahman al-Dahil.

Cuentan que su construcción tuvo lugar alrededor de 756, siendo la primera edificación llevada a cabo por los Umayya en Qurtuba, y que Abd al-Rahman la había ordenado erigir a semejanza de la Rusafa Hisham —la almunia que su abuelo Hisham ibn Abd al-Malik[267] tenía en la orilla del wadi al-Furat—, lugar donde transcurrieron sus felices años de niñez y su refugio durante la persecución abbasí. Según me dijo Ibn Hayyan, su localización no era fruto de la casualidad, pues desde aquel paraje se divisaba la totalidad de Madinat Qurtuba y ya había sido previamente el emplazamiento de una propiedad perteneciente a Razin al-Burnusi, un jefe bereber de las tropas de Tariq a quien el Emir se la había comprado, y que a su vez se la había arrebatado a un personaje visigodo de cierta importancia. Como reflejo de la Rusafa Hisham de al-Sham y siendo el deseo expreso del Emir, no es de extrañar que la Munyat al-Rusafa llegara a convertirse en la residencia predilecta de Abd al-Rahman al-Dahil, que incluso trasladaría alguna de las funciones del Qasr a su nuevo palacio. A pesar de que aquellos que le sucedieron en el trono ejercían el gobierno desde el Qasr, el palacio de al-Rusafa continuó constituyendo un importante símbolo del poder de los Umayya: sufriría una reforma por orden expresa del Emir Muhammad ibn Abd al-Rahman consistente en la ampliación de sus jardines, la construcción de nuevas puertas y la edificación de un nuevo maylis, unas obras que supervisaría y costearía el propio Hashim ibn Abd al-Aziz —dicen que el montante total alcanzó los diez mil dinares y que celebró un gran banquete con motivo de su inauguración—; en época de Abd Allah, sirvió frecuentemente de residencia para él y su nieto Abd al-Rahman mientras se construía la futura Munyat al-Naura y se remodelaba la erigida por el fatá Nasr en el Arrabal; incluso en los gloriosos días del califato, la Munyat al-Rusafa serviría acogería a los visitantes más ilustres, como Ayyub ibn Abi Yazid al-Ifrani en 946 o el rey Ordoño de León durante aquella visita en tiempos de al-Hakam al-Mustansir.

Estaba además muy bien comunicada con la madinat mediante el camino que partía de la Bab al-Yahud al norte y el que transcurría paralelo al arroyo que bañaba la cara occidental de la muralla desde la Bab Amir al-Qurasi y la Bab Ishbiliya. Por encima de sus imponentes salones destacaban los lujosos baños —ya presentes desde su primera construcción en epoca de Abd al-Rahman ibn Mu'awiyya— que se alimentaban de las aguas de Yabal Qurtuba

267. Décimo Califa de Damasco, reinó entre 724 y 743.

gracias a las conducciones diseñadas por los rum. La abundante irrigación de al-Rusafa permitia además abastecer la más bella de las zonas de la almunia: sus jardines. En ellos convivían razas exóticas y hermosos árboles traídos de todos los rincones del mundo por orden del Emir y que fueron aclimatados y distribuídos más tarde por todo el país. Se cuenta que de entre todos ellos se introdujo la célebre granada *rusafi*, un fruto que por su sabor, pequeñez de grano y abundancia de jugo no tiene igual; esto ocurriría cuando Abd al-Rahman envió al propio Mu'awiya ibn Salih[268] al país de al-Sham para traer a su hermana Asbag a al-Andalus una vez su posición en el trono se había estabilizado. Ésta, no obstante, declinó la invitación, pues afirmaría: «Yo ya me he hecho vieja; no está muy lejano el día en que haya de dar cuenta a Dios; no estoy en disposición de atravesar mares y desiertos, me basta con saber que Dios ha colmado de beneficios a mi hermano»; el viaje no resultaría del todo infructuoso, pues Ibn Salih remitiría al Emir toda suerte de plantas exóticas desde Dimashq y, entre otras rarezas, la citada variedad de granadas del jardín de la mismísima Rusafa Hisham, donde Asbag residía desde la huída de Abd al-Rahman. Tras probarla, el Emir quedó encantado hasta el punto de enorgullecerse de la adquisición ante sus súbditos, a los que repartió algunas; entre ellos se encontraba un hombre llamado Safar ibn Ubayd al-Kala —del que decían era descendiente de los Ansaríes[269]— que guardó las semillas. Algún tiempo después las sembró en un pueblo de la cora de Rayya en el que vivía, cuidando y podando el árbol regularmente hasta que dio frutos; seleccionó de entre ellos el mejor y se lo ofreció a Abd al-Rahman. Tan pronto como vio que la fruta se parecía a la de sus jardines en color y aspecto y su sabor era igualmente delicado, quedó gratamente sorprendido y felicitó a Safar por su logro, recompensándolo largamente y permitiendo que la plantase a gran escala y distribuyese, conociéndose desde entonces como *al-Rumman al-Safar*[270] y cultivándose en todos los lugares del país de al-Andalus.

Cuenta al-Razi que cuando Abd al-Rahman ibn Mu'awiya ya se había instalado en su nueva y lujosa residencia, su mayor debilidad era contemplar desde ella una palmera[271] traída también desde al-Sham que, al agitar su ra-

268. Nombrado cadí por Abd al-Rahman I, fue el célebre juez a cuyo entierro asistiría el propio Emir Hisham I.

269. Estirpe a quienes se les atribuye el haber ayudado al profeta Muhammad cuando migró de la Meca a Medina.

270. Traducido como "la granada de Safar".

271. Las fuentes apuntan a que esta especie fue introducida en occidente por orden de Abd al-Rahman I y, seguramente, su aclimatación se daría en la propia al-Rusafa.

maje, le recordaba a su tierra natal; lleno de melancolía, a ella le dedicó los versos:

¡Se nos ha mostrado en medio de la Rusafa una sola palmera!
En la tierra de Occidente se halla muy alejada del pais de las palmeras
¡Y digo! se parece a mí en hallarme separado de mis parientes y mi familia
¡Creces en la tierra en que eres peregrina!
¡Como yo, te encuentras en lo mas remoto y alejado!
¡Descienda en ti el agua de la lluvia matutina, en el lugar de alejamiento, que hace correr y derramar a torrentes a la constelacion de los Peces!

Yanib al-Sharqiyya

En el levante de Qurtuba se encontraban los arrabales de Sabular, Furn Burril, al-Bury, Munyat Abd Allah, y el lugar donde yo nací y me crié: el arrabal de Munyat al-Mughira. Este barrio se situaba junto a la gran calle conocida como *al-Mubtillah*[272] y recibía esta denominación por la cercana almunia que fue propiedad del príncipe al-Mughira, hijo de al-Nasir y hermano de al-Mustansir, en cuyo nombre además se llevó a cabo la reforma de la mezquita anexa que se encontraba junto a los baños. Así quedaba dispuesto en la lápida conmemorativa que se instaló en ella:

En el nombre de Allah El Clemente, el Misericor(dioso). No hay fuerza ni poder sino (en Dios), el sabio!-. Mandó la Señora madre del príncipe al-Mughira, construir este alminar y el cobertizo contiguo a él, y la renovación de los adornos de esta mezquita. Se terminó con el auxilio de Dios bajo la dirección de...— ibn Abd al-Rahman; y esto (fue) en la luna del Ramadán (del año...) ...y sesenta y tres (cientos)[273].

No obstante, el arrabal de Munyat al-Mughira era también conocido como el de al-Zahira a causa de la presencia del Qasr erigido por al-Mansur en su extremo oriental y que provocó una expansión de la ciudad hacia el este a causa de las tierras que el hayib habilitó a sus visires y secretarios y

272. Esta vía fosilizaba el trazado de la antigua *via Augusta*, y se corresponde con el trazado de la actuales calles San Pablo, Santa María de Gracia y María Auxiliadora.

273. Traducción original de Pascual de Gayangos por mediación Luis María Ramírez y de las Casas-Deza. La estela conmemorativa que recoge este texto data de entre 960 y 981 y apareció en 1844 en la calle Roelas, junto a la iglesia de San Lorenzo en cuyo interior se conserva un alminar integrado, hecho por el que se coincide en considerarla la antigua mezquita de al-Mughira.

donde erigieron grandes residencias, como la Munyat Urtaniyya, Munyat al-Surur, Munyat al-Lu'lu'a y la Dat al-Wadiyayn[274]. El lugar que siempre consideraré mi casa, pues fue el escenario de mis años más felices, se encontraba en la vía que arrancaba desde el arroyo chico[275] —a la salida de Qurtuba— e iba al callejón que conducía a Madinat al-Zahira, junto a la del célebre Abu Amir Muhammad ibn Amir[276], nuestro vecino, sobre el que conozco no pocas historias. La belleza de su rostro y la armonía de sus formas hacía que las gentes pasasen adrede por la puerta de su casa para admirarle, un don que para él parecía una desgracia, pues en su corta vida hubo de cambiar muchas veces de amigos, sus vestimentas variaban entre los más finos ropajes de un rey y los más harapientos trapos de un mendigo, y él mismo me llegó a decir que sentía tedio de su propio nombre. Este Abu Amir, cuando veía a una esclava hermosa, se sentía invadido por un desasosiego que apenas le dejaba respirar y que no podía calmar hasta que conseguía seducirla, pero una se vez sentía poseedor de su corazón, el amor se tornaba en esquivez, y la pasión en desvío, y la malvendía al precio más vil, mientras la extenuación y la soledad acababa con ella; yo mismo conocí a una llamada Afra, que pasó a poder de Abu-l-Barakat, prefecto de las edificaciones palatinas. En esta enfermiza conducta Abu Amir malgastó enormes sumas, que alcanzaban las decenas de miles de dinares.

Entre la Bab al-Rumaniyya y este arrabal de al-Mughira se encontraba el de Ibn Abbas, uno de los más antiguos de Qurtuba y en cuya maqbara se situaba la rawda de la familia de Baqi Ibn Bajlad, no muy lejos de la popular mezquita de Ibn Uqab. Al sur de al-Mubtillah se situaba la Munyat Abd Allah —célebre por ser donde al-Nasir detuvo a su primo Muhammad ibn Sa'id en 974—, en cuyo arrabal se encontraban las mezquitas de Fa'iq y al-Nasr junto al límite con el de al-Bury. Inmediatamente al sur, junto a la Bab al-Hadid, se extendía el arrabal de Sabular atravesado por la gran vía conocida como Zuqaq al-Kabir, en cuyo trazado se levantaba la mezquita del Emir Hisham[277].

---

274. "Almunia de la Huertecilla", "Almunia de la Alegría", "Almunia de la Perla" y "Entre dos ríos".

275. Emilio García Gómez apunta a la posibilidad de que se trate del Arroyo de la Fuensanta, hipótesis que también apoya Fernando Valdés (2004).

276. Abu Amir Muhammad ibn Amir, a pesar de llamarse igual que al-Mansur, se trata de su nieto e hijo de Abd al-Malik al-Muzaffar, como bien apunta Emilio García Gómez en esta traducción de *El Collar de la Paloma*.

277. La mayoría de los autores coinciden en identificar esta mezquita con la actual iglesia de Santiago, en cuyo interior se conserva el alminar.

Al igual que ocurre en las demás zonas de arrabal, el yanib al-Sharqiyya acogió numerosas y célebres almunias —además de las ya citadas—: Munyat Rabanalis, conocida también como *al-Yanna*[278] y que el Califa Hisham regalaría al hayib al-Muzaffar ibn Abi Amir; Munyat al-Ramla, originalmente propiedad de al-Nasir y que al Muzaffar regaló al visir Isa; o Munyat al-Bunti, a donde al-Nasir le gustaba ir de caza en sus pocos momentos de ocio. Pero de entre todas, Balat al-Hurr es la más antigua del yanib y una de las primeras almunias de Qurtuba, ya que se erigió en tiempos del valiato de al-Hurr Abd al-Rahman al-Taqafi[279]. Una vez trasladó la capital de al-Andalus a Qurtuba y se instaló en el Qasr, quiso construirse un bello palacio de recreo en la llanura oriental —prácticamente despoblada en aquellos días— que despertó la admiración de todos los que lo contemplaban. Dicen que cuando Yusuf al-Fihri llegó al poder, se enamoró de esta bella residencia y se la compró al hijo del propio al-Hurr; no obstante también hay quienes aseguran conocer relatos que han llegado hasta nuestros días en los que al-Fihri utilizó su poder para acusarlo falsamente y ejecutarlo, quedándose así con esta almunia.

Yanib al-Gharbiyya

Al oeste de la madinat se extendía la zona de arrabales más extensa y poblada de toda Qurtuba; incluso en mis días me era complicado orientarme en yanib al-Gharbiyya, pues se contabilizaban nueve arrabales que conocíamos por hasta doce denominaciones diferentes: Bab Amir al-Qurasi, al-Raqqaqin, Masyid Masrur, Balat Mugit, Hamman al-Ilbiri, al-Sichn al-Qadim, Masyid al-Rawda, Masyid al-Shifa, Hawanit al-Raihan, Masyid al-Kahf, Masyid Assorrur y Masyid al-Mut'a[280]. El gran desarrollo de esta zona se debió a la construcción de Madinat al-Zahra al oeste de Qurtuba y la preferencia que los nuevos pobladores encontraron en la llanura que se extendía entre ambas; no obstante, casi desde los primeros días de la Qurtuba islámica ya existían ciertas zonas del yanib al-Gharbiyya que comenzaban a poblarse, como la anexa a Bab Amir al-Qurasi. El origen de este nombre viene dado por un caballero de los Banu Abd al-Dar llamado Amir, descendiente de aquel que

278. "El jardín".

279. Cuarto valí de al-Andalus (716-719).

280. Traducidos como "de la Puerta de Amir al-Qurasi", "de los pasteleros o artesanos", "Mezquita de Masrur", "Palacio de Mugit", "Baños de Elvira", "de la Cárcel Vieja", "Mezquita del Jardín", "Mezquita de al-Shifa", Hawadit al-Raihan , "Mezquita de al-Kahf", "Mezquita Assorrur" y "Mezquita de al-Mut'a".

llevó la bandera del profeta en las batallas de Badr y Uhuhud[281] y que se había engrandecido y hecho señor hasta llegar a encabezar grandes expediciones antes del vali Yusuf al-Fihri; se conocía con la misma denominación al cementerio cercano a la puerta. Recuerdo cierto día en que lo cruzaba junto a mis compañeros, camino de la clase que el sabio Abu-l-Qasim Abd al-Rahman ibn Abi Yazid al-Misri nos impartía en al-Rusafa. Entre ellos estaba el distinguido poeta Abu Bakr Abd al-Rahman ibn Sulayman al-Balawi, que iba recitando unos versos que había compuesto refiriéndose a una persona muy conocida por acusar falsamente a sus semejantes:

Se da prisa por atravesarse en el camino
Y se desvive por cortar los lazos del amor.
Pero ya nos va resultando pesado tanto remendar su cariño
Porque mientras lo remendamos vuelve a desgarrarlo.

Acertó a pasar por su lado Abu Ali al-Husayn ibn Ali al-Fasi, que también se dirigía a la clase de Ibn Abi Yazid y a quien aún no habíamos conseguido arrancar una palabra amable pues, a pesar de admirar profundamente su piedad y su saber, su prudencia nos había privado hasta entonces de su amistad. Al escuchar los versos de Abu Bakr, se acercó sonriendo a nosotros y exclamó: «Más valía que se desviviera por anudar los lazos del amor, si Dios quiere, pues mejor sería así». Acabaría por convertirse en en uno de nuestros compañeros más queridos.

Acerca de la mezquita que se encontraba a la salida del cementerio, junto a la casa del visir Abu 'Umar Ahmad ibn Muhammad ibn Hudayr, recuerdo la historia que me contó Abu Dulaf el librero, a quien se la había referido Maslama ibn Ahmad[282]: al parecer Muqaddam ibn al-Asfar, en sus días de mocedad, solía acudir a dicha mezquita en lugar de a la de Masrur —cercana a su casa— a causa del amor que sentía por Ayib, uno de los sirvientes del mencionado visir. Allí se sentaba a contemplarlo día y noche hasta que llegó un momento en que el joven, hastiado de sus miradas, se dirigió a él y comenzó a golpearle, mientras Ibn al-Asfar, lleno de alegría, decía: «Esto es, por Dios, el colmo de mis deseos. Ahora soy feliz». Ante mi incredulidad, Abu Dulaf me aseguró que había contado esta historia otras veces, incluso

281. Batallas clave durante la lucha de Mahoma contra sus enemigos de La Meca.

282. Posíblemente al-Faradi, historiador y filósofo (962-1012) célebre por haber sido cadí de Valencia y escribir la *Historia de los sabios de al-Andalus*.

delante de Achib que no la negaba, en los días en que Muqaddam ibn al-Asfar hacía alarde de su enorme influencia debido a la estrecha relación que le unía a al-Muzaffar —hijo de al-Mansur—; su situación llegó a ser, en efecto, muy elevada, pues bajo su dirección se hicieron no pocas construcciones de mezquitas, fuentes públicas y otras obras pías, además de la intervención que tenía en los asuntos de interés común que suelen ocupar a las autoridades del gobierno.

La otra zona de ocupación que permanecía desde los días anteriores a Abd al-Rahman al-Dahil era la cercana a Balat Mugit, el antiguo palacio visigodo al sudoeste de la muralla junto al río que ocupó Mugit al-Rumi tras la conquista de la ciudad. Este barrio era además un lugar especial para mi, pues en su vecindad se instaló mi abuelo Sa'id en su llegada a Qurtuba y a él nos vimos obligados a volver tras la destrucción de Madinat al-Zahira y sus alrededores. Éste se encontraba también relativamente cerca de la muralla occidental de la madinat, sólo separado por la musara y la Dar al-Burud, trasladada a aquel emplazamiento por al-Nasir tras el grave incendio del zoco ocurrido el 12 de julio de 936.

El paisaje del yanib al-Gharbiyya parecía extenderse sin límites hacia occidente, como si aquella imensa barriada no tuviera fín; así lo atestiguaban los innumerables alminares que se erigían por encima de sus edificios hasta donde alcanzaba la vista, pues eran no pocas las mezquitas que prestaban servicio a las miles de personas que habitaban sus arrabales: la de Abu Utman, cercana a la de al-Nujayla de al-raqqaqin; las de Tarub y al-Shifa, donaciones de las esposas de Abd al-Rahman ibn al-Hakam al igual que la cercana maqbara al-Mu'ammarah; o la de al-Qamari, donde mi maestro Al-Hamdani[283] —conocido como al-Kharraz— me reveló aquellas palabras del profeta Muhammad acerca de los más graves pecados que habían llegado a él a través de las generaciones. Todas ellas se encontraban inmersas en un denso entramado de viviendas, comercios, y barrios artesanales que se extendían entre el wadi al-Kabir y el límite con el yanib al-Yawfiyya y cuya descripción resultaría quiza tediosa para el lector pues, como ya indiqué antes, el número de arrabales es enorme y sus límites difíciles de establecer en pocas líneas. Pero si quiero recordar alguna de las hermosas almunias que se encontraban en yanib al-Gharbiyya, como Munyat Kintus, erigida por el visir Hashim ibn Abd al-Aziz para Muhammad ibn Abd al-Rahman a orillas del wadi al-Kabir; Munyat al-Amiriyya, fundada por al-Mansur y a cuyas

283. Abd al-Rahman ibn Abd Allah ibn Khalid al-Hamdani (m.1020), célebre jurista que instruyó a Ibn Hazm.

maravillas mi amigo el poeta Ibn Suhayd dedicó no pocos versos; Munyat Ibn Abd al-Aziz, escenario de aquel enorme desfile militar con destino a Madinat al-Zahra; y por supuesto, Munyat al-Naura[284], la única erigida por Abd Allah. Acerca de ésta, cuentan que el Emir, cuando pasó por la zona, quedó en un instante enamorado de aquellas vegas cercanas al río y compró los terrenos a un tal Jalid al-Battar[285] en 867, ordenando construir una monumental almunia que se convertirtía en la favorita de su nieto al-Nasir; tanto fue así, que el propio Califa al heredarla pavimentó la calzada que unía al-Naura, desde su monumental Bab al-Mansaba, con Madinat al-Zahra.

En los parajes más alejados de al-Gharbiyya ocurrió una de las mayores dichas de alguien que hoy es hombre de importancia e ilustre cuna, cuya identidad no revelaré para preservar su intimidad. Según me relató, en su mocedad se encontraba perdidamente enamorado de la esclava de una de las casas familiares a la que consideraba inaccesible, hasta una tarde que recuerda con gran cariño; según sus palabras: «Una vez tuvimos un día de campo en la almunia de uno de mis tíos, en el llano que hay a poniente de Qurtuba. Nos paseamos por los jardines, lejos de las casas, y nos divertimos junto a los arroyos. De pronto el cielo se cubrió de nubes y principió a llover. En las cestas de viandas no había mantas suficientes para todos. Entonces mi tío mandó traer una de las mantas, me la echó encima y mandó a la esclava que se cobijara conmigo. ¡Imagínate cuanto quieras de lo que fue aquella posesión ante los ojos de todos y sin que se dieran cuenta! ¿Qué te parece esta soledad en medio de la reunión y este aislamiento en plena fiesta?.¡Por Dios! Jamás olvidaré aquel día». Recuerdo que mientras me lo relataba, a pesar de los muchos años transcurridos, todo su cuerpo se agitaba de genuina felicidad.

La ciudad palatina de al-Zahra

La ciudad de al-Zahra era sin duda la más bella e imponente construcción erigida por los Umayya, incluso durante aquellos días de mi niñez en que había quedado relegada a un mero regocijo del Califa Hisham mientras el poder emanaba del qasr oriental de al-Zahira. Según me contó mi padre Ahmad, ésta habia sido ordenada construir a finales de 936 por el Califa al-Nasir a imagen de las grandes urbes orientales, un sueño cuya edificación creo recordar encomendó a Maslama Ibn Abd Allah. Pero Madinat al-Zahra

284. "La noria".

285. "El veterinario".

no fue una empresa fácil, pues a pesar del duro ritmo de trabajo que Ibn Abd Allah impuso —cuentan que se utilizaban seis mil piedras cortadas diariamente—, los resultados no empezaron a verse hasta entrado el año 941; incluso finalizada sería sometida a una remodelación por parte de al-Hakam ibn Abd al-Rahman.

Puede que el lector evoque este lugar como un mero palacio símbolo del poder del Califa, no obstante era una madinat cuya extensión era superior a la contenida dento de los muros de Qurtuba, pues albergaba a la numerosa población que se ocupaba del abastecimiento y servicio de la propia al-Zahra. El enorme recinto rectangular descansaba sobre la ladera de Yabal Qurtuba a occidente; el desnivel natural facilitaba la división de la madinat en tres áreas: la más elevada correspondía al qasr real, presidido por la Dar al-Mulk —la residencia privada del Califa—, las dependencias del príncipe y la vivienda construída para el hayib Ya'far Ibn Abd al-Rahman al-Mushafi; a esta zona sólo se podía acceder desde el exterior desde una muy protegida puerta septentrional, utilizada casi exclusivamente por el servicio y la guardia. Por debajo se alzaban la Dar al-Yund[286], la Dar al-Wuzara[287] y los principales salones de recepción: el al-Gharbi al-Uyara[288], donde el príncipe Hisham —aún heredero— recibiría las salutaciones, y el esplendoroso maylis al-Sharqi[289]. Sobre este último debo detenerme unos instantes pues, a pesar de no haber sido utilizado para las recepciones oficiales desde la muerte de al-Hakam al-Mustansir, su imagen aún pervive en mi memoria: un gran salón organizado en tres estancias paralelas, cuya vasta nave central estaba dividida por dos hileras de arcos que descansaban en columnas formando tres espacios rematados en sus cabeceras por arcos ciegos; en el central se sentaba el Califa a recibir las embajadas. Todas las paredes estaban rícamente decoradas con paneles labrados directamente con representaciones del *hom*[290], mientras sus ramas ascendían por los arcos hasta acariciar el geométrico firmamento tallado magistralmente en la impresionante techumbre de madera que cubría todo el espacio. El salón contaba con un acceso oriental desde unas estancias pavimentadas en mármol blanco con un pequeño baño; al parecer, el propio al-Nasir llegaba a disfrutar de sus momentos

286. "Casa del Ejército", que algunos autores coinciden en identificar con el Edificio Basilical Superior.

287. "Casa de los Visires".

288. "Salón Occidental de los Príncipes".

289. "Salón Oriental", identificado actualmente con el Salón Rico.

290. El árbol de la vida.

de ocio en estas apartadas habitaciones. A los pies del maylis al-Sharqi se extendían unos frondosos jardines coronados por un pabellón central rodeado por cuatro albercas que regaban las innumerables y exóticas especies que refrescaban y perfumaban las calurosas tardes de verano. Por último, hacia el sur, este y oeste —separada por una gruesa muralla— se extendería la madinat propiamente dicha, formada por las viviendas de las gentes que habitaban al-Zahra, el zoco, la Dar al-Siqqa[291] y algunas mezquitas.

Al igual que ocurría en Madinat Qurtuba, al-Zahra contaba con su propia mezquita aljama —situada al este de los jardines— cuyo tamaño puede dar idea de la población que alcanzó la ciudad: noventa y siete codos de norte a sur y una anchura de cincuenta y nueve, su oratorio constaba de cinco naves y treinta codos desde la qibla al patio, con un hermoso enlosado de mármol rojo; rematando la estructura, se alzaba un alminar de cuarenta codos de alto. La decoración de la aljama de al-Zahra quizá no era tan rica como la de Qurtuba, pero los ornatos de la maqsura y la qibla eran igualmente llamativos.

Al-Zahra tenía varias puertas de acceso a la madinat —salvo el norte, que daba directamente al qasr y sólo era utilizada por el servicio y la guardia—, de las que la principal era la monumental Bab al-Sura o Bab al-Madinat[292], situada al sur junto a la Bab al-Ward. Presidida, por la preciosa estatua femenina que recordaba a la Venus de los Rum —y tan poco gustaba a los faquíes—, por ella entraban las embajadas venidas de todos los rincones del mundo que enfilaban desde el qasr de Qurtuba aquel camino que pasaba junto a al-Naura; una vez dentro realizaban un trayecto ascendentes por las calles que mostraban sus más hermosos rincones hasta la puerta que conectaba al este la madinat con el qasr: la Bab al-Suda[293], tras una imponente arcada que presidía la explanada donde tenían lugar espectaculares maniobras militares. Durante aquel alto en el camino, las comitivas debían deshacerse del grueso de sus escoltas, accediendo a la fortaleza sólo con su guardia personal y altos dignatarios; finalmente llegaban a la Dar al-Wuzara, desde donde se les convocaba a la Dar al-Yund, penúltima etapa de su recorrido y cuya majestuosidad frecuentemente confundía a los visitantes, creyéndola el salón donde serían recibidos por el Califa, sin saber que la mayor de las bellezas realizadas por el hombre les esperaba más allá: el maylis al-Sharqi.

291. "Casa de la Ceca".

292. "Puerta de la Estatua" o "de la Ciudad".

293. El conocido actualmente como "Pórtico Oriental".

La construcción de Madinat al-Zahra supuso un gasto sin igual para las arcas del califato y, especialmente, la decoración del gran salón donde al-Nasir recibía a las embajadas. Abd al-Rahman ibn Muhammad solicitó entonces el apoyo económico de aquellos a quien él mismo había ayudado a encumbrar, miembros de grandes familias que mucho tenían que agradecer al Califa y que entregaron grandes sumas al tesoro sin presentar queja alguna. Recuerdo aquella historia referente a Muhammad ibn Sa'id ibn al-Salim, uno de aquellos que se había enriquecido desempeñando numerosos cargos al servicio de al-Nasir pero que, no obstante, era reacio a contribuir a su causa. Lo ocurrido fue que el tal Ibn al-Salim supo aprovechar la generosidad y diplomacia del Califa en su favor, pues fueron numerosas las veces las que este le invitó sin éxito a hacerle participe de la donación. Siendo el soberano podía, si así lo deseaba, apoderarse de su fortuna, pero era una salida que al-Nasir prefería no tomar; Ibn al-Salim, consciente de ello, supo llenar con excusas la espera y dilatar su contribución. Durante una de aquellas solicitudes, el Califa llegó a comentar a este respecto: «¿Qué pueden pensar ciertos cortesanos que, habiendo sido dotados por nosotros con largueza de los bienes de este mundo, se han puesto a amasar grandes riquezas sin cuidarse de nuestro servicio, que ven los grandes gastos a que nos obligan nuestros asuntos de gobierno y que encuentran en ellos, porque podemos llevarlos adelante, la tranquilidad de su situación y el gusto de la vida? Saben sin embargo que el príncipe de los creyentes Umar ibn Al-Jattab[294] impuso a sus gobernadores la entrega de una parte de los beneficios que habían realizado en sus funciones y la hizo incorporar al tesoro. ¿Quién era ese jefe y quiénes eran aquellos a quienes se dirigía? Es un ejemplo digno de ser seguido» —Ibn al-Salim ignoró aquella indirecta y se mezcló en la conversación como si no se hubiese referido a él, haciendo que aumentara la colera y la mala disposición hacia él de al Nasir. Pero la paciencia del príncipe de los creyentes tenía un límite y un día, durante una de las audiencias donde se hallaba presente el cortesano, estalló su furia. Al-Nasir acababa de recibir una copa de vino de mano de Ibn al-Salim y, mientras cortaba una manzana con un cuchillo, exclamó: «Quisiera cortar igual la cabeza de quien yo sé que ha adquirido una gran fortuna en nuestro perjuicio y no entrega nada de ella al tesoro» —el corazón de Ibn al-Salim se detuvo un instante para volver a latir más rápido que nunca y acompañar así al sudor frío que recorría su espalda, pues supo que la sentencia de al-Nasir se refería a él de forma in-

294. Segundo de los gobernantes del ya mencionado "Califato Rashidun" que reinó entre 634 y 644.

eludible. Invadido por un repentino arrojo, se levantó ante su señor y dijo: «Príncipe de los Creyentes, hace tiempo que me aludes en frases parecidas a las de ahora. He guardado silencio hasta aquí. Sí, lo declaro, tengo una gran fortuna, pero no es tal como tú la imaginas; y la he adquirido economizando y para hacer frente a posibles reveses, y no te daré de ella ni un dinar. Discurres con exactitud, menos cuando declaras lícito lo que no lo es. Dios no quiera que me tomes lo mío. Reclamaría contra ti ¡Las almas de los hombres están entregadas a la avaricia![295]». Sorprendentemente al-Nasir, avergonzado, agachó la cabeza mientras recitaba las palabras sagradas: «Si le pides sus bienes y le apremias, mostraréis avaricia y Dios descubrirá vuestros odios» —aproximándose a Ibn al-Salim, le habló amistosamente y tranquilizó los ánimos, por lo que la reunión continuó en calma. Pero la firmeza que aparentaba el cortesano en realidad era producto de la ingente cantidad de vino que engullía con el propósito de alejar el terror que le supuso enfrentarse al Califa. En vano al-Nasir le decía: «Despacio, Muhammad, no es posible hacerte entrar en razón» —y fue entonces cuando el alcohol se tornó en nauseas e Ibn al-Salim comenzó a vomitar. Los esclavos, aterrados por la cercanía del príncipe de los creyentes a donde el cortesano se deshacía de todo lo comido y bebido durante la jornada, se precipitaron para llevarle una palangana y toallas, mientras al-Nasir le sostenía la cabeza y le decía: «Desembaraza el estómago poco a poco» —Ibn al-Salim, tan ocupado como estaba en aquella tarea, no supo distinguir la voz del Califa de la de sus servidores. Cuando su estómago quedo vaciado por completo, volvió la cabeza y se percató que era el mismísimo al-Nasir mismo quien le había hablado mientras le sostenía; entonces se arrojó a sus pies y se los besó exclamando: «¡Hijo de califas, qué grado de bondad tienes para conmigo!» —dirigiéndole toda clase de elogios y mostrándole muy viva gratitud. «Es justo —replicó al-Nasir— que compense mi conducta de esta tarde para contigo, pagándote en agasajos el miedo que te he producido y en amabilidades mi dureza» —antes de marcharse, le hizo entregar un vestido nuevo. Al cabo de algunos días, Ibn al-Salim envió al Califa cien mil dinares que este aceptó agradecido y que recompensó con otras altas funciones. Hasta su muerte no cesó de mostrarse muy generoso con él.

La hermosa Madinat al-Zahra, perla de al-Nasir sufrió un trágico final pues, tras ser abandonada, en la época de Abu-l-Walid al Rasid[296] se permi-

295. Esta última frase es una sentencia recogida en el Corán.

296. Rey de la Taifa de Córdoba entre 1020 y 1063.

tió el expolio de los materiales de la ciudad palatina, que en la actualidad se encuentran diseminados por todo el mundo, como bien dijo Ibn Hayyan:

> *Ibn al Saqqa, gobernador de Qurtuba, le nombró para que reuniera los materiales que quedaban en los palacios destruidos y despojados. Y se cernió sobre ellos como la mayor calamidad: vendía las cosas de mayor importancia y de precio más alto que le estaban confiadas [...]. Malbarató los materiales —mármoles preciosos, columnas de gran valor, maderas riquísimas, cobre purísimo, hierro y plomo de la mejor calidad— para enriquecerse [...]. Los embajadores de los reyes venían a comprarle aquellos materiales en los precios más altos, y él se los entregaba a cambio de mil diferentes desatinos*[297].

297. Crónica de Ibn Hayyan, traducida por Emilio García Gómez.

Noticias acerca de la proclamación y auge del Califato de al-Andalus

y de como con él llegó el periodo de mayor gloria de los Banu Umayya, de sus habitantes y el respeto y temor de los reinos limítrofes, así como el perfeccionamiento de las artes y las ciencias dentro de sus fronteras y como éstas eran codiciadas fuera de ellas.

Abd al-Rahman al-Nasir, Príncipe de los Creyentes

Abd al-Rahman ibn Muhammad había nacido el 7 de enero de 891, durante el momento álgido de las rebeliones de al-Andalus que a duras penas eran contenidas por su abuelo, el Emir Abd Allah. Cuando éste falleció el 15 de octubre de 912, Abd al-Rahman heredó el trono con una sóla idea en la cabeza: recuperar la unidad de al-Andalus y acabar con los sediciosos por los métodos que fueran necesarios. Apenas había sido nombrado Emir, envió al visir Abu-l-Abbas Ahmad ibn Muhammad ibn Abi Abda al mando de un fuerte contingente de caballería contra los bereberes de Karakui y Munt Baranis[298] y los insurgentes de Qalat Rabah, y al hayib Badr ibn Ahmad con el resto del ejército hacia Istiya; ambos regresarían a Qurtuba triunfantes y devolvieron aquellas tierras a la obediencia. En abril de 913 el propio Abd al-Rahman ibn Muhammad encabezaría una ambiciosa campaña de tres meses en la que derrotaría ente otros a Sa'id ibn Hudayl, Ubayd Allah ibn Umayya ibn al-Saliya y los Banu Habil, recuperando casi en su totalidad

298. Las actuales sierras de Almadén y las Cabras, en Ciudad Real.

las coras de Ilbiri y Jayyan y arrebatando con ello importantes plazas a Umar ibn Hafsun. Al año siguiente, poco después de hacerse con Ishbiliya, Abd al-Rahman iniciaría una nueva campaña en la que inflingió un grave castigo a numerosas fortalezas de Rayya y Siduna, dominando además al-Yazirat y, con ello, la costa oriental. Para estrechar más aún el cerco sobre Ibn Hafsun, fletó numerosas naves dotadas de *naff*[299] tripuladas por marinos leales a los Umayya que patrullarían hasta las costas de Tudmir, y cuya orden era impedir el abastecimiento marítimo del rebelde de Barbashtar.

Pero el Emir conocería en estos años también la tragedia con los acontecimientos ocurridos en Yabura[300], recordados por las gentes de occidente como la derrota más espantosa sufrida por los musulmanes de al-Andalus hasta la fecha. El 19 de agosto de 913 Ordoño, hijo del entonces rey de los cristianos Alfonso, había conseguido acampar junto a la ciudad de Yabura con un ejército de treinta mil efectivos entre arqueros, jinetes e infantes, aprovechando que los esfuerzos de al-Nasir se encontraban volcados en doblegar a los insurgentes. El propio Ordoño llevó a cabo el reconocimiento de las defensas de la ciudad acompañado de un grupo de paladines y descubrió con asombro que ésta sólo estaba protegida por bajas murallas carentes de almenas y que en algún punto de su perímetro la acumulación de deshechos que arrojaban los vecinos al exterior llegaba a igualar la altura de los muros. La lucha fue encarnizada, como relata al-Razi[301]:

> *[...] y comenzaron la lucha, mientras los de la ciudad se defendían a duras penas sobre las murallas, pues los arqueros enemigos los aseteaban constantemente sin que tuvieran parapeto delante, hasta que, extenuados por las saetas que les hicieron numerosas bajas, dejaron sus posiciones, retirándose de la parte alta de las murallas, a las que entonces se pegó el enemigo escalándolas gracias a aquellos montones de basura y abriendo en seguida una brecha en un lugar de construcción reciente. De repente, la gente de la ciudad advirtió que eran invadidos por todos lados, pues estaban dentro con ellos y, enardeciéndose entonces los musulmanes en la defensa, los atacaron como un sólo hombre, echándolos del interior y volviendo a la muralla, cuya parte alta ocuparon, matando a numero-*

299. El llamado "fuego griego", era un arma incendiaria cuyo origen parece remontarse al Bizancio del siglo VI, muy utilizada en batalles navales debido a su eficacia aún cuando caía al agua.

300. La actual ciudad de Évora, en el Alentejo portugués.

301. Extraído literalmente de la traducción del Muqtabis V de Ibn Hayyan, *Crónica del Califa Abd al-Rahman III al-Nasir entre los años 912 y 942*, por Viguera y Corriente (1981).

sos enemigos. Pero los enemigos, animándose mutuamente, volvieron a la carga como un sólo hombre, derrotando a los musulmanes de modo peor que la vez primera y entrándoles en la ciudad, donde el combate y la matanza alcanzaron el paroxismo, pereciendo muchos de ambos lados.

A pesar de la dura resistencia ofrecida por los musulmanes, el mayor número de los hombres de Ordoño acabó inclinando la balanza a su favor y obligó a los defensores a refugiarse en la parte oriental de la ciudad. Allí, apretujados y hacinados sin posibilidad de revolverse en un último esfuerzo por combatir al enemigo, fueron finalmente masacrados. El balance de aquella batalla fue terrible: setecientos hombres perecieron, entre ellos el gobernador de Yabura, Marwan ibn Abd al-Malik, y cuatro mil mujeres y niños fueron hechos prisioneros; sólo diez hombres que había conseguido refugiarse en altos edificios y repeler los ataques de los soldados de Ordoño, pudieron escapar al amparo de la noche y arribar finalmente a Baya[302]. Ordoño, hijo de Alfonso, volvía victorioso a sus tierras de Yiliqiyya dejando atrás una asolada ciudad que, poco tiempo después, aquel que pasaba por ella y llegaba a al estrechamiento donde los defensores fueron arrinconados, podía ver montones de cadáveres que habían sido apilados en hileras hasta alcanzar la altura de la muralla conformando un espectáculo aterrador. Aquel lugar fue desde entonces conocido como "los aprietos".

El 1 de febrero de 918, a la edad de 72, Umar ibn Hafsun fallecía de muerte natural tras haber transcurrido treinta años desde que comenzó su levantamiento. Al-Mundir, Abd Allah y Abd al-Rahman; ninguno de los tres emires que habían intentado doblegarlo al poder de al-Andalus lo había conseguido, y murió finalmente sin ser vencido. El posterior fallecimiento de Ibn Marwan al-Yiliqi, señor de Baxarnal, en 924 a manos de sus compañeros en desconocidas circunstancias, acabaría por eliminar la sombra de aquellos grandes líderes rebeldes que casi derrocaron al Emir Abd Allah. No obstante, la insurgencia hafsuní en Barbashtar continuaría bajo el mando de Ya'far Ibn Umar, designado sucesor por su padre Umar, hasta su asesinato el 29 de octubre de 920 en el interior de Barbashtar por los propios cristianos al sospechar que profesaba secretamente el Islam; y posteriormente por su otro hijo Sulayman ibn Umar. La rebelión hafsuní sería finalmente vencida tras la derrota y muerte de éste junto a su hermano Hafs, y la conquista de Barbashtar el 27 de enero de 928. Durante la inspección de la fortaleza

302. Beja, en la región del Alentejo (Portugal).

llevada a cabo por el propio al-Nasir, éste descubrió cómo el rebelde Umar ibn Hafsun había sido enterrado boca arriba, con los brazos sobre el pecho, indudablemente bajo el rito cristiano, y no pudo sino obtener una nueva venganza incluso después de su muerte, como bien cuenta Ibn Hayyan[303]:

Al-Nasir ordenó sacar de su tumba al perverso cadáver y llevar los malvados e inmundos miembros a la puerta de al-Sudda en Qurtuba, para ser izados en el más alto madero [...], puesto que había resultado evidente su apostasía del Islam en que naciera y que se había hecho cristiano en prueba de malevolencia. La orden fue cumplida, alzándose el cuerpo del maldito Umar en un alto madero, entre los de sus dos hijos crucificados allí anteriormente [...]. Los maderos permanecieron allí para satisfacción de espectadores, desde que llegaron hasta el año 331[304]*, en los que se los llevó la crecida del río que tuvo lugar.*

Cuando terminaba el año 928, tras ordenar la destrucción de todas las fortalezas que habían sido erigidas por Ibn Hafsun —o que habían colaborado con él— en Rayya y el sometimiento definitivo de Tudmir, la primera fitna de al-Andalus había sido extinguida casi por completo y todas sus tierras recuperadas, a excepción de las marcas fronterizas. Pocos días después, durante la oración del viernes 16 de enero de 929 en la mezquita aljama de Qurtuba, el encargado de las plegarias del día, Ahmad ibn Baqi ibn Majlad ibn Yazid invocaría el nombre de Abd al-Rahman ibn Muhammad no como Emir, sino como Califa; al-Nasir había adoptado el título de Príncipe de los Creyentes, *siendo en realidad suyo y sólo metáfora en los demás, puesto que era descendiente de califas, estirpe recta y virtuosa de imanes píos, mantenedores de la verdad y seguidores del camino correcto*, distinción que no ostentaba su familia desde Marwan ibn Muhammad, último de los Umayya de Dimashq. Había nacido el Califato de al-Andalus y, mediante una misiva a todos los gobernadores de las coras, así quedaría dispuesto:

En el nombre de Dios el Clemente, el Misericordioso.
Bendiga Dios a nuestro honrado Profeta Muhammad.

303. *Crónica del Califa Abd al-Rahman III al-Nasir entre los años 912 y 942*, traducción de Viguera y Corriente (1981).

304. Año de la hégira que comprende desde el 15 de septiembre de 942 hasta el 3 de septiembre de 943 del calendario gregoriano.

Los más dignos de reivindicar enteramente su derecho y los más merecedores de completar su fortuna y de revestirse de las mercedes con que Dios Altísimo los ha revestido, somos Nosotros, por cuanto Dios Altísimo nos ha favorecido con ello, ha mostrado su preferencia por nosotros, ha elevado nuestra autoridad hasta ese punto, nos ha permitido obtenerlo por nuestro esfuerzo, nos ha facilitado logrado con nuestro gobierno, ha extendido nuestra fama por el mundo, ha ensalzado nuestra autoridad por las tierras, ha hecho que la esperanza de los mundos estuviera pendiente de Nosotros, ha dispuesto que los extraviados a nosotros volvieran y que nuestros súbditos se regocijaran por verse a la sombra de nuestro gobierno (todo ello por la voluntad de Dios); loado sea Dios, otorgador de los beneficios, por el que nos ha otorgado, pues Él merece la máxima loa por la gracia que nos ha concedido. En consecuencia, hemos decidido que se nos llame con el título de Príncipe de los Creyentes, y que en las cartas, tanto las que expidamos como las que recibamos, se nos dé dicho título, puesto que todo el que lo usa, fuera de nosotros, se lo apropia indebidamente, es un intruso en él, y se arroga una denominación que no merece. Además, hemos comprendido que seguir sin usar ese título, que se nos debe, es hacer decaer un derecho que tenemos y dejarse perder una designación firme. Ordena, por tanto, al predicador de tu jurisdicción que emplee dicho título, y úsalo tú de ahora en adelante cuando nos escribas. Si Dios quiere[305].

La creación del nuevo estado significaba la escisión total respecto a Madinat al-Salam y situaba a al-Andalus en una situación de igual a igual con el califato abbasí. Heredera del Dimashq de los Umayya, su nuevo estatus quedaría grabado en la historia a través de las nuevas monedas salidas de la ceca fundada con este propósito por el nuevo Califa, y en cuya leyenda figuraba: *El Imán al-Nasir li-din Allah Abd al-Rahman Príncipe de los Creyentes de Qasim.* Pero también era necesario para tal reconocimiento el establecimiento de una sede a la altura de la nueva condición del gobierno; en 936 se ordenaría la construcción al oeste de Qurtuba de la ciudad palatina de Madinat al-Zahra, que sería centro y símbolo del gobierno de Abd al-Rahman, así como de sus descendientes.

Durante la década posterior a la proclamación del califato, Abd al-Rahman ibn Muhammad concentraría sus esfuerzos en someter a su poder las marcas fronterizas, aún en rebeldía, para extinguir definitivamente los restos de la insurgencia heredada de su abuelo Abd Allah. Comenzaría por la

305. *Una crónica anónima de Abderramán al-Nasir*, traducción de Leví-Provençal y García Gómez (1950).

Marca Inferior[306], arrasando Baxarnal, otorgando el amán a los habitantes de Marida y recuperando mediante asedio las ciudades de Baya, Santarin[307] y Uksunuba[308]; al-Nasir estableció además una rebaja de los impuestos locales para estabilizar la situación y aceptó la adhesión al ejército real de parte de las tropas insurgentes. Desde entonces, la Marca Inferior sería el lugar desde donde se lanzarían las aceifas contra los reinos cristianos y los siempre inestables núcleos bereberes de la frontera. Tras estas victorias dirigiría las tropas a la Marca Media[309], donde ya contaba con el apoyo de algunas comarcas en manos de gobernadores leales, y que recuperaría casi en su totalidad en poco tiempo. No obstante Tulaytula resistiría el asedio durante dos años, y sólo la hambruna y la disposición de al-Nasir a conceder el amán logró rendir la ciudad el 2 de agosto de 932. Consciente de la tendencia de sus habitantes a rebelarse contra la autoridad de al-Andalus, el Califa limitaría su autonomía para dificultar nuevos focos de insurgencia.

Aunque al-Nasir había ratificado a Muhammad ibn Hashim al-Tuyibi —nieto de Abu Yahya Muhammad ibn Abd al-Rahman al-Tuyibi— en el cargo de gobernador de Saraqusta, éste se negó a participar en la incursión contra Usama[310] de 934 y estableció relaciones con los líderes rebeldes de Wasqa y Santabariya[311], lo que obligó al Califa a asediar la ciudad en 935. Tras el regreso de la expedición a Qurtuba con las manos vacías, Abd al-Rahman destituyó del cargo de general a Ahmad ibn Ishaq al-Qurasi —miembro menor de la familia Umayya— en el verano de 936, y meses después ordenó su ejecución por sospechar que su fracaso se había debido al comportamiento sedicioso del propio oficial. Aprovechando el caos reinante en la Marca Superior, los enemigos de al-Nasir hicieron sus movimientos: el rey Ramiro[312] rompió el pacto que le obligaba a no prestar ayuda a los rebeldes de Saraqusta, el Qund de Barsaluna hostigaba la frontera y los gobernantes de Qalat Ayyub y Daruqa[313] —hasta entonces leales al Califa— apoyaban la insurgencia. El propio Abd al-Rahman encabezó la aceifa de 937 y pronto recuperó las ciudades que apoyaban a al-Tuyibi, poniendo en agosto sitio a

306. Se corresponde aproximadamente con la actual comunidad de Extremadura y parte de Portugal.

307. Santarem, al norte de Lisboa.

308. La actual localidad de Ayamonte (Huelva).

309. Comprendía desde los nacimientos del Duero y el Tajo hasta el curso del Guadiana.

310. Burgo de Osma (Soria).

311. Provincia andalusí que abarcaba las actuales Cuenca, Guadalajara y Teruel.

312. Ramiro II, rey astur-leonés que goberno entre 931 y 951.

313. Calatayud y Daroca (Zaragoza).

Saraqusta; sus habitantes, incapaces de resistir el sitio por más tiempo, establecieron conversaciones con al-Nasir que desembocaron en su rendición en noviembre: al-Tuyibi se sometería al Califa, pagaría sus tributos, auxiliaría al ejército siempre que así se le ordenase, no acogería a proscritos y rompería su relación con los reinos cristianos; a cambio, se le otorgaba el amán y el control de la ciudad para él y sus herederos. Tras unas pequeñas incursiones de castigo, el Califa Abd al-Rahman ibn Muhammad consiguió acabar con cualquier rastro de insurgencia en 939 al reorganizar y consolidar las marcas fronterizas, si bien algunos de los linajes que las gobernaban conservaron su poder incluso después de la caída de los Umayya.

En el exterior de las fronteras andalusíes, al-Nasir hubo de hacer frente al hostigamiento fruto de la expansión de los fatimíes[314] por el Magrib, con quien sostuvo una durísima guerra durante todo su gobierno por el control del norte de Ifriqiya y las rutas marítimas del Bahr al-Mutawasit[315], un conflicto que heredaría su hijo al-Hakam. Pero los años del primer Califa de al-Andalus vinieron marcados sin duda por su relación con los reinos cristianos del norte.

La muerte rey Ordoño[316] en 924 y la disputa dinástica que surgió entre los pretendientes a su trono supuso la práctica desaparición de los conflictos con al-Andalus durante los siete años que transcurrieron hasta la coronación de Ramiro, un nuevo y temible enemigo para al-Nasir. Furioso por el apoyo que este rey cristiano había prestado a la rebelión de Saraqusta, el Califa decidió poner fin de una vez por todas al reino de los Yiliqi[317] comandando personalmente hacia el norte un enorme ejército compuesto por tropas profesionales, mercenarios, bereberes, *yunds*[318], contingentes de las marcas y voluntarios alentados por la *yihad*[319]: la *gazat al-kudra*[320]. Alertado el rey Ramiro del avance andalusí, solicitó la ayuda de sus aliados y se dispuso a presentar

314. Dinastía originaria de Túnez cuya expansión les llevó a establecer un califato que perduró hasta 1171 y que abarcaba Egipto, parte del Magreb, Sudán, Sicilia, el mediterráneo oriental y la región de Hiyaz.

315. "Mar intermedio", se refiere al mediterráneo.

316. Ordoño II, rey de Galicia (910-914) subordinado a León, y posteriormente rey de León (914-924).

317. Aunque se corresponda con "gallego", los andalusíes conocían por este término a todos los reinos cristianos del norte peninsular.

318. Contingentes orientales que eran acogidos en al-Andalus mediante la concesión de pequeños territorios. De esta manera, se conocían los *yund* sirios de Émeso en Sevilla, de Damasco en Elvira, del Jordán en Rayya, de Palestina en Sidona, de Qinnasrin en Jaén; y los egipcios del Algarve y Tudmir.

319. Siendo su principal traducción "esfuerzo", se refiere a una de las obligaciones de los musulmanes. Las referencias a "Guerra Santa" y a cualquier connotación militar, según algunos autores, son fruto de interpretaciones occidentales del término.

320, "Campaña del Supremo Poder".

batalla desde la fortaleza de la ciudad que ellos conocían como Simancas. La batalla tuvo lugar el 19 de julio, trabándose un violento y duro combate durante días y en el que finalmente, incapaz de doblegar a las fuerzas cristianas, el ejército real fue puesto en fuga. No acabaría con ello la desgracia de al-Nasir, pues su error le costaría caro: durante la huída, fueron emboscados por el enemigo, tal y como relata Ibn Hayyan en el acontecimiento conocido como la jornada de *al-Jandaq*[321]:

> *[...] y en la retirada el enemigo los empujó hacia un profundo barranco, que dio nombre al encuentro, del que no pudieron escapar, despeñándose muchos y pisoteándose de puro hacinamiento: el Califa, que se vio forzado a entrar allí con ellos, consiguió pasar con sus soldados, abandonando su real y su contenido, del que se apoderó el enemigo.*

Abd al-Rahman escapó por poco de la muerte gracias a la heroica acción de su guardia personal. El repentino ataque impidió además al Califa enfundarse su cota de malla tejida con hilos de oro, que quedaría como botín en manos de las tropas cristianas, al igual que el ejemplar del Corán que solía acompañarle en todas sus expediciones. Este hecho, unido a la derrota del más ambicioso proyecto militar que había gestado jamás, le empujó a no volver a encabezar personalmente ninguna campaña —quedando en adelante en manos de sus generales—, y ordenó crucificar a los que consideraba responsables del fracaso. Hasta la muerte de Ramiro en 951, los cristianos mantendrían la iniciativa en aquel conflicto. Pero una vez más se desató la crisis sucesoria entre ellos, situación que fue aprovechada por el Califa al apoyar durante la década posterior a las distintas partes, buscando con ello debilitar a los Yiliqi. De aquellos años recuerdo haber escuchado una curiosa historia que puede ser difícil de creer por lo extraño de sus protagonistas: el rey Sancho[322], el Califa al-Nasir y el célebre médico de la corte andalusí Hasday ibn Saprut.

Tras la muerte del primogénito del rey Ramiro, Ordoño, su hermanastro Sancho heredó el trono y acabó con la tregua que su predecesor había establecido con al-Nasir al verse sacudido por las intrigas dinásticas. No tardaría en verse sumido en problemas internos el propio Sancho, pues se ganó la enemistad de los nobles de su reino y no paraba de ganar peso a un ritmo alarmante,

321. Se traduce como "desfiladero", "barranco" o "foso hecho por la mano del hombre".

322. Sancho I de León, llamado "el Craso".

siendo este hecho lo más comentado entre las gentes que ya lo apodaban "el craso" —el gordo—; sobre ello he oído que su obesidad le impedía montar a caballo y que incluso necesitaba ayuda para caminar. Enfermo, sin el respeto de su pueblo y con poderosas familias en contra, fue depuesto y expulsado en favor de su primo, también llamado Ordoño. Toda de Navarra[323], abuela del destronado Sancho, confió en prestarle todo su apoyo para recuperar el trono, pero éste no era suficiente y hubo de apaciguar su orgullo y buscar una ayuda de lo más inverosímil: su enemigo, el Califa Abd al-Rahman al-Nasir. La embajada que al-Nasir envió a Navarra en respuesta de la petición de Toda, iba encabezada por su médico personal y embajador más habilidoso: el judío Hasday ibn Saprut, afamado por descubrir el *Faruk*[324] y que además dominaba la lengua de los Yiliqi y el latín. Lo que el Califa esperaba de las destrezas de Ibn Saprut era un diagnóstico y agilizar los trámites del pacto. Tras concluir que su obesidad tenía solución, el habilidoso embajador terminó por convencer a la dura reina Toda de que ambos debían trasladarse a Qurtuba y que, a cambio del apoyo militar de al-Nasir, debía aceptar la condición impuesta por éste: la entrega de diez fortalezas fronterizas cuando recuperasen el trono de León. Lo que desconocía Sancho es que su tratamiento comenzaría en aquel instante, pues Hasday ibn Saprut le hizo recorrer a pie casi todo el camino hasta Qurtuba en unas jornadas duras e interminables para el cristiano. Una vez en la capital de al-Andalus, ambos fueron alojados cómodamente en Madinat al-Zahra y, mientras los días de la reina Toda y el Califa al-Nasir transcurrían sumergidos en el diseño de la estrategia para recuperar León, Hasday ibn Saprut sometía a Sancho a una dura dieta que parecía no funcionar, hasta que el médico descubrió que éste comía a escondidas y se ocupó personalmente de vigilarlo. Transcurrido poco más de un año, Sancho había recuperado su vigor y la alianza navarro-andalusí se lanzó a recuperar el reino de León, restituyendo a al antiguo rey en el trono en 960; a regañadientes, Toda entregó las diez fortalezas a Abd al-Rahman, cumpliendo así con el pacto. Dunash ibn Labrat[325], a quien el propio Ibn Saprut había acogido, compuso unos versos acerca de estos hechos:

Compón un poema de alabanza
en honor del Príncipe, jefe de la Academia,

---

323. Reina de Navarra por su matrimonio con Sancho Garcés I.

324. Supuesta panacea contra todo veneno.

325. Poeta y gramático judeo-andalusí que vivió entre 929 y 990.

que destruyó totalmente las fuerzas extranjeras.
Está ceñido de gloria y majestad
revestido de la ayuda divina.
A los insolentes arrebató diez fortalezas
e hizo una gran poda
entre cardos y espinos.
Trajo al hijo de Ramiro,
a príncipes y sacerdores.
A un Señor, caballero y rey,
lo trajo como un peón,
bastón en mano,
a un pueblo enemigo suyo.
Arrastró también a la simple,
la anciana Toda.
que revestía la realeza como los varones,
con la fuerza de su sabiduría,
con el pdoer de sus argucias,
con la multitud de sus estratagemas,
y con la dulzura de sus palabras.

En Abd al-Rahman al-Nasir creo haber encontrado la crueldad y sed de sangre de su tatarabuelo al-Hakam ibn Hisham, el tirano del Arrabal, pues son no pocas las historias que conozco acerca de su violenta conducta, especialmente hacia las mujeres. De boca de uno de mis maestros, cercanos por su generación a aquella dinastía, me fue relatada aquella ocasión en que se encontraba el Califa bebiendo en el jardín de al-Zahra junto a una de sus esclavas favoritas, cuyo caracter altivo no había conseguido doblegar del todo. Cuando la bebida comenzó a hacer efecto, al-Nasir se inclinó sobre ella para besarla y ésta se disgustó, apartándose y torciendo el gesto; aquello le provocó tal furia que ordenó a los eunucos que la sujetaran y le acercasen una vela al rostro para destruir sus encantos ante la atenta mirada de al-Nasir. Otra terrible historia acerca de estos actos involucra a Abu Imran, el verdugo al que ordenaba estar siempre dispuesto con sus instrumentos y cuyo testimonio sobre lo ocurrido una noche en la almunia de al-Naura me fue referido por Ibn Hayyan. Aquel súbdito fue llamado a los aposentos reales y se encontró al Califa en cuclillas, observando a una hermosa muchacha que pedía clemencia mientras era sujetada por varios eunucos: «Llévate a esta ramera, Abu Imran, y córtale el cuello» —le ordenó al-Nasir. El verdugo, dubidativo, consultó al Califa su orden para asegurarse de que aquello era lo que deseaba, pues no conocía el motivo por el que debía ejecutar a aquella muchacha: «Córtaselo, así te corte Dios la mano, o si no, pon el tuyo» —le espetó al-Nasir. Fue llevada a otra estancia donde uno de los eunucos le retiro las trenzas y dejo su cuello expuesto a la espada del verdugo, que finalmente cayó sobre ella rebanando su cabeza de un sólo golpe. Él mismo contaría durante una recepción en su lujosa almunia: «Mas el golpe de la hoja produjo un ruido anormal, aunque no había visto que diera en nada. Luego se llevaron el cuerpo de la muchacha, limpié la espada en el tapete, lo plegué y me fui, mas, cuando entré en mi habitación y lo abrí, aparecieron en él perlas de penetrante brillo y gran tamaño mezcladas con jacintos y topacios que brillaban como ascuas, todo lo cual recogí en la mano y me apresuré a llevárselo a al-Nasir, éste lo rechazó en seguida y me dijo: 'No se nos ocultaba su existencia, pero quisimos hacerte gracia de ello, tómalo y que Dios te lo bendiga'. Y con ello adquirí esta casa».

El 12 de abril de 960, al-Nasir cayó enfermo a mediodía a consecuencia de una corriente de aire frío y la gravedad de su estado suscitó la preocupación de sus más fieles servidores. A pesar de su posterior mejoría, aquel mal sería el que finalmente se lo llevase. Abd al-Rahman ibn Muhammad al-Nasir li-din Allah, primer Califa de al-Andalus, fallecía el 15 de octubre de 961. Temido y admirado en todos los rincones del mundo, su país fue el jardín en el que floreció más resplandeciente que nunca la más hermosa de sus flores: Qurtuba. A engrandecer la ciudad al-Nasir dedicó todos sus esfuerzos para que su huella permaneciese en la eternidad de los tiempos, ya que como él mismo dijo en una ocasión: «Cuando los reyes quieren que se hable en la posteridad de sus altos designios, ha de ser con la lengua de las edificaciones. ¿No ves cómo han permanecido las pirámides y a cuántos reyes los borraron las vicisitudes de los tiempos?». A pesar de la opinión que este anciano que escribe estas líneas guarda sobre la persona de Abd al-Rahman, sí he de postrarme ante su figura y el desmesurado esfuerzo que dedicó a elevar su califato sobre aquel que habían robado los enemigos de oriente, verdugos de sus antepasados, a costa de su propia dicha:

> *…Y en todo este tiempo, he contado los días de pura y genuina felicidad que he vivido: montan un total de catorce… No cifréis por tanto vuestras esperanzas en las cosas de este mundo.*

Al-Hakam ibn Abd al-Rahman y el perfeccionamiento de la grandeza

Abu-as al-Hakam ibn Abd al-Rahman había nacido un 20 de enero de 915, durante el llamamiento a la oración en la mezquita aljama, hecho que había sido considerado un buen augurio por parte de las gentes. Su madre cristiana, Maryan, le había dado su cabello pelirrojo y su padre una estricta y constante formación para asumir el mando del inminente califato desde que fue nombrado *walí al-ahd*[326] con tan sólo ocho años, debido a la prematura muerte de su hermano. Durante su infancia y juventud disfrutó de una exquisita educación a cargo de, entre otros, el célebre filólogo Abu Ali al-Qali y el gramático al-Zubaydi, mientras que su implicación en los asuntos de gobierno iba en aumento por deseo expreso de al-Nasir, al que además acompañaba frecuentemente al frente de sus campañas militares. El enorme sentido de la responsabilidad de al-Hakam ante tan importante destino le hizo consagrar su vida a convertirse en un digno heredero, pasando gran parte de ella en el Qasr apartado de toda compañía femenina pues su padre, advertido por la crisis sucesoria en la que se había visto envuelto durante el emirato de su abuelo Abd Allah, había ordenado que no tuviera descendencia hasta que él muriera; mientras tanto sus hermanos vivían una cómoda vida rodeada de lujos y harenes de bellas mujeres.

El 16 de octubre de 961, a los cuarenta y seis años de edad, al-Hakam ibn Abd al-Rahman accedió al trono tras la muerte de al-Nasir, adoptando el título de *al-Mustansir bi'llah*[327]. Pronto hubo de enfrentarse al-Hakam a los reinos cristianos, pues el rey Sancho, confundiendo la preocupación que al-Nasir había demostrado por la educación de su hijo con sobreprotección, creyó ver en él a un gobernante débil y le negó las diez fortalezas que habían pactado a cambio de recuperar su trono de los Yiliqi. Lo que desconocía el cristiano, es que la formación y habilidad de al-Mustansir superaba a la de su padre. Para corregir tal desagravio, el nuevo Califa ordenó al general Galib contactar con el depuesto Ordoño en Madinat Salim[328] y, en 962, éste se trasladó a Qurtuba para recuperar el poder con la ayuda del ejército andalusí. Ante tan hábil jugada, el rey cristiano envió una embajada a entrevistarse con al-Mustansir y evitar el conflicto. Desgraciadamente, Ordoño murió en Qurtuba antes de que el plan pudiera llevarse a cabo. Esto espoleó de nuevo al rey de los Yiliqi a enfrentarse al Califa, estableciendo una alianza

326. "Heredero por virtud de acuerdo" era el título oficial que recibía el que era designado como sucesor.

327. "El que busca la ayuda victoriosa de Dios".

328. Medinaceli (Soria).

con los demás reinos cristianos del norte pues, no obstante, dudaba de la capacidad militar del hijo de al-Nasir; pronto se arrepentiría de su error: en 963 la ofensiva de al-Hakam conseguiría tomar las plazas que los cristianos conocían como San Esteban de Gormaz, Atienza y Calahorra, quedando la primera como línea de defensa de al-Andalus. Aquella campaña, junto a los nuevos problemas dinásticos surgidos a raiz de la muerte de Sancho en 965, apaciguaría la frontera con los cristianos durante once años.

Por este y todos los demás inestimables servicios prestados, el 20 de marzo de 972 el Califa al-Hakam otorgó el título de cadí supremo al visir y general Galib ibn Abd al-Rahman, elevándolo así por encima de todos los demás. La decisión se había precipitado tras recibir éste un escrito de Galib en el que le hacia algunas consideraciones referentes al ejército, con las que proponía aconsejar al soberano y velar por el Tesoro real. Al-Hakam quedaría tan impresionado, que en el mismo dorso de aquella misiva que le había dirigido el general, consignó de su propio puño y letra:

> *Esto que nos propone Galib; que nos explicó primero de palabra en nuestra presencia y ante nosotros, y luego escribió de su mano en este documento, nosotros lo aceptamos, hacemos ejecutivo, acogemos con satisfacción y aprobamos. Obligue, pues, este decreto nuestro, que habéis de conservar en vuestra Casa, si Dios quiere. A la vez, hemos tenido a bien otorgar a nuestro mawla Galib el título de cadí supremo, en atención a su celo y buenos servicios. No se le dé otro título desde ahora, como modo de honrarlo, si Dios quiere, y a Dios es a Quien hay que pedir ayuda.*

Resuelto el conflicto en las fronteras del norte, Al-Mustansir tuvo que desviar su atención hacia el Magrib, donde la influencia del califato ya se había visto reducida en tiempos de su padre al-Nasir y se limitaba a las ciudades de Ceuta y Tánger. A pesar de un breve periodo de calma debida a la distracción que suponía para los fatimíes la conquista de Qubt, en 969 Ziri ibn Manad es nombrado su gobernador en los territorios occidentales de Ifriqiya y el antes aliado de los Umayya, el idrisí al-Hasan ibn Qannun, reconoce su autoridad, rebelándose así contra el Califato de al-Andalus. En 971, Al-Hakam se vio obligado a enviar un contingente para controlar esta situación y evitar la pérdida de sus ciudades, pero éste fue derrotado y su general al mando, Muhammad ibn Qasim, muerto durante el combate. Mientras los supervivientes refugiados en Ceuta solicitaban al Califa el envío de refuerzos, el 22 de julio de 971 llegaría a Qurtuba Silis, emisario del Qund Gundisalb de Yilliqi, portando un mensaje fechado en 9 de julio en el que se informaba que los mayus habían realizado una incursión por el wadi Duwayro al-Kabir[329] hasta Santabariya, aunque sin lograr nada; el Califa al-Mustansir no tardaría en intervenir, pues envió de inmediato a los fatás Mubarak y Mubassir a reunir víveres en las coras de Rayya y Siduna que servirían para la escuadra que estaba por partir hacia la costa de al-Garb[330] y enfrentarse a los saqueadores del norte. Pocos días después, la flota andalusí partió desde Bayyana bajo el almirantazgo de Abd al-Rahman ibn Rumahis; el general Galib ibn Abd al-Rahman lo haría al mando del ejército por tierra, dirigiéndolo hacia al-Garb. Los mayus, ante tal respuesta del Califa, desistieron de su empresa y regresaron a las tierras del norte antes de hacer frente a las fuerzas de al-Andalus. Eliminada la amenaza, al-Hakam envió un nuevo ejército hacia Ifriqiya, esta vez al mando del poderoso Galib ibn Abd al-Rahman, para acabar con la rebelión de Ibn Qannun a través de los medios que fueran necesarios y recurriendo al soborno si así lo consideraba oportuno el general, pues con tal fín lo acompañaba el hábil intendente del estado, Muhammad ibn Abi Amir. La estrategia de Galib fue un éxito y pronto comenzaron a llegar a Qurtuba un considerable número de embajadas bereberes, solicitando el favor de al-Mustansir; había entre ellas una formada por *cerca de sesenta caballeros, personajes de renombre, que fueron todos aposentados y generosamente tratados*, jurando apartarse de al-Hasan ibn Qannun al afirmar que les había inducido a todo mal, y ofrecían al Califa sus servicios para enfrentarse a él. Finalmente, el general Galib logró la rendición del rebelde, como bien relata Isa al-Razi:

> *El viernes último día de yumada II de este año[331] asistió el Califa al-Mustansir bi-llah a la oración pública en la mezquita aljama de Qurtuba, y, una vez terminada la oración, se sentó, como de costumbre, en el sabat de la maqsura de la aljama. Allí recibió a los visires y les informó de la sumisión del hereje al-Hasan ibn Qannun al-Hasani, el que había estado sublevado contra él en Berbería, y de su retorno a la obediencia. Les explicó haberlo sabido por carta de su mawla el visir caid Galib ibn Abd al-Rahman, según la cual Hasan había enviado a Galib, para comunicarle esta decisión, a su*

329. Traducido como "Gran río Duero"; el origen del nombre parece remontarse a época prerromana.

330. Traducido como "el occidente", se refiere a la región del actual Algarve portugués.

331. 27 de marzo de 974

propio hijo Ali ibn Hasan, que era su lanza, su escudo y el que le dirigía la guerra; ya añadió que el nombre del Príncipe de los Creyentes había sido ya pronunciado en la oración hecha en al-Hayar, castillo del criminal, el viernes día 21 de yumada II.

Las profundas reformas que el nuevo Califa planeaba llevar a cabo pronto alcanzaron tambien a la administración, donde las élites árabes ostentaban los cargos de mayor importancia mediante herencia desde hacía generaciones —que en muchos casos se remontaban a los días de Abd al-Rahman al-Dahil—. Al-Mustansir eliminaría aquellos privilegios ligados a los linajes familiares y otorgaría los principales puestos a hombres experimentados, con extensa formación y curtidos en las fronteras —a los que proporcionaba beneficios según los méritos—, buscando así la equidad y el respeto entre las etnias. Uno de los casos más célebres fue, sin duda, el del propio Ya'far ibn Abd al-Rahman al-Mushafi: en su origen enemigo del estado, fue hecho prisionero de guerra y posteriormente se convirtió en esclavo del por entonces príncipe al-Hakam, que lo manumitió; la habilidad que demostró le llevó a ser su hayib una vez fue designado Califa, encargándose de la administración central y de todos sus visires, la coordinacción del ejército y la flota, la gestión de la cancillería, la inspección del sistema tributario y la dirección de la propia casa real. Su nombre está escrito en el mihrab de la mezquita aljama de Qurtuba junto al del Califa. El siqlabi[332] Durri al-Sagir fue otro de los ejemplos de la reforma administrativa: a pesar de sus humildes comienzos como esclavo al servicio del Califa, acabó ostentando el cargo de encargado del Tesoro como gran fatá, amasando con ello una gran fortuna. La inmensa gratitud que demostró hacia al-Mustansir fue célebre, pues le legaría a éste todos sus bienes en el testamento; incluso años antes de morir, le regaló la hermosa almunia que había erigido sobre el wadi al-Ruman[333]. Al-Mustansir, sin embargo, le ordenó que la conservase con objeto de que no perdiese nada de su prosperidad; según el relato de Ibn Hayyan:

Así lo cumplió Durri, el cual poco después pidió al Califa que lo distinguiese asistiendo a una comida que le iba a preparar en dicha finca y llevando en su

332. Singular de *saqaliba*, "eslavo".

333. Guadarromán, arroyo que nace en las cercanías de la aldea de Santa María de Trassierra y discurre al oeste de Córdoba; esta almunia se sitúa al oeste de Madinat al-Zahra y se ha identificado con el nombre de al-Rummaniyya.

compañía a su hijo Hisham y a sus mujeres. Aceptó el Califa su invitación y fue a caballo desde el Qasr de al-Zahra hasta la almunia de al-Ruman que le había sido regalada, el domingo día 13 de sha'ban de este año[334] *[...]. Como había pensado en pasar en ella la noche, le fueron preparadas en su interior varias alcobas y en su alrededor se levantaron tiendas y pabellones destinados a los criados y pajes de su séquito.*

El fatá que daba la fiesta obsequió a los asistentes, dentro y fuera de su finca, con mil variedades de manjares extraordinarios y especies de deliciosas frutas que colmaron su apetito y llegaron en abundancia a todos los invitados, los cuales, a una voz, reconocieron que, de las jornadas reales, no habían asistido a ninguna más acabada, mejor aderezada y más completa que este festín de Durrí.

Quizá esta pérdida de privilegios familiares en detrimento de los nuevos administradores fue el origen de las tímidas protestas que surgieron en Qurtuba, pues existía un grupo de ilustres que se burlaban del Califa y se dedicaban a perturbar el orden, reuniéndose para componer maledicientes versos en competencia. Entre ellos se encontraban el poeta Isa ibn Qarlaman y los escribas Mu'nis —liberto de al-Mundir[335]— y Ahmad ibn al-Asad; contra ellos emitió al-Hakam una orden de arresto el 12 de abril de 972 y finalmente se les encarceló. Uno de los más perseguidos fue el también poeta Yusuf ibn Harun al-Batalyawsi, que logró esconderse durante algún tiempo a pesar de los contínuos registros y numerosos pregones que se hacían para encontrarlo. No obstante, cansado de huir y resignado a una captura inminente, se presentó él mismo ante la puerta de la cárcel de al-Zahra; para evitar ser apresado antes de entregarse, se ocultó tras un rostro desfigurado y una alfombrilla de fieltro puesta encima de la cabeza, llegando hasta el mismo portero de la prisión sin ser reconocido: «Yo soy Ibn Harun, al que andan buscando y cuya historia sabéis. Metedme en el último rincón y avisad de mi captura al gobernador». No dudaron en prenderlo y encerrarlo, dando parte inmediatamente a éste, Muhammad ibn Aftah, que ordenó que se lo llevaran a su despacho amarrado con una soga al cuello; el gobernador de al-Zahra informó al Califa al-Hakam de lo sucedido, de cómo se había entregado sin solicitar siquiera clemencia, dando cuenta así de su error; al-Mustansir entonces se apiadó de él y ordenó su inmediata liberación junto a la de los

334. 19 de mayo de 973.

335. Uno de los hermanos de al-Hakam II.

restantes alborotadores, con la advertencia de Muhammad ibn Aftah de no volver a incurrir en sus actos y frenar sus lenguas. Con ello quedaron libres a finales de junio de ese mismo año.

A pesar de este y algún otro pequeño grupo de revoltosos, la mayoría de las gentes elevaban plegarias agradecidos por haber conocido tan gloriosa época y tan considerado gobernante. La preocupación que al-Mustansir mostraba por la hermosa Qurtuba era célebre, pues rara era la ocasión en que el príncipe de los creyentes no aprovechaba uno de sus paseos por la ciudad para percatarse de alguna imperfección en su más preciada perla y corregirla. Son muchas las obras que llevó a cabo con la intención de ensalzar aún más el brillo de la capital de al-Andalus y hacer más confortable la vida de sus habitantes. Además de la ya mencionada ampliación de la mezquita aljama —la más bella conocida por el hombre—, fue muy recordada la enorme reparación que llevó a cabo en el puente, cuyas obras comenzaron el 30 de agosto de 971 y estaban dirigidas a la consolidación de sus pilares. Para ello se construyó una presa en la parte más baja del wadí al-Kabir —con objeto de desviar su curso—, al este, formada por grandes piedras y arena mezclada con arcilla pura y consolidada con ramajes de jara traídos de la sierra de Qurtuba. Se instalaron en el puente durísimos bloques de piedra traídos directamente de la cantera y revestidos con cal bajo la atenta supervisión del Califa, que pasaba largas horas en el lugar mismo de las obras o en la azotea situada encima de la Bab al-Sudda dando su opinión y apremiando a los obreros a que terminasen antes de la llegada del invierno; la restauración concluiría a finales de diciembre. Tan sólo un mes después, mientras se encaminaba al arrabal oriental de Furn Burril, al-Mustansir se percató de que una vez su cortejo tomó la vía que lo atravesaba, éste la ocupaba toda y que las aglomeraciones que se producían provocaban el riesgo de que las gentes cayeran en el foso contiguo; al regresar ordenó que se compraran las casas que lindaban a la calle por el precio que los dueños convinieran, para así incorporar un espacio despejado a la calzada y dotar de mayor holgura a sus transeúntes; de igual manera, transcurrido otro mes, ampliaría la calle principal del zoco, mirando por el bien común de los habitantes de Qurtuba que allí acudían en masa. Las reformas que llevó a cabo no sólo se limitaban a las zonas de paso, pues no pocas fueron las fundaciones de los anteriores gobernantes que se vieron mejoradas: trasladaría la Dar al-Burud —levantada por Abd al-Rahman al-Dahil— desde el occidente del Qasr a la Casa de las Acémilas —situada en la musara—, ésta a su vez se instalaría cerca de la cárcel, junto a la almunia de al-Naura; en el edificio que había sido la Dar al-Burud se instalarían las tiendas de los ropavejeros con objeto de ensanchar el zoco. Recuerdo que de mi abuelo Sa'id escuché la primera historia referente a la preocupación de al-Hakam por el estado de Qurtuba, cuando me contó que un día vió al propio al-Mustansir dirigirse junto a su séquito desde el Qasr a la Dar al-Tiraz y cómo, al encaminarse hacia ella, salió por el cementerio de Umm Salama, junto a la Bab al-Yahud; al ver como la capacidad de la maqbara parecía a punto de ser desbordada, ordenó que se compraran un gran número de casas aledañas a esta para derribarlas y ampliarla, dando así más cabida para el reposo de los hijos del Bayn Nahrain.

Dispuesto también a hacer prevalecer la paz conseguida por su padre, el Califa al-Hakam empleaba gran parte de su tiempo como mediador en las dispuestas de los reinos limítrofes, recibiendo y acogiendo para ello a numerosas embajadas, a las que agasajaba largamente, pero tambien mostraba el enorme poder del califato y la firmeza de su determinación ante conductas insolentes o amenazas al país de al-Andalus. De la infinidad de historias que se recogen, recuerdo aquella ocurrida el 17 de noviembre de 973: al-Mustansir se había sentado en su trono de al-Zahra para celebrar una audicencia, con la mayor solemnidad, en la que estarían presentes los visires y toda la jerarquía de la corte andalusí como era costumbre; tras recibir a los representantes de la ciudad de al-Basra[336], le llegó el turno a la embajada llegada a Qurtuba en nombre de Elvira de León, tía paterna y tutora del rey de Yilliqi. Los representantes comenzaron a dirigirse al Califa en términos insolentes que el traductor designado por ellos para la ocasión, Asbag ibn Abd Allah ibn Nabil —cadí de los cristianos—, iba traduciendo literalmente, hecho que al-Mustansir encontró molesto por ambas partes y desaprobó aquella conducta, apartando al intérprete y reprendiendo a los embajadores. Tras ordenar que los retirasen de su presencia, cargó con el grueso de la culpa a Asbag ibn Abd Allah y lo destituyó de su cargo, indicándole previamente de que informase a la embajada de las malas palabras que había transmitido en su nombre. Por otro lado, el caballerizo mayor Ziyad ibn Aflah recibió a todos en el salón de su Dar al-Yund para reprenderles acaloradamente su actitud y hacerles saber que, de no haber sido considerada la inmunidad de que disfrutaban por fuero de embajada, habrían sido castigados duramente; hizo también particulares reproches al intérprete por mostrar tal osadía y no

336. Basora, en la actual Irak.

haber corregido a los embajadores[337], y lo amenazó informándole acerca de la intención de al-Mustansir de inflingirle un severo correctivo. Finalmente los Yiliqi fueron expulsados de Qurtuba y enviados de vuelta a su tierra acompañados por varios hombres de confianza de al-Mustansir, que informarían a Elvira de lo ocurrido; no recuerdo haber leido noticia alguna acerca de la suerte que corrieron estos hombres.

En el año 974 al-Hakam sufrió un ataque de hemiplejia que complicaría su ya de por sí delicado estado de salud, confiando en adelante los asuntos de gobierno a su amigo y hayib Ya'far ibn Abd al-Rahman al-Mushafi. El 26 de marzo de 975, el Califa al-Hakam hizo su primera aparición pública tras recuperarse de su enfermedad y, aprovechando aquel viernes, se dirigió junto a su hijo Hisham a la mezquita aljama de Madinat al-Zahra para asistir a la oración pública y cumplir con sus deberes religiosos. Una vez terminada la ceremonia recibió sentado en el sabat, como era su costumbre, al general Galib para que le informase acerca de la agitación de los reinos cristianos que se empezaba a producir en la frontera norte, consecuencia de haberse visto reducida la presión sobre ella al encontrarse gran parte de las tropas andalusíes en Ifriqiya. Al-Mustansir, tras conocer los hechos de boca de Galib, decidió enviarle como su general de mayor confianza para vigilar la situación en la zona, concediéndole además el título honorífico de *du-l-sayjayn*[338]; la mañana del sábado 24 de abril de 975, el visir generalísimo Galib ibn Abd al-Rahman partió de Qurtuba hacia la marca superior, donde permanecería hasta después de la muerte del príncipe de los creyentes. Por otro lado, hacía tiempo que el Califa estaba considerando trasladarse al Qasr, pues creía responsable de sus dolencias al aire frío que acariciaba la ladera donde se encontraba Madinat al-Zahra y de igual manera parecía haber retrasado su recuperación, afirmación que los médicos habían corroborado; así, la que era señora de los palacios, mansión del placer y sede de la alegría ya no sería el hogar de al-Mustansir. Como dijo Isa al-Razi, *a veces la hermosa es repudiada sin culpa por su parte.*

De entre todas las virtudes que se recuerdan del gran al-Mustansir billah, la devoción que mostraba por su hijo Abu-l-Walid Hisham era la más noble y a la vez la que acarreó mayores problemas al joven príncipe, pues forjó un carácter débil en el heredero que acabaría por marcar el destino del

337. Al parecer, entre las funciones de los intérpretes, se encontraba la de indicar a los embajadores los términos en que habían de dirigirse al Califa y corregirles si era necesario.

338. Traducido como "el de las dos espadas".

califato; a este respecto se recogen varias anécdotas que muestran el cuidado de al-Hakam para con su hijo y cómo este excesivo mimo nacía de la mejor de las intenciones. Isa al-Razi recuerda cómo el 16 de junio de 972 el Califa hizo llamar al faquí Ahmad ibn Muhammad ibn Yusuf —apodado al-Qastalli— para que fuera el tutor de Hisham, de quien esperaba además el mismo interés por las artes y las ciencias que él mismo demostraba. Las lecciones comenzarían sólo cuatro días más tarde en el maylis al-Gharbi de la llamada Dar al-Mulk de Madinat al-Zahra, que al-Hakam había ordenado renovar y acondicionar para su hijo. Según he leído de al-Razi, al-Mustansir estaba tan ilusionado ante el comienzo de la educación de su hijo, que asistiría a aquella primera clase del 20 de junio y vería superadas sus expectativas:

El Califa al-Hakam estaba tan ilusionado con estas satisfacciones que Dios le deparaba, que ese día vino al salón en que se daba la clase, para contemplar a su hijo y presenciar cómo soportaba la instrucción a que lo sometía, y viéndolo sentado con tanta compostura, tan risueño rostro, tan atento a su maestro y tan tranquilo de espíritu, se regocijó grandemente y sintió renovarse su alegría, hasta el punto de que se apresuró a sacar una considerable suma de dinero, que entregó en persona al sahib al-surta[339] *y zabazoque*[340] *Ahmad ibn Nasr, para que la distribuyese entre los pobres, menesterosos y caminantes, como prueba de su gratitud a Dios altísimo por el favor que le dispensaba en aquel niño de sus ojos y pimpollo de su gloria.*

El agradecido al-Mustansir además llevaría la enseñanza a todos los rincones de Qurtuba, encargando a numerosos maestros que instruyesen a los hijos de enfermos y pobres y a los huérfanos, asignándoles un sueldo e instándoles a que desplegaran sus más sinceros esfuerzos. Fundó a tal fín tres escuelas en el entorno de la mezquita aljama y veinticuatro repartidas por los arrabales.

El amor que al-Mustansir profesaba a las artes y las ciencias le había sido inculcado por sus maestros —como el mismo Califa afirmaba—, no obstante, los Umayya ya se había caracterizado por esta pasión y lo habían demostrado mediante la colección de valiosos escritos de todas las épocas y culturas, y la acogida de las grandes mentes que acudían al país atraídos por su fama, algo que al-Hakam elevaría hasta convertir a al-Andalus en el cen-

339. Un equivalente en época andalusí al jefe de policía.

340. Jefe del mercado responsable, entre otras funciones, de inspeccionar los pesos y medidas.

tro del conocimiento de occidente. Al igual que sus predecesores, al-Hakam ibn Hisham y Abd al-Rahman ibn al-Hakam, al-Mustansir destinó parte de los fondos del estado a dotar de sustento y vivienda a todos aquellos sabios cuyos conocimientos más allá de los rudimentos religiosos eran perseguidos por los abbasíes, colmándolos además de suntuosos regalos a cambio de sus revolucionarias ideas, hermosos versos e imposibles artilugios. Reunió además la más vasta colección de escritos del mundo conocido en la biblioteca del Qasr; innumerables libros que copaban aquel edificio y cuya sóla catalogación requería de más de cuarenta volúmenes de cincuenta folios cada uno.

La noche del 30 de septiembre al 1 de octubre de 976, Abu-as al-Hakam ibn Abd al-Rahman al-Mustansir bi-llah, fallecía en presencia de sus más cercanos eunucos a la edad de sesenta y uno, habiendo gobernado los casi quince años más gloriosos y prósperos de al-Andalus, dejando el más grande califato conocido en manos de un niño de tan sólo once años.

Noticias de los sabios de al-Andalus y de algunas obras que legaron,

así como de los hechos que les sucedieron y la alta estima y consideración de los banu Marwan hacia ellos, que los encumbraron y permitieron desarrollar todo su talento por encima de las restricciones religiosas, convirtiendo al país en un brillante foco de conocimiento.

Ziryab, el mejor cantante de al-Andalus

Ali ibn Nafi nació en Madinat al-Salam en el año 789 y pronto fue apodado como Ziryab[341], debido a su hermosa voz y su piel oscura. Su extraordinario talento no pasó desapercibido y pronto encaminó sus pasos hacia la música, bajo la tutela de Ishaq ibn Ibrahim al-Mawsili, el mayor cantante de su época. Se dice que gracias a su habilidad y a la constante práctica, hizo suyas las canciones de su maestro y acabó por sobrepasarlo.

El Califa al-Rasid[342] solicitó a Ishaq un nuevo cantante, hábil pero aún desconocido para el gran público y éste le presentó a su discípulo Ali ibn Nafi: «Es cliente vuestro, ansioso de serviros, no digamos de llegar a la nobleza de tu salón, y yo le he oído buenos arranques y melodías superiores que llegan al alma y, cuando le señalo lo que me asombra de ellas y le indico de quién las imitó, me dice que son invención y creación suya y producto de su mente, causándome gran asombro. Pronostico que tendrá éxito» —a

341. Traducido como "mirlo".

342. El ya mencionado quinto califa abbasí que reinó entre 786 y 809, Harun al-Rasid.

lo que el Califa contestó: «Eso es lo que busco. Tráemelo, a ver si es lo que quiero». Cuando su maestro lo presentó ante al-Rasid, Ziryab se mostró cortés y prudente, hasta que fue preguntado acerca de sus conocimientos de canto: «Domino lo que la gente domina, y la mayor parte de lo que yo domino no lo dominan ellos, pues son cosas que sólo ante ti convienen y para ti se guardan. Si lo permites, te cantaré algo que nunca antes se ha oído» —ante el desconcierto y la mirada inquisitiva del maestro, el Califa ordenó traer el laúd de Ishaq, y Ziryab se abstuvo de cogerlo— «Tengo un laúd hecho por mis manos y afinado con mi arte, y no quiero otro; está a la puerta; permítame el Califa pedirlo». Cuando al-Rasid contempló el instrumento, aparentemente idéntico, le dijo: «¿Qué empacho has tenido en usar el laúd que se te ha traído de tu maestro, del que confiesas haber aprendido y seguir sus pasos?» —y respondió Ziryab: «Si mi Señor desea el canto de mi maestro, lo cantaré con su laúd, pero si desea mi canto lo cantaré con el mío, en cuyo perfeccionamiento me he esmerado». Él comenzó a cantar:

¡Oh monarca de buen agüero,
a ti va toda la gente mañana y tarde!.

Cuando terminó la canción, al-Rasid visiblemente emocionado reprendió a Ishaq: «Pardiez, que si no supiera que me dices la verdad acerca de que él disimula su habilidad y que él acredita que no la has oído, te hubiese castigado por dejar de informarme sobre su calidad. Llévatelo y cuídalo hasta acabar su formación, pues tengo planes para él». Ishaq se sintió humillado e, invadido por la envidia que le dominaba, una vez a solas con su discípulo le confesó: «Ali, la envidia es la enfermedad más antigua y malsana, este mundo es tentador, y el compartir oficio es la enemistad que no hay modo de cortar. Tú me has engañado ocultando tu excelencia y alta calidad, mientras yo procuraba tu provecho, y hete aquí que me has buscado la ruina, de la que estaba a salvo, introduciéndote ante aquel para el cual he venido a valer poco, comparado contigo: en poco tiempo podría perder mi posición y me pisarías, lo que no voy a concederte, aunque fueras mi propio hijo. Si no fuera por el lazo de magisterio que nos une, te habría quitado la vida sin más preámbulo, ocurriese lo que ocurriese, pero te doy a escoger entre dos cosas de las que no tendrás escape: o te me alejas de aquí por el ancho mundo, de manera que no vuelva a saber de ti, tras haberme hecho los más firmes juramentos en tal sentido, para lo que te proporcionaré cuanto quieras en compensación y gastos, o te quedas para mi desgracia y pesar, haciendo de mí tu blanco, pero entonces estate desde ahora prevenido de que no te permitiré sobrevivir, ni dejaré de asesinarte, aunque me cueste vida y fortuna. Tú decides». Tomándose en serio la amenaza de su maestro, Ziryab decidió marcharse hacia occidente con los medios que éste le proporcionó. Cuando el califa al-Rasid volvió a solicitar los servicios del cantante a Ishaq, éste se disculpó: «Mal podría hacerlo, príncipe de los creyentes. Es un mozo aturdido y chiflado, que pretende que los *jinns*[343] le hablan y le proporcionan sus peregrinas canciones, por lo que cree que no hay nadie en el mundo que le iguale y, al tardar tu recompensa y no volverle a llamar, ha considerado que se le tenía en poco y no se apreciaba su mercancía, y se ha ido enojado, partiendo en dirección desconocida que me ha ocultado, de manera que ni sé adónde ha ido, ni en qué tierra se encuentra, en lo que Dios ha hecho favor al Califa, pues le acometen tremendos ataques de locura, espantosos de ver». Al-Rasid creyó las palabras de Ishaq, y afirmó apesadumbrado: «Sea como fuere, con él hemos perdido un gran regocijo».

El exilio de Ziryab le llevó a Ifriqiya, donde se estableció durante algún tiempo. Fue en estos días cuando le llegaron noticias de al-Hakam —enemigo de sus anteriores clientes abbasíes—, de su afición a la música y su buena disposición a acoger y cuidar de aquellos que cultivaban las artes, así como de la creciente solidez del poder de al-Andalus. Tras escribirse con él, éste, entusiasmado, le invitó a la capital del emirato andalusí, prometiéndole más de lo que podría desear y Ziryab finalmente se encaminó hacia Qurtuba con su familia. Al desembarcar en Yazirat al-Jadra recibió la noticia de la muerte del Emir, hecho que le hizo plantearse volver sobre sus pasos; afortunadamente el portador de tal mensaje era el cantante judío Mansur, que le convenció de seguir adelante afirmando que el nuevo Emir Abd al-Rahman *era de mejores prendas aun que su padre, y comparable a él en conocimientos profundos, descollante elegancia y gran cultura*[344]. Entonces el cantante se apresuró a escribir al nuevo Emir, dándole el pésame y explicándole las razones de su viaje, esperanzado en que lo acogiera bajo su protección. Una vez Mansur llevó la noticia a Abd al-Rahman, éste se encontró aún más deseoso y expectante que su padre ante la llegada de Ziryab, al que escribió una amable carta de

343. En la mitología islámica son seres que pueden adoptar cualquier forma y tienen la capacidad de influenciar espiritual y mentalmente al ser humano. Además pueden obedecer a Allah o bien a Iblís, el demonio.

344. Extraído literalmente de *Muqtabis* II-1, recogido del *Libro de las noticias de Ziryab*.

bienvenida urgiéndole a llegar a Qurtuba; asímismo indicó al gobernador de Yazirat al-Jadra que él sería responsable de la llegada del músico a la capital. El recibimiento por parte de Abd al-Rahman fue, efectivamente, caluroso[345]:

Allí había ordenado el Emir a un eunuco, de entre sus más importantes cortesanos, recibirle con mulos y mulas ensillados, velos para las literas y buenos vehículos, para que entrasen en la ciudad él y los suyos, lo que se haría de noche para mejor salvaguardia de las mujeres, aposentándole en la casa hoy conocida como bayt assadaqah[346] *[...]. Ziryab la ocupó efectivamente y con los mejores auspicios en el mes de muharram del año 207h*[347].

Tras proporcionarle numerosos regalos, esclavos y llenar sus alacenas y transcurridos tres días desde la llegada de Ziryab, Abd al-Rahman lo convocó a su presencia en una sesión íntima donde pudieron conocerse y tratar los más diversos temas, desde su crianza y brillante educación hasta las historias y conductas de los califas. El Emir cumplió su palabra y ordenó a sus secretarios que se le asignara al músico un sueldo de doscientos dinares mensuales y de veinte para cada uno de sus cuatro hijos, además de otros honorarios por diversas fiestas y cantidades de grano y vegetales de los huertos próximos valorados en cuarenta mil dinares. Cuando por fin llegó el día en que actuó para él, Abd al-Rahman quedó tan cautivado por la habilidad y la voz de Ali ibn Nafi y de su dominio de la retórica, que le tomó afecto y no quería oír a ningún otro músico, provocando nuevamente las envidias de sus competidores. Entre ellos se encontraba el faquí Abd al-Malik ibn Habib, que afirmaba en unos versos que le había robado la consideración que a él le pertenecía legítimamente:

Mis asuntos se arreglarían, y lo que pido
es poco para lo que puede el Clemente,
con mil dinares, poca cosa
para un sabio, y hasta más de lo que desea:
Ziryab los recibe de una vez,
siendo mi oficio mejor que el suyo.

345. *Muqtabis* II-1, del *Libro de las noticias de Ziryab*.

346. *"Casa de la Limosna"*, situada al oeste de la mezquita aljama, su nombre se debe a que se utilizó para el reparto de limosna entre las familias más humildes de Córdoba.

347. Mayo-junio de 822.

Cuenta el cadí Ibn al-Faradi[348] que el célebre poeta y astrólogo Abd Allah ibn Assimir, favorito del Emir Abd al-Rahman principalmente por su carácter satírico, era un gran admirador de Ziryab, al que gastaba continuas bromas totalmente exentas de maldad. Un día, harto de sus continuas burlas éste se quejó al Emir, que lo mandó encarcelar para satisfacer al cantante, con la condición de que sólo dependería del favor del propio Ziryab que se levantase su cautiverio. Abd al-Rahman no tardó en extrañar el humor de Ibn Assimir en la corte, hecho que no pasó desapercibido para uno de sus visires que corrió hasta Ziryab para suplicarle que le levantase el castigo: «Pardiez, Abu-l-Hasan, tu sabes que nuestro señor el Emir ve su alegría empañada por la ausencia de Ibn Assimir en su salón, pues su gozo no es completo sin su proximidad. Ya que su suerte depende de ti, si tuvieses a bien ordenar su libertad, obrarías sensatamente y agradarías a todos nosotros, pues el castigo del Emir que ya ha sufrido por causa tuya le servirá de lección y no volverá a molestarte». Ziryab quedó convencido por el visir e intercedió por el astrólogo, que fue inmediatamente liberado. Poco tiempo después, y tras haber quedado resuelto aquel asunto, Abd al-Rahman cabalgó con sus más allegados —entre los que se encontraban ambos sabios— a la falda del monte de al-Rusafa portando su azor para cazar picazas, arte en el que era diestro. Al no poder hacerse con ninguna pieza, el Emir dijo: «A quien me traiga uno de esos pájaros, le daré lo que me pida» —Ibn Assimir no pudo contenerse: «Emir, no te fatigues en buscar una picaza, pues la tienes cerca. A Ziryab le untas el trasero y los sobacos con un poco de requesón, y te resulta una picaza inconfundible». Abd al-Rahman no pudo reprimir el ataque de risa y se dirigió al cantante: «Esto te demuestra que la burla y las chocarrerías forman parte dominante del carácter de Ibn Assimir, sin que se la pueda quitar codicia ni espanto. ¿Qué te parece?» —a lo que Ziryab respondió: «Que es como ha dicho mi Señor, y pongo a Dios y a los presentes por testigos de que no volveré a reprocharle nunca nada: que diga lo que le parezca». Desde entonces ambos forjaron una amistad y respeto mutuo que no volvería a verse empañado.

En una floreciente ciudad en la que se sentía finalmente como en casa y con todo el afecto de Abd al-Rahman, Ziryab desarrolló todo su talento hasta tal punto que, como afirmaba su viejo maestro, se rumoreaba que los jinns le enseñaban en sus sueños de embriaguez los versos y las melodías y que él llamaba en mitad de la noche a sus hábiles esclavas, Gizlan y Huna-

348. Citando anteriormente en la historia acerca de la mezquita junto al cementerio de Amir al-Qurasi.

ydah, para mostrarles lo que había aprendido y que éstas pudieran recordárselo a la mañana siguiente; éstas fueron conocidas como "las registradoras de Ziryab". A él también se le atribuye la adición de una quinta cuerda intermedia al laúd, entre la tercera y la segunda de las cuatro que simbolizaban los humores, afirmando que esta cuerda añadía el alma, roja, del color de la sangre. Pero no todas las innovaciones que trajo consigo el gran Ziryab fueron en el ámbito musical, pues marcó tendencia en cuanto a perfumes, vestimenta, peinados, alimentos y normas de protocolo que se practicaron hasta la caída de los Umayya; de todas éstas destaca el uso del litargirio, un mineral que eliminaba el olor de las axilas y prevenía la sudoración.

El enorme talento de Ziryab le llevó a ganarse el título de "mejor músico del país de al-Andalus", algo que nadie salvo sus rivales se atrevía a discutir, pues incluso tras su muerte sus discípulos y aquellos que habían compartido su música eran muy apreciados y requeridos por las altas esferas de la sociedad andalusí. Fallecería con setenta años en la ciudad que le había acogido y mimado, e incluso su tumba fue lugar de culto para aquellos que amaban su arte. En la Qurtuba de los próximos siglos, no sería extremadamente difícil encontrar su lugar de descanso:

> *Ziryab llegó a al-Andalus en la flor de la juventud, que pasó aquí, falleciendo en el año 243h.*[349]*, durante el califato del Emir Muhammad ibn Abd-al-Rahman, y siendo enterrado en el cementerio del Arrabal, donde su tumba es conocida, al comienzo de su linde por el occidente, a la izquierda de los que toman el camino de La Campiña, tras el sendero que atraviesa dicho camino*[350].

Abbas Ibn Firnas, el hombre que podía volar

Abu-l-Qasim Abbas ibn Firnas ibn Wardas nació en el año 810 en Takurunna en el seno de una familia bereber o muladí[351] adscrita a la clientela de los Umayya. No tardó en encaminarse hacia Qurtuba donde ya a edad temprana, durante el gobierno de al-Hakam, comenzó a dar muestras de su talento. No obstante, su reconocimiento en las altas esferas no se produciría hasta que Abd al-Rahman ibn al-Hakam ocupó el trono.

Se dice que el Emir, en su afán por reunir la mayor biblioteca del conocimiento en Qurtuba, había recibido de un comerciante una copia del *Almital*

349. Entre los años 857 y 858 del calendario gregoriano.

350. Referencia recogida en el *Muqtabis* II-1 de Ibn Hayyan.

351. No existe consenso entre los arabistas en torno a este dato.

min al'Arud[352]; no tardó en abandonar este libro por los salones del Qasr —pues era incapaz de comprender su contenido a pesar de su vasta cultura— a manos de sus esclavas, que en honor a su enorme complejidad llegaban a afirmar: «¡Dios te deje el juicio como el que llenó su libro de *mafa'il* y *mafa'il*![353]». Cuando se enteró de esto, Abbas escribió al Emir solicitándole el libro para su estudio, préstamo que le fue concedido. Tras leerlo, cayó en la cuenta de que el mismo libro hacía referencia a otro escrito anterior que lo explicaría, el *Kitab alfurus*[354], e informó de ello a Abd al-Rahman, que lo mandó buscar en Oriente de inmediato. Fue así como Abbas ibn Firnas se convirtió en la primera persona en al-Andalus en estudiar y entender la métrica, impresionando al Emir, que lo acogió en su círculo y le premió con trescientos dinares y vestidos. Uno de los integrantes de la corte, Mu'min ibn Sa'id, le dedicó unos versos felicitándolo, que Abbas recibió favorablemente, otorgándole además su amistad durante algún tiempo:

Enhorabuena a Abu-l-Qasim por lo logrado,
y auméntele su favor quien le favorece:
ahora es comensal del imán de rectitud,
habiéndosele igualado en situación,
me alegra el rango que ha alcanzado,
cual si lo hubiera alcanzado yo.

Pero si por algo era célebre este poeta era por sus despiadadas críticas y sátiras hacia casi cualquier personaje de la sociedad andalusí, tanto así que solían atribuirle maldad genuina. El creciente éxito de Ibn Firnas lo convirtió en un blanco perfecto para sus afilados versos y provocó roces cada vez más frecuentes; las crónicas recogen el testimonio[355] de un incidente que acabaría por convertir esta rivalidad en una verdadera enemistad:

Estaba yo sentado cierto día en casa de Mu'min, cuando vino de visita Abbas, según su costumbre, en una mula suya tan extraordinariamente flaca que no se

352. Una célebre obra ya perdida conocida también como *Kitab al'Arud* y traducida como "Libro de Métrica".

353. Término técnico que designa un cierto pie métrico y que también se refiere a "pasivo" en el ámbito sexual, por lo que se trataría de un juego de palabras.

354. Traducido como "Libro de los Tapices".

355. Atribuído a un tal Muhammad ibn 'Utbah Assaqqaq (traducido como "vendedor de telas") y recogido en el *Muqtabis* II-1.

tenía; se preguntaron el uno por el otro, hablaron un rato y, tras concluir, Abbas se despidió de Mu'min y volvió riendas mas, apenas hubo atravesado el umbral, su mula tropezó y estuvo a punto de tirarlo de bruces. Mu'min se levantó precipitadamente tras él, dando palmadas y riéndose, y luego le dijo: «¿Sabes por qué ha tropezado tu mula, Abu-l-Qasim?» Dijo: «No». Entonces Mu'min cogió del suelo una brizna de paja o una cáscara de caña y le dijo: «En esto, pardiez, ha tropezado, de tan extenuada. Dale de comer o véndela». Abbas, rabiante de cólera contra Mu'min, le dijo entonces: «Hasta aquí has llegado conmigo, puto: ¿me tienes por persona a la que puedas lanzar pullas? Te vas a enterar de las consecuencias». Y, marchándose enojado, desde aquel día comenzó a satirizarlo, estallando su hostilidad, sin que se reconciliaran hasta morir.

Comenzó entonces una guerra pública de insultos en la que ambos intentaban ridiculizarse sin tregua; quizá la más célebre de estas disputas fue la que ocurrió cuando Abbas construyó una réplica del firmamento, en la que a través de diferentes mecanismos y engranajes mostraba a todo aquél que se sentaba debajo el funcionamiento de los fenómenos meteorológicos y el movimiento de los cuerpos celestes. La noticia de tan magnífico artefacto corrió en seguida entre las gentes, que hacían cola en casa de Ibn Firnas para contemplarlo, y llegó ésta hasta Mu'min que no tardó en criticarlo mediante unos versos[356]:

Me senté bajo el firmamento de Ibn Firnas
y pensé que un molino giraba sobre mi cabeza:
es el cielo fabricado por un tonto, rodeado
de una serpiente con colmillos y muelas;
tienes estrellas que te dirán que su creador,
si las miras, es el mayor necio,
pues mañana y tarde trabaja en su obra
preocupante secreto, reflexión y sugestión de Satán:
merecería que alguien lo subiera encima
y desde allí lo tirase de cabeza.

Cuando Ibn Firnas escuchó esto en boca de unos conocidos, lejos de acobardarse como todo aquél que se enfrentaba al mordaz poeta, les contestó: «No lo dijo así; le han cambiado y alterado el primer verso a Abu Marwan,

356. Contados por Muhammad ibn Yahya ibn Abd al-Aziz y recogidos en el *Muqtabis* II-1.

quien realmente dijo: Me senté en el pene tieso de Ibn Firnas, y pensé que me sobresalía un palmo de la cabeza; transmitidlo así, que es lo correcto»; éste sólo fue el comienzo de una escalada de insultos. Cuentan que una vez ambos se encontraron por la orilla del wadi al-Kabir; al percatarse Abbas de la presencia de Mu'min caminando delante de él le gritó: «¡Abu Marwan!» —éste se volvió y le contestó: «Y ¿cómo me has conocido, Abu-l-Qasim, sin verme el rostro?», a lo que dijo Abbas: «¿Por qué no? Mejor conozco tu nuca que tu rostro». Este tipo de insinuaciones fueron recurrentes, como queda patente en otros versos que Abbas le dedicó al poeta:

En los que son como Mu'min ves la huella de las vergas
como huella de espadas en ceniza cernida.

A pesar de tal comportamiento, su genio superaba con creces todo lo conocido hasta el momento y era *sabio refinado, hábil filósofo, brillante poeta, astrólogo inspirado y veraz, sensato y penetrante en sus excelentes pensamientos, lleno de inventiva y capacidad de innovación.* Pero si algo grabó el nombre de Abbas Ibn Firnas en la historia, es haber sido la primera persona que llevó a cabo el primer intento científicamente estudiado de vuelo. En 852, a la edad de 40 años, se lanzó desde el alminar de la mezquita aljama de Qurtuba con una rudimentaria estructura que suavizara la caída; apenas sufrió daños ante el asombro de la gente que se había congregado para presenciar la hazaña o la tragedia[357] del ya popular científico de Takkuruna. Animado por su relativo éxito y dispuesto a realizar un verdadero vuelo, dedicó los siguientes veinte años a desarrollar y mejorar su diseño estudiando la fisionomía de las aves. El segundo intento llegaría finalmente en 875, cuando todo su trabajo se veía culminado en una nueva estructura diseñada con unos cálculos muy precisos y cubierta de plumas sobre seda blanca. Se lanzó desde la colina de al-Rusafa y planeó centenares de metros, pero su aterrizaje le costó la fractura de ambas piernas —otros dicen que el coxis—; en seguida cayó en la cuenta de su error: no había incluido en su artefacto una cola a modo de timón para dirigir el vuelo y estabilizar el aterrizaje, tal y como hacían las aves para apoyar el peso. Como recoge Muhammad ibn Umar ibn Lubabah[358]:

357. Se atribuye este intento a un personaje llamado Armen Firman, pero si se tiene en cuenta el parecido entre ambos nombres y que no existe ninguna otra referencia a éste en las fuentes, es muy probable que se trate de una versión castellanizada del nombre de Abbas ibn Firnas, hecho ampliamente aceptado por los historiadores.

358. Crónica incluida posteriormente en el *Muqtabis* por Ibn Hayyan.

[...] yendo por el aire y evolucionando en él hasta posarse a gran distancia del lugar de partida, pero su aterrizaje fue malo, haciéndose daño en el trasero, pues no lo había previsto bien, ni tuvo en cuenta que las aves se posan echando el peso sobre el trasero, cosa que descuidó. Asustó a los campesinos que le vieron volar y se hacían lenguas de lo que habían visto, sin saber qué era. Por eso dijo al respecto el poeta Mu'min ibn Sa'id, que compartió con él algunos sucesos:

Supera al ave fénix en su vuelo,
al vestir su cuerpo con plumas de buitre.

Además de ser considerado el primer hombre en emprender el vuelo, revolucionó la industria del vidrio en al-Andalus al desarrollar un proceso para obtenerlo a partir de la roca; su intensivo estudio de todos los aspectos de la métrica le llevó a poder explicar la música y la poesía; fue el primero en la península en usar las tablas de *Sindhind*[359]; y construyó una clepsidra[360] —a la que llamaría *al-Maqata*— para el Emir, sin planos ni modelos en los que apoyarse. El hecho de que tales cualidades se dieran en un sólo hombre era considerado por algunos como antinatural, y se llegó a rumorear que practicaba la magia y la alquimia. Incluso fue objeto de sospecha en varias ocasiones hasta el extremo de llegar a ser juzgado por irreligiosidad tras la acusación vertida sobre él por un sector de la población: «Vi manar sangre del desagüe de su casa en la noche del primero de enero[361]» —aseguraba alguno; pero el cadí Sulayman ibn Aswad, tras consultar con los faquíes, no encontró pruebas para condenarlo. Disfrutó de una vida longeva y acabó falleciendo en el año 887, durante el emirato de Muhammad, hijo de aquél que le acogió en la corte.

La historia de Ibn Zaydun y Wallada

Aquella muchacha de ojos bellos,
De fragancia deliciosa,
De aliento perfumado, de aroma penetrante,
Me tendió su fina mano, y comprendí

359. Estudio originario de la India para el cálculo de la posición de los astros que fue básico para el desarrollo de la ciencia moderna.

360. Especie de reloj cuyo funcionamiento se basa en el flujo de un líquido.

361. Referente a la festividad de la *Ashura*, en la que se conmemora el martirio del Imam Husayn.

Que era hermosa mujer de mirada seductora.
Por su talle corre fresca sabia juvenil;
Ungida está de almizcle por su muy clara virtud.
Cuando me ofrece jazmines en la palma de su mano
Recojo estrellas brillantes de la mano de la luna.
'Tiene carácter dulce,
talle perfecto
y una gracia como el aroma
o la euforia del vino.
Me ofrece solaz su charla
Tan deleitosa
Como la unión amorosa
Lograda tras la ausencia.

La célebre poetisa Wallada bint al-Mustakfi nació, al igual que yo, en Qurtuba durante el año 994. Gozó igualmente de una infancia y una juventud feliz y de una educación acorde a su rango en el seno de una familia aristocrática: era hija del bisnieto del gran al-Nasir, Muhammad ibn Abd al-Rahman ibn Abd Allah, y una esclava cristiana llamada Amim'am. Cuando La sangre Umayya que corría por las venas de éste le llevó incluso a ocupar el trono brevemente durante la fitna de al-Andalus entre 1024 y 1025, asesinando a su primo y predecesor Abd al-Rahman Mustazhir, del que yo mismo era visir. El derrocamiento de mi Señor significó también mi encarcelamiento, a pesar de mi declarado apoyo a la familia Umayya. Pero no por ello guarde rencor a su hija Wallada, de hecho, mi admiración por aquella esbelta mujer de cabellos rojizos y ojos azules se hizo patente el primer día que la conocí; pero era su refinada cultura, su espíritu rebelde y la pasión con la que defendía su postura *lo que robaba los corazones y hacía madurar el temperamento de los jóvenes*[362].

Tras la revuelta provocada por el desastroso gobierno de Muhammad ibn Abd al-Rahman, éste hubo de huir de Qurtuba —a los diecisiete meses de mandato— abandonando el Qasr disfrazado de mujer. Su destino era Saraqusta, pero antes de que pudiera alcanzar la Marca Auperior, uno de sus libertos lo asesinó en Uqlish[363]. Al no tener ningún hijo varón, Wallada bint al-Mustakfi, heredó toda la fortuna de su padre, suficiente para ser una

362. Citado textualmente de Ibn Jaqan.

363. El actual municipio de Uclés, en la provincia de Cuenca.

mujer totalmente independiente. Parte de ella la empleó en abrir un salón literario en la capital andalusí, donde enseñaba a leer, escribir y recitar a las hijas de las familias ricas e iniciaba a las esclavas en el arte de la poesía y el canto. Aquellos hermosos salones con aroma a sándalo acabaron siendo también el lugar donde nos reuníamos los poetas e intelectuales de la capital para discutir sobre los asuntos más elevados y enzarzarnos de igual manera en interminables batallas poéticas en las que ella misma participaba, haciendo palidecer con su destreza e ingenio a muchos de nosotros. Este arrojo que yo tanto admiraba, provocaba la ira de algunos de los faquíes más intransigentes, que criticaban duramente su reticencia a llevar el velo y, sobre todo, los versos que ella misma había bordado en su vestido, confeccionado a la moda Madinat al-Salamí:

Estoy hecha por Dios, para la gloria
Camino orgullosa por mi propio camino.
Doy poder a mi amante sobre mi mejilla
Y mis besos ofrezco a quien los desea

Incluso una de sus alumnas y protegida, Muhya, escribió unos versos insultándola:

Wallada ha dado a luz y no tiene marido,
se ha desvelado el secreto
ha imitado a María
mas la palmera que la Virgen sacudiera
para Wallada es un pene erecto.

Algunos poetas sin embargo defendíamos su nobleza y honestidad, pues creíamos que las críticas nacían de la frustración ante el desafío que suponía hacia sus limitadas perspectivas; ella misma se defendía: «Aunque las gentes admiren mi belleza soy como las gacelas de La Meca cuya caza está prohibida». De entre las crónicas se recogen unas palabras que muestran el verdadero motivo de los ataques hacia Wallada:

Aquel salón era lugar de reunión de los nobles del país y su patio era como un campo de carreras para los caballos de la poesía y la prosa [...] mezclado eso con [...] la pureza de sus vestidos. Por ser, sin embargo, despreocupada y demostrar sus pasiones, la crítica se abrió camino para hablar contra ella.

De entre todos aquellos que la admirábamos y teníamos la suerte de disfrutar de la calidez de sus reuniones literarias y la gratitud de su compañía, fue Ahmad ibn Abd Allah ibn Ahmad ibn Galib ibn Zaydun —un talentoso poeta cordobés nacido en 1003— quien hizo sucumbir a la pasión a la hermosa Wallada. Su elegancia y sus refinados versos hicieron que, tras varias noches cruzando miradas durante las tertulias, ella misma le enviase un mensaje:

Espera mi visita a la hora en que las sombras de la noche sean oscuras, pues juzgo que la noche es la que mejor oculta los secretos. He sentido por ti tal fascinación que si la luna la hubiese experimentado, jamás aparecería.

Ibn Zaydun, siendo además visir de los Banu Yahwar, no podía ser visto con la hija de un Umayya, pues la rivalidad entre ambos linajes enardecería aún más las luchas que de por sí ya se mantenían en una al-Andalus despedazada por las *taifas*[364]. No obstante el encuentro entre los amantes se produjo, y así lo recogió el embriagado poeta:

Cuando [...] la noche tendió la trama de sus velos, Wallada vino avanzando con un talle flexible como un ramo, unas caderas redondas como las dunas bajo los efectos del viento. Bajaba sus ojos parecidos al narciso [...] y nos dirigimos hacia la sombra tempestuosa de un bosquecillo floreciente [...] donde los árboles se enderezaban y los cursos de los arroyos se desbordaban de agua; las perlas del rocío estaban esparcidas; y el vino puro y generoso de la felicidad estaba contenido en nosotros . Pero cuando atizamos el fuego del amor [...] cada uno de nosotros [...] expuso los secretos de su alma. Nos pasamos una noche en beber el néctar de los labios [...], y cuando me separé de ella por la mañana, le recité unos versos".

Esta primera noche de amor entre los poetas dio lugar a una pasión conocida en los círculos íntimos, si bien debían de evitar ser vistos. Ambos sufrían al no poder expresar abiertamente el amor los sentimientos que se profesaban y Wallada escribiría acerca de ello los versos:

¿No tenemos pues tras ésta separación un medio de reunirnos
para que cada enamorado se queje de los obstáculos que ha encontrado?
Aún cuando me visitabas en el invierno, pasaba la noche

364. Término árabe que significa "bando" o "facción" y hace referencia a cada uno de los pequeños reinos en que se dividió al-Andalus tras el derrocamiento de Hisham III y la abolición del califato.

ardiendo de deseo después de tu marcha [...]
Las noches pasan sin que nuestra separación acabe
y sin que la paciencia me libre de la esclavitud del amor.

A lo que Ibn Zaydun contestaba:

Cuando tú te uniste a mí
como se une el amor al corazón,
y te fundiste conmigo
como el alma se funde con el cuerpo,
enfureció a los detractores
el lugar que yo ocupaba en ti:
en el corazón de todo rival
arde la llama de la envidia.

Por desgracia, esta relación no tardó en formar parte de las habladurías de una Qurtuba deseosa de distraerse de aquel caos en que se halaba sumida, y llegó a oídos del poderoso Abu Amir ibn Abdus, ministro de los Banu Yahwar al igual que Ibn Zaydun. Celoso del poeta y enamorado de Wallada, sobornó a una de las esclavas de la princesa para que lo sedujese; el incauto Ibn Zaydun cayó en la trampa e Ibn Abdus no tardó en hacer público lo que había ocurrido. Su carrera política se vería salpicada por este escándalo, pero aún más su relación con Wallada, cuyo intenso amor se transformó en un odio igualmente visceral. No volvería a aparecer por el salón literario, pero los versos que la herida poetisa le dedicó llegarían hasta sus oídos:

Si hubieses hecho justicia
al amor que hay entre nosotros
no hubieses amado ni preferido a mi esclava
ni hubieses abandonado la belleza de la rama
cargada de frutos
ni te hubieses inclinado hacia la rama estéril
siendo así que tu sabes que yo soy
la luna llena en el cielo,
sin embargo, te has enamorado,
por mi desgracia, de Júpiter.

Consciente del grave error que había cometido, Ibn Zaydun se deshizo en esfuerzos intentando implorar su perdón:

Desde que estas lejos de mí,
el deseo de verte consume mi corazón
y me hace lanzar torrentes de lágrimas
mis días son ahora negros y
antes, gracias a ti, mis noches eran blancas.
[...]
Cuando te enteraste de lo mucho que te quiero
y supiste el lugar que ocupas en mi corazón,
y cómo me dejaba arrastrar por el amor, sumiso,
yo, que a nadie más que a ti consentí que me arrastrara,
te alegraste de que el sufrimiento cubriera mi cuerpo
y de que el insomnio pintara de negro mis párpados.
Pasa tus miradas por las líneas de mis cartas
y verás mis lágrimas mezcladas con la tinta.
Cariño mío: mi corazón se deshace
de quejarse tanto a un corazón de pura piedra.

Ibn Abdus disfrutaba de su victoria pues, aunque todos en la corte sabían que él mismo había orquestado la trampa para hacer caer al poeta, ésta había dado generosos frutos para sus intenciones: el gobernante de Qurtuba, Abu'l Hazm, había ordenado el encarcelamiento de Ibn Zaydun y confiscado la fortuna de Wallada, que tuvo que solicitar la protección del propio Ibn Abdus. Tras conseguir escaparse de la cárcel de Qurtuba, el poeta huyó a Ishbiliya bajo la protección del rey de aquella taifa, al-Mu'tadid, y se convirtió en uno de sus visires de mayor confianza; al conocer la relación de Wallada con Ibn Abdus, escribió unos versos criticando su conducta, pues sabía que ella nunca había deseado al ministro:

¡Oh que noble es Wallada!
Un buen tesoro para quien busca ahorrar
Pensando en las necesidades del futuro.
¡Ojalá distinguiese entre un albéitar y un perfumista!
Me han dicho que Abu Abdus la visita y
me han contestado: a veces la mariposa busca el fuego.

La respuesta de Wallada fue contundente:

Tu apodo es el hexágono, un epíteto que no se apartará de ti
Ni siquiera después de que te deje la vida.
¡Pederasta, puto, adúltero, cabrón, cornudo y ladrón!

Ibn Zaydun, a pesar de sus virtudes,
Maldice de mí injustamente y no tengo culpa alguna;
Me mira de reojo, cuando me acerco a él,
Como si fuese a castrar a su Alí.

Lo que quizá no sabía Ibn Zaydun es que Wallada distaba mucho de ser feliz, pues sólo había conocido ese sentimiento a su lado; acostumbraba a abandonar al ministro para recorrer al-Andalus subsistiendo de su talento poético, pero tarde o temprano se veía obligada a volver al palacio de Ibn Abdus, con el que nunca llegó a casarse. Lo que desconocía Wallada es que el arrepentimiento jamás abandonaría a Ibn Zaydun al haber apartado de sí a la única mujer a la que habría de amar; se dice que acostumbraba a vagar por las ruinas de Madinat al-Zahra, donde le dedicaría sus últimos versos:

¡Ay que cerca estuvimos y hoy qué lejos!
Al tiempo delicioso de las citas
la desilusión durísima sucede.
Cuando vino aquel alba a separarnos
También vino la muerte, y por llorarme
diligente se alzó la plañidera.

Al-Sarif al-Taliq, el príncipe amnistiado por un avestruz

Entre todos los sabios de al-Andalus he de reconocer una inclinación personal por aquel que considero *el mayor poeta de al-Andalus en tiempos de los Banu Marwan*[365]. El llamado *al-Sarif al-Taliq*[366] se convirtió además en un mentor en mis primeros devaneos con la poesía y me unió a él una estrecha amistad más cercana a la admiración que a una consideración entre iguales. Como ya relataré más adelante, la etapa más feliz de mi vida coincidió con los últimos años de al-Taliq, en los que nuestro grupo de mancebos —que nos creíamos

365. Esta afirmación se encuentra recogida de puño y letra de Ibn Hazm en *El Collar de la Paloma*.

366. "El ilustre amnistiado", uno de los apodos del poeta.

más hombres de lo que nuestra voz titubeante delataba— se unió en torno al liderazgo de su figura y la de otros grandes poetas pretendiendo ser un grupo de ilustrados que cambiaría el mundo. Pero una parte de nosotros no olvidaba que eramos niños y nos fascinaba sentarnos a su alrededor durante horas escuchando sus historias, fruto de una vida quiza demasiado turbulenta para no haber cumplido aún los cincuenta años.

Había nacido en el año 961 con el nombre de Marwan ibn Abd al-Rahman ibn Marwan ibn Abd al-Rahman al-Nasir Abu Abd al-Malik en el seno de los Umayya durante los últimos días del califato de su abuelo, el gran al-Nasir[367]. Su padre le había brindado una excelente educación, pero según nos relataba, su relación con él nunca fue estrecha y se convirtió en una creciente disputa que se agravaría mientras el rastro del niño que había sido se disipaba en una fogosa adolescencia. Esta rivalidad acabaría de forma trágica cuando Abd al-Malik empezaba a conocer el amor: una de las esclavas al servicio de su familia había conqusitado el corazón del joven poeta desde el primer día en que yacieron juntos, hasta el punto de planear su liberación para así poder desposarla; su padre, al enterarse de esto, la tomó como concubina en una maniobra que pretendía ser una lección, pero que al-Taliq jamás comprendió. Consumido por los celos y con la honda herida de la traición de su padre, lo mató y fue encarcelado por orden del hayib al-Mansur; sólo tenía dieciséis años y pasaría otros tantos en la cárcel. Sería durante su largo cautiverio donde compondría la mayor parte de sus poesías y conocería a Maruel al-Gassani, que había sido encarcelado por poner en duda la estricta doctrina religiosa establecida por al-Mansur; a este otro poeta le unió una gran amistad que se tornaría posteriormente en el más cruel de los odios y cuyo origen se negó repetidas veces a relatarnos. De entre todas sus *qasidas*[368], recuerdo aquella que conmovió mi corazón y que, confieso, memoricé para recitársela a más de una esclava con intención de seducirla:

Rama que mece la duna,
donde mi alma siega ardor,

367. A pesar de este cercano parentesco con Abd al-Rahman III no parece haber formado parte de su círculo, posiblemente debido a la enorme cantidad de hijos y nietos que llegaban a tener los emires y califas andalusíes; no obstante sí se le otorgaba el tratamiento de "príncipe", como solía ocurrir con todos los miembros de la familia Umayya.

368. Extensa composición poética muy utilizada en al-Andalus, pero cuyo origen se remonta a la Arabia preislámica.

tan bella que en su rostro nace
una luna menguante
Hechiza el parpadeo de esta nívea gacela cuyos intensos ojos blanquinegros
apuntan a mi corazón con flechas.
Sun sonrisa es un collar perlado
arrebatado a los cuellos para su boca.
Un rizo de aladares recorre su cara
como un torrente de oro sobre la faz plateada,
acabando con perfección su belleza,
pues la rama sólo se adorna con brotes de hojas.
Tan fina de cintura que al contemplar su esbeltez,
parece estar enamorada.
Como si la cadera hubiese cautivado con cariño en la cintura,
turbada e inquieta de pasión.
Delgada de amor, se entregó al abrazo de la cadera sedosa
como mi amada cuando se entretiene entre mis brazos.
Es asombroso, pues, si son como nosotros,
¿cómo no se aluden?¿Por qué no se separan?
¡Cuántas copas de vino vistieron al ala nocturna
con atuendos de luz, reflejo de su esplendor!
La noche pasé escanciando copas a una joven gacela
que con mirada soñolienta me desveló.
Se ocultó el vino y me parecia que
tenía miedo de esa mirada, igual que yo.
Pero volvió a brillar en otra copa más perfecta: su mano,
como un rayo de sol en pos de la alborada.
La copa mantenida entre las yemas de sus dedos
era un narciso amarillo en plateado florero,
rayando el alba como el sol, su boca el Oeste,
la mano del tímido copero, el Este.
Y el ocaso entre sus labios del vino solar
dejó en la mejilla un rubor de crepúsculos.

Sobre el motivo de su liberación corrían muchas leyendas, pues ni él mismo sabía por qué el estricto al-Mansur había le había concedido el indulto y en su ánimo tampoco se encontraba la intención de preguntarle acerca de aquello. Entre las gentes se decía que el propio profeta Muhammad se apareció en los sueños del hayib y le había ordenado la liberación de Abd al-Malik; pero sin duda preferíamos la otra versión de la historia, mucho más pintoresca y que tanto nos hizo reir la primera vez que la escuchamos. La actitud firme de al-Mansur frente al incumplimiento de la ley era por todos conocido, pero eso no era impedimento para que, ante la desesperación, muchos condenados solicitaran su clemencia, pues sabían que estaba obligado a considerar todas las peticiones de perdón que le remitían y decidir sobre ello. Ante lo que consideraba una tarea tediosa e infructuosa ideó un astuto plan: el hayib tenía un avestruz de voraz apetito al que echaba todas las cartas que le remitían en este sentido; como éste las engullía indiscriminadamente, lo tomaba como una señal inequívoca de que no merecían tal perdón y su condena debía cumplirse. Cuando le llegó el turno a la petición de Abd al-Malik, el ave se negaba a tragar aquel escrito por mucho que al-Mansur insistía mostrándosela repetidamente y mezcándola con su comida. Tuvo entonces que meditar sobre el asunto y concluyó a regañadientes que era deseo expreso de Dios que el poeta fuese liberado, así como sus bienes repuestos. Abd al-Malik Marwan, de treinta y un años, fue desde entonces conocido como *Taliq al-Naara*[369].

Abd al-Malik Marwan disfrutaría desde entonces de una acomodada vida en la que recogería toda su obra poética en el magnífico *al-Diwan*[370], del que yo mismo conservo una copia entre mis bienes más preciados. Con su prematura muerte en 1009, cuando yo sólo contaba con quince años, sentí que con él moría definitivamente el esplendor de al-Andalus, pues era la imagen misma de la grandeza de los Umayya y el amor por las artes, ambas ignoradas en el comienzo de aquellos oscuros tiempos.

¿Hay zagal como yo en alentía y largueza,
en discurso y obras, o en pía devoción?
Mi nobleza está en mi ser; mi aderezo en el saber.
La espada es mi palabra en el duelo.
Mi lengua en el reto
es una víbora que ni sortilegios pueden apartar.
Mi diestra, protectora del mendigo que suplica generosidad,
ha reunido las alabanzas dispersas.

369. "El amnistiado por un avestruz".

370. De su obra se conservan en la actualidad sólo quince poemas, siendo el más célebre su *Qasida en qáf* , traducida por Emilio García Gómez en el volumen *Cinco poetas musulmanes. Biografías y estudios* (Madrid, 1944).

Mención de los hechos relacionados con el ascenso de los Amiríes,

de cómo traicionaron la confianza de los banu Umayya y los desplazaron del gobierno, y cómo sus ansias de poder acabaron por traer la desgracia al país de al-Andalus.

Al-Mansur, el hombre más poderoso de al-Andalus

Leí de Ahmad ibn Ziyad[371] que una anciana vidente había predicho el fin de la dinastía Umayya en al-Andalus; al parecer ésta había revelado al jurista que un cortesano de linaje árabe, manos amarillas y una herida en la cabeza, habría de gobernar el país desde su palacio de Alus[372] tras haberse deshecho del Califa. Tal profecía estaba en conocimiento de al-Mustansir que, preocupado por la desaparición de todo aquello que sus antepasados y él mismo habían logrado, decidió gastarse una fortuna en edificar en Alas[373], ocupando así el lugar donde creía que se produciría la desdicha de su familia. Se había equivocado de zona, pero quizá se trataba sólo de supersticiones.

Entre todos los miembros de la administración movilizados para llevar a cabo tal obra, se encontraba el joven Abu Amir Muhammad ibn Abi Amir al-Ma'afiri, un brillante y competente auxiliar del gran cadí de Qur-

371. Jurista del siglo IX que sería maestro de la mayoría de las grandes familias andalusíes.

372. Término que haría referencia a la zona este de Córdoba.

373. Al oeste.

tuba, Muhammad Ibn Salim. Había nacido en el año 938 en el seno de una acomodada familia yemení[374] de Yazirat al-Jadra, muy bien considerada desde que un antepasado suyo luchase junto a Tariq durante la conquista de al-Andalus; además, su abuela paterna era hija de Yahya ibn Ishaq, ministro y médico de Abd al-Rahman al-Nasir; y su abuelo materno, Zakariyya, era cadí de Baxarnal. Había viajado a Qurtuba para formarse en el estudio de la fiqh con Abu Bakr Muhammad ibn Mu'awiya al-Qurasi y en lengua árabe y literatura con los prestigiosos Abu Ali al-Qali e Ibn al-Qutiyya; abandonó su puesto como escriba junto a la mezquita aljama para labrarse una carrera política que comenzaría al servicio del cadí. Sería éste quien le presentaría al hayib, Ya'far ibn Abd al-Rahman al-Mushafi, que quedó impresionado con las habilidades del joven de veintinueve años y finalmente le introduciría en la corte califal. En marzo de 967, era ya *wakil*[375] de Subh, la favorita del Califa al-Hakam. No era éste ni mucho menos un puesto despreciable, pues la vascona había adquirido recientemente el estatus de umm walad al darle dos hijos, Abd al-Rahman e Hisham; satisfecha con la labor del joven wakil, ella misma había intervenido para que fuese ascendido a director de la ceca e intendente del príncipe Abd al-Rahman a finales de ese mismo año. Su carrera no se detendría ahí, pues al finalizar 968 ya era tesorero, curador de las sucesiones y cadí de Ishbiliya y Lebla. La brillante gestión llevada a cabo en cada uno de los asuntos que se le encomendaban parecía deslumbrar al entorno más cercano del Califa, no obstante, entre las gentes también se rumoreaba que el rápido ascenso de Abi Amir se debía a haberse ganado el favor de Subh, halagándola y agasajándola en primer lugar, hasta conseguir seducirla. Con el fin de guardar las apariencias y consolidar su creciente influencia en la corte, contrajo matrimonio con Asma, la hija del poderoso Galib, hombre de confianza de al-Hakam y general en la frontera superior de al-Andalus. Pero por todos era sabido, como el suceso que yo mismo recogí en El Collar de la Paloma, que su celo por Subh superaba con creces a los demás sentimientos que albergaba:

> *Un poeta de Qurtuba compuso unos versos amatorios dedicados a Subh, madre de al-Mu'ayyad (¡Dios lo haya perdonado!). Un día, una esclava, al ser introducida a la presencia de al-Mansur Muhammad ibn Abi 'Amir para ver si la compraban, los cantó, y al-Mansur dio orden de que la mataran.*

374. De la tribu Ma'afir, como indica su nombre completo.

375. Figura parecida al mayordomo.

El 11 de julio de 970 la tragedia sacudiría a la familia real: Abd al-Rahman, primogénito de al-Hakam y heredero al trono, fallecía con tan sólo ocho años. Este terrible suceso supuso que Abi Amir fuera designado administrador de los bienes de su hermano y sucesor del califato, Hisham ibn al-Hakam, de cinco años. En 972 fue nombrado jefe de policía, donde empezó a ejercer el poder en la sombra. Se dice que era el intermediario de la sayyida y controlaba los asuntos de gobierno. *Ibn Abi Amir gobernaba la corte mediante su mandato de la policía, el ejército mediante su generalato y el palacio gracias al favor de que gozaba en el harem.*

Cuando acontenció la muerte de Al-Hakam ibn Abd al-Rahman el 1 de octubre de 976, su heredero Hisham —designado por el Califa dos años antes—, era aún menor de edad, por lo que los andalusíes se enfrentaban a una situación nunca antes conocida: el poder residía en manos un niño. El entorno del fallecido al-Hakam se dividió entre los faquíes que aseguraban que la ley islámica impedía a un menor ser nombrado Califa y apoyaban una regencia del hayib al-Mushafi, y aquellos que se aferraban a la tradición Umayya de la herencia del poder de padres a hijos y preferían entronizar al hermano mayor de Hisham, al-Mughira, de veintisiete años; desgraciadamente para estos últimos, existía el precedente de Abd al-Rahman al-Nasir, Emir después de su abuelo Abd Allah. El hayib al-Mushafi, ante una inminente conjura por parte de los pretendientes de al-Mughira que fingió apoyar, ordenó al ya destacado cortesano Muhammad ibn Abi Amir asesinar al pretendiente; a regañadientes, éste rodeo la residencia del príncipe con un destacamento de cien soldados e, irrumpiendo en ella, lo estranguló frente a su familia y colgó su cadáver fingiendo un suicidio por ahorcamiento. Su conciencia, aturdida por tal brutal acto, se aferraba a que así habría cumplido los deseos de al-Hakam, asegurando el califato de quien él mismo habia designado como heredero; mientras tanto, los partidarios de éste expulsaban a todos los seguidores de al-Mughira con ayuda de la guardia bereber, creada por el difunto Califa para proteger a su hijo.

Dos días después de la muerte de su padre se celebraría la ceremonia de jura a Hisham ibn al-Hakam, nuevo Califa de al-Andalus con el título de *al-Mu'ayyad bi-llah*[376], a la que Ibn Abi Amir obligó a asistir a todas y cada una de las familias importantes del país. A pesar de este nombramiento, el poder efectivo era ejercido en realidad por el hayib al-Mushafi, el visir Ibn Abi Amir y el general Galib, cuya primera decisión fue derogar el impuesto que

376. "El que recibe la ayuda de Dios".

gravaba el aceite en nombre de Hisham con el objetivo de ganarse el favor de las gentes para el nuevo Califa.

No tardaría al-Mushafi en exasperar a Ibn Abi Amir al no ser capaz de frenar las incursiones cristianas que se acercaban a Qurtuba, espoleadas por la certeza de que se desataría en Qurtuba una crisis sucesoria; cuando le fue concedido el mando de las tropas de la capital al joven visir, consiguió revertir la situación y atraerse la simpatía del poderoso general Galib y el recelo de su hasta entonces aliado al-Mushafi. Los triunfos militares de Galib e Ibn Abir Amir contra los enemigos cristianos se siguieron sucediendo y su prestigio aumentaba mientras la influencia del hayib al-Mushafi se deshacía día a día; tras desposar a la hija del gran general, Asma, Ibn Abi Amir hizo prisionero al hayib, sustituyéndole en el cargo y, a cambio de su ayuda, envió a Galib una carta del Califa en la que se le concedía el título de *du-l-wizaratayn*[377], el mando de todo el ejército de la frontera y el gobierno de la Marca Inferior, ocupándose él mismo de la capital; era marzo de 978. Al-Mushafi fue asesinado en su celda en 982 tras años de cautiverio.

El hayib Muhammad ibn Abi Amir ejercía ahora el gobierno real en Qurtuba y las gentes comenzaban a murmurar acerca de la sutil usurpación del poder que estaba llevando a cabo, siendo no pocos los enemigos que empezaron a reunirse en su contra; temiendo una emboscada, ese mismo año de 978 decidió erigirse a oriente de la ciudad[378] un palacio al que llamaría Madinat al-Zahira, trasladándose a él tan sólo un año después junto a su familia, sus esclavos y su guardia. Instaló allí las diversas administraciones y dio tierras a su alrededor a sus visires —entre ellos mi padre Ahmad— y secretarios, convirtiéndola en la sede de su autoridad. Ordenó además la construcción de un gran muro y un foso alrededor del Qasr, donde instalaría a Hisham y a Subh protegidos por una guardia bajo el mando de un intendente de su confianza, que no dejaría entrar a nadie a las estancias ni establecer contacto con ellos. Para justificar la reclusión de la familia real y, ante la sorpresa de todos, el hayib anunció que había sido el mismo Hisham al-Mu'ayyad quien había decidido retirarse de la política del estado y dedicarse a la piedad, delegando en él el gobierno. Hayyan ibn Jalaf, padre de Ibn Hayyan y secretario de Ibn Abi Amir, afirmaba que las recelosas gentes de

377. "El provisto" o "el poseedor de dos ministerios".

378. La localización de Madinat al-Zahira es, sin duda, una de las grandes controversias de la arqueología andalusí; debido al intenso arrasamiento y saqueo que sufrió durante la *fitna* no se han hallado restos *in situ*, limitándose sus vestigios a menciones en las fuentes y algunas piezas diseminadas por disintas colecciones.

Qurtuba achacaban a la inoperancia del cadí Ibn Salim lo sucedido y cómo, temerosas de realizar una acusación pública, sus críticas circulaban en forma de versos:

A punto está de cumplirse lo que se había prometido y tenía que suceder,
un gran infortunio traerá la aniquilación y todo lo que detestas vendrá a ti:
Un Califa que asiste a la escuela para aprender a escribir, su madre preñada
y un juez que es jodido como una mujer.

Ibn Abi Amir llegó a plantearse concederse la dignidad de Califa, no obstante sabía que aquello era un movimiento peligroso, pues sería anunciar públicamente que había destronado a los Umayya cuando la mayoría de edad de al-Mu'ayyad estaba ya tan cerca. Mi propio padre me relató como, ante tan crítica decisión, le convocó a él y al resto de notables de su confianza —entre los que se encontraban Ibn Ayyash e Ibn Futays— y a los faquíes Abu Umar al-Makwi, al-Asili y Muhammad ibn Yaqba ibn Zarb —gran cadí de Qurtuba—, a los que expuso aquel asunto. Tanto Ibn Ayyash como Ibn Futays parecían conformes con dar aquel paso, pero mi padre —a quien Dios tenga en su Gloria— dijo al hayib: «Temo que una decisión así pueda provocar reacciones negativas. Todo el poder está ya en tus manos y no hay nadie que ose competir contigo» —Muhammad ibn Yaqba ibn Zarb preguntó entonces a Ibn Abi Amir: «¿Qué pasa, pues, con el Califa?»—«Que no es apto para desempeñar sus funciones» —le contestó éste; el gran cadí entonces dijo: «Observémosle y pongámosle a prueba». La duda que había arrojado mi padre comenzó a sembrarse en los corazones de los consejeros y, viendo el cariz que tomaban las cosas, Ibn Abi Amir se dirigió de nuevo a Ibn Zarb: «¿Acaso pretendes interrogarle sobre cuestiones de jurisprudencia islámica?»—«No, más bien sobre cuestiones de política y gobierno del reino» —le contestó, mientras la irritación del hayib iba en aumento: «¿Y si resultara que no está a la altura?» —a lo que el gran cadí concluyó: «Búsquese entre los qurashíes a otro para proclamarse Califa, en lugar de Hisham». El airado Ibn Abi Amir no respondió al gran cadí y fijó entonces sus ojos en el prudente Ibn al-Makwi, éste entonces le dijo: «Mi señor, un árabe resuelto como tú es mejor que un quraishí descuidado» —al-Asili, que estaba a su lado, riendo aquella ocurrencia añadió: «Mi señor, sólo alguien como tú piensa en semejante proyecto cuando ya lo eres todo y todas las cosas están en tus manos. Sólo quien no posee la realidad del poder ansía títulos. La dirección del gobierno se basa en lo concreto y esto se encuentra ya en tus manos». Tras meditar aquellas palabras, el hayib concluyó que proclamarse Califa era un error que finalmente no iba a cometer; conservaría así una cierta apariencia de sumisión a la familia Umayya, pero relegando el nombre de Hisham exclusivamente a la acuñación de monedas, la *jutba*[379] y el tiraz. Se cumplía así la profecía que aventuraba el fin de los Banu Marwan.

El siguiente paso en la consolidación de su poder pasaba por ganarse a los faquíes, de quienes además solicitaba sin éxito que designasen mezquita aljama de Qurtuba la ubicada en Madinat al-Zahira. Con este propósito y el de desacreditar a los Umayya por su excesiva inclinación hacia la cultura, ordenó quemar todos los tratados sobre las *ulum al-awa'il* y *kutub al-dahriyya wa-l-falasifa*[380] contenidos en la espléndida biblioteca que el fallecido al-Hakam había legado a los hombres, pero conservando los *ulum al-mubaha* —aquellos escritos considerados lícitos por los ortodoxos—, que comprendían las ciencias cultivadas principalmente por los árabes:

> *Ordenó reunir las obras de los antiguos y de filosofía, apartó libros de medicina y contabilidad, mandó quemarlos y así se hizo. Enterró algunos. Lo hizo para congraciarse con el pueblo y desacreditar a los partidarios de al-Hakam.*

Ibn Abi Amir se había rodeado en el gobierno de personas de su confianza y deudoras de sus favores apartando progresivamente a los garantes del poder califal, entre los que se encontraba su propio aliado y suegro Galib. La impotencia del general ante esta situación se tornó en recelo y decidió acabar con el ambicioso hayib, mientras ocultaba sus planes colmándolo de halagos e intentando agradarle hasta que se presentase la oportunidad de tenderle una trampa. Durante una de las incursiones llevada a cabo en nombre del Califa, ambos se encontraban a solas inspeccionando el interior de la ciudad fronteriza de Atienza, y Galib mostró entonces su verdadera intención reprochando a Ibn Abi Amir su conducta y amenazándole; desenvainó la espada y se abalanzó sobre el sorprendido hayib, que apenas pudo defenderse y recibió una herida en la sien y perdió parte de los dedos. Herido y temiendo ser rematado, se lanzó desesperado desde la balconada de la fortaleza golpeándose con los salientes que, por suerte para él, frenaron su caída y pudo ser rescatado por sus hombres. Galib, sabiendo que la guerra

379. Sermón principal que se utilizaba para la predicación pública.

380. "Ciencias de la antigüedad" y "Filosofía".

contra el hayib era ya inevitable, se alió con los reyes cristianos Ramiro[381] y Sancho Garcés[382] y se atrincheró junto a sus hombres más fieles en la fortaleza; Ibn Abi Amir tras recuperarse de sus heridas, puso sitio a la ciudad con el ejército andalusí y declaró al general Galib traidor al califato.

Mi padre Ahmad, que se encontraba al frente de una de las divisiones del ejército del hayib, me relató los sucesos ocurridos la mañana del 10 de julio de 981: el general Galib —que contaba ya con ochenta años— había salido a presentar batalla junto a sus aliados cristianos Sancho y Ramiro; en lugar de permanecer atrincherado, encabezaba el enorme ejército a lomos de su caballo junto a sus mejores hombres, *cubierto por una larga cota de malla y tocaba su cabeza con un alto casco dorado, ceñido por una banda roja, que le distinguía de los demás.* Estudió la disposición de las tropas de Ibn Abi Amir y, señalando al flanco derecho preguntó: «¿Quiénes son esos?» «Ibn al-Andalusí y los bereberes» —le contestaron— «Los críos detrás de la comadrona, ¡Atacadlos en nombre de Dios!» —exclamó el general. Arremetieron contra ellos con furia y rompieron sus filas; los pocos que quedaron en pie se dieron a la fuga. «¿Quiénes son aquellos?» —volvió a preguntar, esta vez señalando el flanco izquierdo— «Ahmad Ibn Hazm, Ma'n y Abd al-Wadud, el hombre que tantos favores te debe, con sus vecinos y compañeros» —le contestaron, a lo que el general dijo: «¡Viles traidores!¡Atacadlos en nombre de Dios!». Cargaron contra ellos, quebrando de nuevo las filas y haciendo huir a cada uno de los hombres sin preocuparse por la suerte de su compañero. Dispersas ambas alas del ejército del hayib, la victoria del viejo general parecía inminente y puso sus ojos sobre el centro de las fuerzas enemigas, que sólo mantenía la cohesión por la presencia del propio Ibn Abi Amir, nervioso pero fingiendo entereza y valor, seguro de que su destino estaba ya sellado. Galib volvió a su puesto y dijo a sus compañeros: «Ya veis las consecuencias de nuestra perseverancia. Hemos derrotado las dos alas del ejército enemigo. Si el centro queda en pie, es por el miedo que infunde a los suyos ese maldito sarnoso; sus hombres no le son realmente fieles, pero les conviene que se salve su jefe. Atacad con valor y es posible que Dios, mediante su poder, les haga caer en sus manos» —y levantando sus manos al cielo exclamó: «¡Dios mío, si sabes que mi vida es más útil y favorable para los musulmanes que la vida de Muhammad ibn Abi Amir, pues hazle

381. Ramiro Garcés, primer rey de Viguera y hermano de Sancho Garcés II.

382. Sancho Garces II, rey de Pamplona entre 970-994, era nieto de la antigua aliada de Abd al-Rahman III, Toda de Navarra.

perecer y ayúdame a triunfar; pero si él les es más útil que yo, ayúdale contra mí y que con la muerte me venga la paz!». Apenas terminó la invocación, partió a galope contra la columna central del ejército enemigo, aventajando en varios metros a sus hombres que le dejaron partir en cabeza pensando que quería satisfacer una rencilla personal. Desapareció entre la polvareda tras una hondonada y se perdió su rastro. Al ver que tardaba en regresar, sus hombres fueron en su busca y finalmente dieron con él: éste yacía inerte en el suelo sin que en su cuerpo apareciese señal alguna de haber sido golpeado por ningún arma junto a su caballo, que mascaba la brida. Se dice que durante la carga, el arzón[383] de su silla le había golpeado en el lado del corazón mientras se inclinaba hacia delante. Uno de los sirvientes de Ibn Abi Amir le informó acerca de la accidental muerte de Galib, trayendo consigo la mano cercenada del general que aún portaba su anillo; el hayib, aliviado, exclamó: «Dios es grande!» y cargó contra las tropas enemigas que intentaban rescatar el cuerpo. La caballería de al-Mansur los persiguió mientras huían aterrorizados, llevando a cabo una verdadera carnicería.

Las consecuencias de la batalla fueron terribles para los derrotados: el rey Ramiro murió en el combate, su hermano Sancho se vio obligado a entregar a Ibn Abi Amir como esposa a su única hija, Urraca —que sería rebautizada como Abda— y la cabeza de Galib fue enviada a Asma —esposa del hayib e hija del general— para ser exhibida públicamente en una pica. Con su victoria, Ibn Abi Amir eliminó al último de sus enemigos más temibles y adoptó el título de *al-Mansur bi-llah*[384], atribuyéndose con esto uno de los más distintivos símbolos de la realeza; así sería nombrado en adelante en los púlpitos y en el encabezamiento de sus misivas, obligando además a los visires y nobles emparentados con los Umayya a besarle la mano y levantarse en presencia de sus hijos: Abu Amir Muhammad ibn Abi Amir era, a todos los efectos, igual al Califa en sus honores y se le trataba con la misma consideración.

A pesar de la incontestable autoridad que ya ostentaba, sus detractores y los defensores de la legitimidad de los Umayya conservaban ciertas esperanzas de revetir la situacion. En 989, el propio hijo mayor de al-Mansur, Abd Allah, conspiró junto a los gobernadores de Tulaytula —Abd Allah ibn Abd al-Aziz al-Marwani, conocido como *bittar shaq*[385] y emparentado con los

383. Parte arqueada que une los lados de una silla de montar.

384. "El victorioso con la ayuda de Dios"

385. "Piedra seca"

Umayya— y Saraqusta —Abd al-Rahman ibn al-Mutarrif— con la intención de derrocar a su padre. Estos planes llegaron a oídos de al-Mansur, que decidió actuar con precaución y ordenar a las tropas de las marcas reunirse en Madinat al-Faray bajo el pretexto de organizar una expedición contra los cristianos. Obligados a presentarse al mando de sus ejércitos, el 20 de junio al-Marwani e Ibn al-Mutarrif son apresados mientras el aterrado Abd Allah huye para refugiarse con el Qund Garci Fernández que, por otra parte, no dudó en entregarlo a al-Mansur. Abd Allah fue decapitado de camino a Qurtuba el amanecer del día 8 de septiembre de 990; Ibn al-Mutarrif sería ejecutado en al-Zahira en presencia del al-Mansur; Abd Allah al-Marwani bittar shaq en cambio salvó la vida sin motivo aparente. Quiza al-Mansur prefería no arriesgar su vertiginoso ascenso al poder absoluto derramando sangre Umayya.

Pero la autoridad no era sinónimo de legitimidad, y al-Mansur hizo no pocos esfuerzos por ganarse el favor de las gentes y asentar su dinastía amirí en el trono; durante las terribles hambrunas que asolaron el país en 990, el hayib ordenó hornear diariamente veintidos mil panes que serían repartidos entre los más necesitados, además de perdonar los diezmos y tener otras muchas consideraciones con los habitantes de al-Andalus. Viendo entonces su posición más firme que nunca, en 991 concede a su hijo Abd al-Malik el título de hayib y nombra visir a su segundo hijo Abd al-Rahman, suprimiendo además el sello de Hisham de los documentos oficiales en favor del suyo propio al año siguiente. Tales decisiones disiparon por completo las dudas en aquellos que aún creían en la honorabilidad de al-Mansur y que éste sólo era el hayib del Califa Hisham; en 996, adoptó los títulos de *sayyid* y *malik karim*[386], con los que debía ser tratado en adelante. Mientras tanto, viéndose privada de todo poder e influencia, Subh intentó apropiarse del Tesoro —que aún se guardaban en el Qasr— para sabotear el gobierno de al-Mansur e incitar la protesta entre las gentes, pero una vez más, la habilidad del sayyid le hizo adelantarse a sus movimientos y convocó una reunión de los visires para autorizar el traslado de los fondos a Madinat al-Zahira. Así se hizo y, según me refirió Ibn Hayyan en una ocasión, el propio Califa Hisham ibn al-Hakam compuso unos versos respecto a estos hechos:

¿No es asombroso que alguien como yo
vea lo más insignificante inaccesible para él

386. "Señor" y "Rey Generoso".

y que todo el mundo sea gobernado en su nombre
aunque nada esté en su mano?
Para él se reúne todo el dinero
pero le está vedado lo que para él se recauda.

Pero el astuto al-Mansur sabía que sólo la aceptación pública de su poder por parte del al-Mu'ayyad lo convertiría en el gobernante legítimo de al-Andalus a los ojos de las gentes y, para ello, decidió organizar un fastuoso desfile como nunca antes se había visto, que además se convertiría en el primer recuerdo que conserva el anciano que escribe estas líneas, por entonces un niño de sólo tres años. Aquel viernes de 997 el propio Hisham al-Mu'ayyad encabezaba la marcha con un hermoso e inmaculado turbante del blanco más puro y cuyos penachos ondeaban rítmicamente al viento, portando el cetro símbolo del poder de los Califas seguido de al-Mansur y su hijo Abd al-Malik; tras realizar la oración en la mezquita aljama, a pesar de su costumbre de no asistir al *dhuhr*[387], se dirigió a caballo junto a su madre Subh hasta Madinat al-Zahira, donde recibió la renovación del juramento de lealtad, pero bajo condición de que se delegara todo el poder en los amiríes y de que éstos fueran los administradores del reino. Vencida y abatida, Subh *al-Baskunsiyya*[388], Umm walad, esposa del gran al-Hakam al-Mustansir y madre del desplazado Hisham al-Mu'ayyad, murió en 999 y fue despedida en una ceremonia en la que al-Mansur realizó personalmente las plegarias fúnebres; se dice que asistió descalzo y que dio una generosísima limosna junto a su tumba, quizá quería mantener la ilusión de respeto a la casa real o, tal vez, durante un periodo de su vida la había amado realmente.

Las aceifas llevadas a cabo por al-Mansur contra los reinos cristianos y el Magrib —desde aquella primera del 1 de abril de 977— como castigo por la presunción de debilidad en el estado andalusí son tan numerosas y esconden tantas historias, que sería una ardua tarea recogerlas aquí, pues bien podrían ocupar por sí mismas todo un libro. A pesar de que el control en Ifriqiya sólo pudo mantenerse unos años, nunca nadie antes había desplazado el territorio de de los Yiliqi tan al norte, sometido a tantos tributos e infundido tanto terror en sus corazones. Ibn Hayyan lo describió muy bien en aquellas palabras:

387. La oración principal de la traidición islámica, tiene lugar cada viernes al mediodía y exige del fiel que se lleve a cabo en la mezquita principal.

388. "La vascona".

Durante toda su vida al-Mansur ibn Abi Amir no dejó nunca de atacar a los cristianos, asolar su país y saquear sus bienes [...], hasta el punto de que llegaron a temerle como a la muerte y se tuvieron que contentar con las cosas más viles para su religión. Combatiendo contra ellos llevó a cabo hazañas memorables y batallas gloriosas.

Una de las campañas más devastadoras fue la llevada a cabo en 985 contra Barsaluna, cuando el Qund Borrell se alejó de la amistad que mantenía con Qurtuba desde 954 y se alió con sus vecinos francos. El osado cristiano había comandado sus tropas hasta penetrar en el territorio musulmán de la Marca Superior, donde esperó el encuentro con al-Mansur; pronto se arrepentiría de su desafío, pues el hayib aplastó su ejército y, no contento con aquel castigo, dirigió sus fuerzas hacia Barsaluna con la intención de tomarla. El 1 de julio sitió la ciudad y comenzó su asedio, sembrando el terror entre las gentes que allí vivían al lanzar por encima de sus murallas cientos de cabezas de cristianos caídos utilizándolas a modo de proyectil para sus *Manqaniq*[389]; seis días después, cayo Barsaluna y al-Mansur ordeno saquearla e incendiarla, matando y apresando a todos los habitantes. Pero de entre todas las expediciones, creo que todos los cronistas coincidimos en destacar la llevada contra la ciudad del apóstol de su religión, Shant Yaqub[390] —situada al extremo noroeste—, en el año 997. Los sucesos se precipitaron cuando el rey Vermudo[391], incumpliendo el pacto que un año antes había firmado con al-Mansur, dejó de pagar los tributos impuestos por al-Andalus y el sayyid no tardó en responder a la afrenta: se puso al frente del ejército y el 3 de julio tomó el camino de Qawra y Madinat Galisiya[392] —donde se unió cada qund cristiano que se había declarado al servicio de al-Andalus— dispuesto a asestar un duro golpe en el mismo santuario de la fe cristiana. En su camino destruyeron numerosas fortalezas y monasterios, entre los que estaban los conocidos por los Yiliqi como San Payo, San Cosme o San Damián sin encontrar apenas resistencia y, finalmente, el 10 de agosto llegaron a Shant Yaqub; la ciudad había quedado desierta ante la inminente llegada

389. Término árabe del que deriva la palabra *almajaneque*, una máquina de guerra estática diseñada para lanzar proyectiles de gran tamaño y peso.

390. Santiago de Compostela.

391. Vermudo II de León, que reinó entre 985 y 999, había solicitado el apoyo del Califato en 996 ante el empuje del Condado de Castila.

392. Según Dozy, se trata de Viseu (Portugal).

del ejército de al-Mansur, pero esto no frenó al hayib, que ordenó convertirla en ruinas mientras su caballería saqueaba las aldeas cercanas. Cuentan que cuando se presentó en la basílica dispuesto a destruirla y profanar los restos de su apóstol, encontró a un anciano junto al sepulcro que no pestañeó ante su presencia, entonces el poderoso al-Mansur le preguntó: «¿Por qué estás ahí?» —aquel anciano, sin mostrar el más mínimo temor y sosteniendo su mirada le contestó: «Para honrar a Santiago». La firmeza de sus palabras, el respeto que le despertó lo piadoso de su empresa y las trazas de superstición que aún quedaban en el corazón del hayib, hicieron que éste sólo arrasase el templo, pero sin causar daño alguno a aquel anciano o a los restos de su apóstol. Al abandonar la ciudad, repartió el botín entre los vasallos cristianos que se habían unido a la campaña, pero conservó para sí finas sedas brocadas en oro, paños de gran calidad y pieles preciosas; además, como simbólico castigo, portó hasta Qurtuba las campanas de la basílica de Shant Yaqub y las puertas de la ciudad. Su metal y madera se destinaría al forjado de las lámparas y al tallado del artesonado de las nuevas naves que ampliaban la mezquita aljama.

A pesar de la traición de la que muchos acusaban a al-Mansur en la intimidad de las casas y sus imperdonables atentados contra el conocimiento, su bondad y generosidad era referida por casi todas las gentes que vivieron bajo su gobierno. Sobre esto, Ibn Hayyan me relató una historia que su propio padre había presenciado: un joyero había venido desde oriente a ofrecer sus alhajas y piedras preciosas a al-Mansur; tras indicar aquellas que fueron de su gusto y pagarle, el hayib devolvió al comerciante la bolsa hecha de paño yemení y le indicó la fecha acordada para la entrega de los productos. El satisfecho joyero enfiló entonces el camino que transcurría por la margen del río bajo el intenso calor del verano, rigor que le hizo detenerse a tomar un baño dejando sus vestimentas y la bolsa en la orilla. Un milano que sobrevolaba la zona debió confundir esta última con un trozo de carne, pues se abalanzó sobre ella y la portó en sus garras alzando de nuevo el vuelo ante la desesperada mirada del mercader. Cuando llegó el día de la entrega de las alhajas, este se presentó en persona ante al-Mansur, que advirtió en seguida su estado de abatimiento y le preguntó la causa de aquel mal; al referirle lo ocurrido, el hayib le dijo: «¿Por qué no viniste en el acto a contarme lo ocurrido? Habríamos recurrido a algún medio para remediarlo ¿Viste bien en la dirección que tomó el pájaro?» —a lo que el comerciante contestó: «Voló hacia el este por encima del jardín contiguo a tu palacio»

—al-Mansur convocó entonces al sahib al-surta[393] y le ordenó que reuniese a los representantes del yanib al-Sharqiya. Una vez presentes, les indicó que discutieran entre ellos cuáles de sus vecinos pobres parecían haber mejorado su condición: concluyeron que conocían a uno que antes sólo contaba con sus brazos para trabajar, pero que ahora él y sus hijos iban vestidos como gentes de condición media. Al día siguiente, al-Mansur llamó a aquel hombre y al joyero a su presencia; hizo acercarse al primero y le dijo: «He perdido algo que me pertenecía y me ha caído en tus manos» —sujetando la bolsa que llevaba a la cintura, el hombre respondió: «Lo tengo señor. Estaba en mi jardín trabajando en una palmera cuando esta bolsa cayó a mis pies, la recogí del suelo y su belleza me encantó y me hizo pensar que el pájaro la había tomado de tu palacio que no está lejos. La guardé, pero la miseria en que me hallo me hizo tomar diez piezas de oro que había en ella, porque me dije: es la menor recompensa que puedo recibir de mi señor». El joyero lanzó un grito de alegría mientras al-Mansur le indicaba que verificase el contenido de la bolsa: «Nada falta señor, en ella, sino los diez dinares de que ha hablado y que yo regalo a este hombre» —contestó el aliviado mercader. «Ese cuidado nos incumbe a nosotros y no podemos menguar la alegría, pero si este hombre hubiera hecho otra cosa que concebir buenas intenciones y después confesar, habría recibido un mayor beneficio» —concluyó el hayib, que reembolsó los diez dinares al mercader y dio otros diez a aquel hombre. El joyero comenzó entonces a hacer el elogio de al-Mansur y juró que referiría por todas partes la autoridad de la que gozaba, y cómo su poder se extendía por igual a las aves y los hombres.

Durante una expedición, el 9 de agosto de 1002, al-Mansur volvió a resentirse de su *illat al-niqris*[394] —una enfermedad que padecía desde hacía tiempo— y tuvo que ser trasladado a la fortaleza más cercana, en Madinat Salim. Tendido en el lecho y sabiendo que su muerte era ya inevitable, rompió a llorar ante el fatá Kawdar: «¿Por qué lloras, oh mi señor?¡No llores!» —él entonces contestó: «Lloro por lo que he perjudicado a los musulmanes, pues aunque me matasen y quemasen, no se harían pagar todo lo que les debo» —el fatá, extrañado le preguntó: «¿Y cómo es eso? cuando tú has fortalecido el Islam, conquistado ciudades, humillado a los infieles y has hecho transportar tierra a los cristianos desde sus más lejanos lugares hasta Qurtuba, cuando construiste tu mezquita aljama en ella» —él le contestó:

393. Como ya se mencionó anteriormente, el jefe del mercado.

394. Algunas traducciones coinciden en identificarla con la gota.

«Cuando conquisté las tierras de los cristianos y sus fortalezas las repoblé con los medios de subsistencia de cada lugar y los sujeté con ellas hasta que resultaron favorables completamente. Las uní al país de los musulmanes y fortifiqué poderosamente y fue continua la prosperidad. Mas he aquí que yo estoy moribundo y no hay entre mis hijos quien me reemplace; mientras ellos se dan a la diversión, al goce y a la bebida, el enemigo vendrá y encontrará unas regiones pobladas y medios de existencia preparados, entonces se fortalecerá con ellos para asediarlas, y se ayudará, al encontrarse con ellos, para sitiarlas, y seguirá apoderándose de ellas poco a poco, pues las recorrerá rápidamente, hasta que se haga con la mayor parte de esta península, no quedando en ella sino unas pocas plazas fuertes. Si Dios me hubiese inspirado devastar lo que conquisté y vaciar de habitantes lo que dominé, y yo hubiese puesto entre el país de los musulmanes y el país de los cristianos diez días de marcha por parajes desolados y desiertos, aunque ansiasen hollarlos, no dejarían de perderse. Como consecuencia, no llegarían al país del Islam sino en jirones, por la cantidad de provisiones de ruta y la dificultad del objetivo». Al-Mansur murió esa misma noche. Se cuenta de él que cada tarde tras una batalla sacudía sus ropas sobre un tapete de cuero y recogía todo el polvo que caía; la tierra que cubre su tumba en el patio del Qasr de Madinat Salim es toda aquella que recogió durante sus más de cincuenta expediciones. Sobre ella rezaba la inscripción:

Sus hazañas te informarán sobre él
como si con tus propios ojos lo estuvieras viendo.
¡Por Dios!, nunca volverá a dar el mundo nadie como él
ni defenderá las fronteras otro que se le pueda comparar.

Abd al-Malik y la alargada sombra de al-Mansur

En su lecho de muerte, al-Mansur entregó el gobierno a su hijo Abd al-Malik con precisas instrucciones —que recogería su fiel secretario Hayyan ibn Jalaf— sobre cómo llevarlo a cabo. El imponente legado que había dejado su padre le obligaba a demostrar que se encontraba a su altura, si no quería enfrentarse a la misma oposición que se generó cuando el antiguo hayib ejercía sin disimulo el verdadero gobierno y que había acallado a base de triunfos militares sobre los reinos cristianos. Gran parte de la población, aunque satisfecha con la labor de al-Mansur, no consideraba que los amiríes tuvieran legitimidad para sucederse en el poder a costa del débil al-Mu'ayyad, por lo que Abd al-Malik se encontraba en una delicada situación que pretendía subsanar de la misma manera que el anterior hayib.

La política de campañas militares que pretendía llevar a cabo le haría ausentarse con regularidad de la capital cordobesa, por lo que debía dejar los asuntos de gobierno en manos de sus súbditos de mayor confianza y además nombrar un visir. Entre todos aquellos en los que delegó sus funciones fue Abu-l-Asbag Isa ibn Sa'id al-Yahsubi —que ya fue visir de su padre y en cuya capacidad Abd al-Malik confiaba plenamente— quien asumió mayores poderes. Este nombramiento levantó las envidias entre los demás miembros del consejo amirí, que criticaban la incultura del nuevo visir y no escatimaron esfuerzos en sabotearle. Pronto encontraron la manera de apartar a Isa ibn Sa'id del ejercicio real del poder: alentar al sirviente Tarafa[395] a enfrentarse al visir y obstaculizar su mandato. La influencia de éste personaje no dejó de crecer, al hacer valer la gran estima que Abd al-Malik le profesaba, y comenzó a tomar decisiones arbitrarias sólo por contradecir a Isa. No obstante, todo parecía ir bien para Abd al-Malik, que podía disfrutar de su afición al vino y los placeres y, a pesar de ser criticado por algunos faquíes por ello, era reconocido por su política benévola y justa que había desembocado en un periodo de estabilidad en la ciudad y buena fama entre las gentes.

> *Pese a que estaba dominado por el vino y se ahogaba en los placeres, temía a su Señor y lloraba sus faltas; amaba a los hombres santos, solicitaba sus invocaciones y daba generosa recompensa a quien le guiaba a ellos; imponía la justicia y defendía la ley divina; era benévolo con su gente y le rebajaba los atrasos [de los impuestos impagados], tras haber reducido el sexto de los tributos del país*[396].

Mientras Isa ibn Sa'id se convertía en un mero espectador en la administración amirí y Tarafa gobernaba al margen del propio Abd al-Malik, éste preparaba su segunda incursión en territorio enemigo, dirigida a Barsaluna. El esclavo no tardó en solicitar el mando de parte de las tropas, insistiendo en que le acompañara el visir; esta conducta hizo sospechar a Isa y transmi-

---

395. Conocido como el fatá siciliano, había sido uno de los siete grandes servidores de al-Mansur.

396. De *al-Bayan al-Mugrib* de Ibn Idari, traducción de Maíllo Salgado.

tió su inquietud al hayib, que prudentemente le dispensó y ordenó que partiera con el ejército que él mismo comandaría; ambas fuerzas se reunirían en Saraqusta. Tras haber cumplido con el rito de la ceremonia de anudamiento de estandartes[397], el 15 de junio de 1003 Abd al-Malik se encaminó hacia Barsaluna junto a Isa al frente del ejército andalusí:

> *Tuvo lugar su salida por Bab al-Fath[398], la puerta oriental de entre las puertas de de al-Madinat al-Zahira, cuando ya la gente se había congregado para verle. Salió hacia ella armado de punta en blanco con una larga cota de mallas nueva y [llevando] sobre su cabeza un casco de hierro, en forma [de prisma] octogonal, dorado y de intenso brillo. Los jefes del ejército, los clientes y los oficiales de su séquito privado estaban alineados en fila en el mejor orden militar y marchaban delante de él. Los visires que tomaban parte en la expedición en su compañía le rodeaban.*

Mientras se encontraban en ruta, Isa ibn Sa'id comunicó a su señor que había sido informado acerca de un plan para su derrocamiento, orquestado por el propio Tarafa y en el que estaban involucrados el gran cadí de Qurtuba, Ibn Dakwan, el secretario de la corte al-Tazir, y el poeta Ibn al-Yaziri[399], éste último entre sus tropas. Esta revelación unida al extraño comportamiento que había percibido en Tarafa convencieron a Abd al-Malik, que envió al poeta de vuelta a Qurtuba con la excusa de reunir más fondos para la expedición, y ordenó su encarcelamiento; Tarafa llegaría triunfante a Saraqusta sin saber qué había ocurrido y abandonaría la ciudad encadenado; finalmente sería desterrado a Yaza'ir al-Sharqiya li-l-Andalus[400]. Por último, el gran cadí de Qurtuba Ibn Dakwan perdió su posición durante un año por mandato de Isa, pero evitaría mayores represalias. La situación de cautiverio en que quedó Ibn al-Yaziri no pareció contentar al visir, pues envió una misiva al sahib de al-Zahira, Mufarriy, y al prefecto de policía, Abd Allah ibn Maslama —ambos enemigos del poeta—, informándoles de dónde se encontraba recluido; éstos introdujeron a un esclavo en la prisión que acabaría con su vida alrededor de septiembre de 1003. El sicario reconoció

397. Conocida como *aqd al-alwiya* o *al-liwa*, se realizaba antes de partir en una expedición desde el tiempo de los emires.

398. Traducido como "Puerta de la Victoria".

399. Célebre poeta nacido a mediados del siglo X perteneciente a la corte de al-Mansur.

400. "Islas orientales de al-Andalus", se refiere a las Islas Baleares.

posteriormente el asesinato y llegó a afirmar: «Aquel desgraciado era en mis manos cual gallo indefenso; le rompí el cuello con mi rodilla y apenas su aliento me llegó al rostro».

Una vez eliminada la presunta amenaza, Abd al-Malik reafirmó a Isa en su puesto de visir otorgándole toda su confianza en agradecimiento por el servicio prestado durante los siguientes tres años. A pesar de que Abd al-Malik consideraba a Isa ibn Sa'id diestro y experto en materia de finanzas, no dejaban de llegar a sus oídos quejas acerca del poder asfixiante que ejercía entre las altas esferas, sometiéndolas a continuas inspecciones fiscales, elevados impuestos y estrictos castigos, pero las gentes de toda al-Andalus cumplían sus mandatos por temor a las represalias. Se llegó a rumorear que alzó en más de una ocasión su autoridad por encima de la del propio Abd al-Malik con el beneplácito de éste, valiéndose del gran cariño que el hayib le demostraba y la convicción acerca de su lealtad. Se le atribuían comportamientos viles y tiránicos, como el que me refirió Ibn Hayyan:

> *Cierto día que iba a caballo le tendieron numerosos escritos; cuando los hubo tomado todos en su mano, hasta resultar imposible coger más, entonces los arrojó todos al foso, mientras la gente lo miraba.*

Se dijo que, aprovechando la distracción de Abd al-Malik, incluso había puesto bajo su mando a varios sectores del ejército con la intención de derrocar el gobierno de los amiríes. Esta información llegó a oídos del hayib de boca de su madre —la influyente al-Dalfa[401]—, que había sido a su vez informada a través de uno de los conocidos del visir. Para ello además se habría confabulado con el marwaní Hisham ibn Abd al-Yabbar[402], que tomaría el poder al frente del califato en detrimento del débil Hisham ibn al-Hakam. El plan también le había sido revelado: Isa había invitado a Abd al-Malik, a su hermano Abd al-Rahman y a sus más fieles seguidores a la almunia que el propio hayib le había regalado cerca de al-Zahira para celebrar un suntuoso banquete; cuando éstos se encontrasen relajados, un grupo de soldados los emboscaría sin dejar supervivientes; deponer posteriormente al Califa Hisham al-Mu'ayyad no supondría mayor problema debido a la sangre Umayya del pretendiente que él presentaría. Abd al-Malik había aceptado ya la invitación y se había comprometido a asistir, pero esta nueva información unida

401. Traducido como "la chata", fue una de las numerosas esposas de al-Mansur.

402. Hisham ibn Abd al-Yabbar ibn Abd al-Rahman al-Nasir, nieto del califa Abd al-Rahman III.

a las continuas calumnias que sus más allegados vertían sobre su querido Isa —sobre todo por parte de su hermano, Abd al-Rahman que parecía contar con una especial aversión por el visir— le obligaron a tomar una decisión acerca de la veracidad de tan grave acusación.

La noche del 14 de diciembre de 1006, días antes de la celebración del banquete, Isa ibn Sa'id se encontraba reunido con su círculo más cercano cuando un mensajero del hayib irrumpió en su casa transmitiéndole una misiva en la que se le instaba presentarse de inmediato ante él. Abu-l-Hasan ibn Burd, secretario de cartas del visir, contaría posteriormente: «Isa se apresuró a montar, mientras el mensajero lo acuciaba y el decreto inmutable de Dios lo arrastraba. Entonces nos fuimos a nuestras moradas y no supimos nada del asunto sino al día siguiente». Isa ibn Sa'id fue recibido con alegría por Abd al-Malik, que se encontraba celebrando una fiesta con su séquito, mientras los coperos le incitaban a beber; transcurridas unas cuantas rondas, la amabilidad del hayib se fue tornando en acusaciones que el visir disculpó alegando la embriaguez de su señor. Pronto se convirtieron en insultos y amenazas e Isa comenzó a excusarse en vano, pues Abd al-Malik, totalmente fuera de sí y jaleado por el consejo amirí, desenvainó su espada y sentenció: «Loado sea Dios que te ha puesto en mis manos ¡oh traidor!» —atravesó con la hoja su rostro y el visir cayó de bruces para volver a levantarse aguantando el dolor, pero recibió otra embestida que le abrió las entrañas y acabó causándole la muerte. Abd al-Malik ordenó que la cabeza de Isa ibn Sa'id fuese expuesta sobre la puerta de al-Zahira como aviso a aquellos que planearan traicionarle, y allí se quedó hasta la caída de los amiríes. Cuentan los cercanos al hayib que a partir de aquel incidente, devastado por haber tenido que matar a aquel en quien confiaba, jamás volvió a probar la bebida.

No obstante, sabía que aún no había eliminado de raíz la nueva conspiración y envió al día siguiente a un grupo de espías para localizar a Hisham ibn Abd al-Yabbar, el presunto candidato a Califa. Fue localizado en su almunia y aparentemente no mostraba ninguna conducta sospechosa, parecía como si la muerte de Isa no hubiese ido con él; a los tres días, los hombres de Abd al-Malik le informaron de que Hisham se había trasladado a su casa de la *madinat* y éste envió a su hermano Abd al-Rahman al mando de un grupo de oficiales para arrestarlo. No hizo falta irrumpir en la vivienda, el mismo Hisham salió de ella pacíficamente y fue apresado y llevado a al-Zahira sin causar molestias a su familia, donde Abd al-Malik lo interrogó durante dos días. Finalmente fue trasladado a una celda del mismo palacio que el hayib había preparado para Hisham ibn Abd al-Yabbar y nunca más se volvió a saber de él.

En el ámbito militar, los cinco años de Abd al-Malik al frente del Estado habían resultado exitosos y, aprovechando el trasfondo de su reciente victoria en Clunia[403], solicitó de al-Mu'ayyad la imposición de un título honorífico —como hizo anteriormente al-Mansur— y que se le concediera a su hijo Muhammad mayor reconocimiento, con la intención de consolidar la estirpe amirí al frente de al-Andalus. El Califa escribió a Abd al-Malik para hacerlo oficial y éste mostró la misiva a sus súbditos para legitimar su posición:

En el nombre de Dios, el Clemente, el Misericordioso

Del Califa Hisham ibn al-Hakam al-Mu'ayyad bi-llah ¡Dios cumpla sobre ti su gracia y te recubra su perdón y salvación!

Nos te consideramos de Dios grande y de su gracia supremacía. Nosotros sentimos gracias a ti gran satisfacción y tranquilidad. Así, hemos pedido a Dios [que escoja lo mejor], en razón de lo cual te damos el nombre de al-Muzaffar[404] *y hacemos a Dios Altísimo súplicas insistentes con humildad y fervor que nos acuerde, [a nosotros] y a ti, la baraca de este nombre, te adorne con su significado, y nos conceda, [a nosotros] a ti y a la totalidad de los musulmanes, la gracia que has de llevar con él; que sea para nosotros y para ellos propicio en todos sus decretos y lo acompañe con su prosperidad y su dicha, con su favor y su bondad secreta.*

Asimismo te damos licencia para [utilizar] la kunya en nuestras audiencias y nuestros cenáculos, en las cartas procedentes de ti o [dirigidas] a ti en los territorios de nuestro imperio y [en] todo [aquello] en lo que se indique tu nombre, con o sin el nuestro, como premio a tu posición cabe nos y como señal de tu dignidad entre nosotros.

Asimismo elevamos a tu hijo Abu Amir Muhammad ibn al-Muzaffar crecido bajo nuestra tutela, a la dignidad del doble visirato, a lo que le añadimos, en razón de llevar la kunya, el título de jeque y el lugar que sigue al tuyo en la jerarquía del Estado.

403. Coruña del Conde, al sur de la provincia de Burgos, conservaba aún el topónimo celtíbero que igualmente respetaron los romanos.

404. El triunfador.

Tú eres merecedor de todo esto por parte nuestra y [de otros] favores que se añadirán a ello, porque tú eres nuestra criazón, la espada de nuestra dinastía[405], *amigo de nestro partido, brote de nuestra prosperidad e instruido en las buenas maneras de neustra etiqueta. Muestra, pues, lo que hemos efectuado en tu favor a los clientes y a las gentes de servicio, escribe sobre ello a las regiones del reino y exhíbelo en agradecimiento al favor recibido.*

¡Que Dios mejore [aún más] tus éxitos, nos deje disfrutar largamente de tu salud y nos solace largo tiempo con tu permanente bienestar! ¡Él es ciertamente bienhechor, poderoso, glorioso y dominador!

Ahora que ya contaba con un título al igual que su padre, Abd al-Malik sólo pensaba en reanudar la guerra contra los Yiliqi y derrotar finalmente al rey Sancho[406]. Preparó para ello una nueva aceifa en verano de 1008, pero su avance se vio interrumpido en varias ocasiones por una repentina e intermitente enfermedad del hayib; ésta incursión se conocería como *gazat al-illa*[407] debido a las continuas recaídas de Abd al-Malik en lo que los médicos diagnosticaron como una angina y que finalmente acabaría haciéndole volver a Qurtuba. Su recuperación poco después le animó a partir de nuevo el 19 de septiembre, pero esa misma noche del año 1008 en la etapa de Umm Hani, cerca de Armilat[408], acabó muriendo entre los ahogos derivados de su enfermedad a los 33 años. La aparición repentina de la dolencia meses antes y su fulminante muerte levantaron suspicacias entre las gentes, que veían en la codicia de su propio hermano Abd al-Rahman ibn Sanchul, un motivo para haberlo envenenado a través de uno de los sirvientes de Abd al-Malik.

Tiempos nuevos y acciones nuevas.
Una vida que es esplendorosa y una prosperidad que se acrecienta.
Lluvia abundante cae y vivir es grato.
El poderío persiste y vuelve la fiesta.
La suerte llama a Abd al-Malik,
como el sol de la mañana que la fortuna favorece.

---

405. El otro nombre por el que se le conoce, *Sayf al-Dawla*.

406. En este caso, Sancho Garcés III de Pamplona, que reinó entre 1004 y 1035.

407. "Expedición de la enfermedad".

408. Era ésta una de las primeras paradas que se realizaban camino de Tuylaytula, cerca de un monasterio al que llamaban Dar Armilat, situado a 14'5 km al norte de Alcolea en la linde de los actuales términos de Obejo, Adamuz y Córdoba.

Abd al-Rahman ibn Sanchul, el principio del fin

Cuando al-Muzaffar fue enterrado, Abd al-Rahman ibn Sanchul se encontraba ya preparándose para tomar el poder. Éste era hijo de al-Mansur y Abda —hija ésta a su vez del rey Sancho—; y su parecido con su abuelo el rey cristiano le granjeó el apodo de Sanchul, nombre con el que sería recordado. Antes de tomar oficialmente posesión de su cargo, reunió a la corte en al-Zahira y recibió de ellos felicitaciones y juramentos de lealtad a cambio de hermosas promesas de prosperidad, tras lo que cabalgaría hacia el palacio de al-Mu'ayyad; éste le dio el pésame y le otorgó el puesto de hayib, tenía veinticinco años. Antes de hacerse digno valedor de título honorífico alguno, el propio Ibn Sanchul ya se hizo llamar *al-Hayib al-Allah al-Ma'mun Nasir al-Dawla*[409].

Si bien su padre y su hermano se habían cuidado de mantener cierta distancia con el Califa, honrándole y mostrando públicamente sumisión y obediencia a la figura real para no alimentar los comentarios de aquellos que se oponían al excesivo poder de los amiríes y el desplazamiento de Hisham ibn al-Hakam, Ibn Sanchul en sólo mes y medio había buscado su cercanía e intimidad. Alardeaba de familiaridad, se colocaba a su altura y celebraba fiestas junto a él aprovechando la inclinación de al-Mu'ayyad por los placeres; fue en una de sus reuniones privadas en las que corrió el vino cuando el hayib trató de convencer a Hisham sobre su mutuo parentesco —ya que ambos eran hijos de vasconas— y que éste podría ser suficiente como para considerársele un igual e incluso ser nombrado su heredero. Para sorpresa de todos, al día siguiente de aquel mes de noviembre de 1008, Abd al-Rahman ibn Sanchul se presentó con sus tropas en el palacio del Califa sin otro ánimo que el de intimidarle, y convocó a los más ilustres personajes de Qurtuba. Una vez reunidos se leyó una carta escrita por la mano del secretario real, Abu Hafs ibn Burd:

> *Esto es lo que ha dispuesto el príncipe de los creyentes Hisham al-Mu'ayyad bi'llah —cuya existencia Dios prolongue— para la gente en general [...].*
>
> *He considerado en ese punto las categorías de hombres de las tribus de Quraysh y otras, en las cuales aquel que fuese digno le fuera confiado el gobierno y lo reemplazase en él, después de abandonar el exceso de indulgencia, apartarse de las pasiones, dirigirse a la verdad y aproximarse a Dios en lo que a Él le*

409. Chambelán Excelso y Fidedigno, Defensor del Estado.

satisface, y tras cortar los parentescos e indisponer a los parientes, procediendo sin mediaciones a ello y estando seguro que no hay medida para él más pura que la religión verdadera, y que no se encuentra a nadie más digno que confiársele [pueda] el califato, que el fiel oculto, el consejero sincero, el exento de toda tacha, Nasir ad-Dawla Abu-l-Mutarrif Abd al-Rahman ibn al-Mansur Abi Amir Muhammad ibn Abi Amir.

Porque el príncipe de los creyentes lo ha probado y experimentado, ha velado por su situación y lo ha considerado [...]. Un padre sin par y un hermano sin igual, pues quien ha tenido a al-Mansur de padre y a al-Muzaffar por hermano no es de extrañar que llegue por los senderos de la bondad a su confín, y que reúna de buenas cualidades las que ha reunido. A más de que el príncipe de los creyentes por mucho que ha observado los ocultos arcanos de la ciencia y ha estimado en él de excelencia almacenada, espera que sea el heredero de su trono.

Y el príncipe de los creyentes, exáltelo Dios, suscribe este nombramiento, lo ejecuta, ratifica y expide sin estipular en él dualidad ni opción de retroceso.

Abd al-Rahman ibn Sanchul era ahora el heredero al califato de al-Andalus y comenzó a destapar su verdadero carácter: se daba a las fiestas y el adulterio emborrachándose hasta el amanecer, gastaba los fondos del estado sin medida y arrebataba los bienes a las gentes con falsas acusaciones. Durante sus primeras semanas de gobierno consiguió generar un sentimiento generalizado de odio y rechazo que, unido al inesperado nombramiento, enardeció aún más los ánimos entre las gentes; Muhammad ibn Hisham Ibn Abd al-Yabbar, hijo de aquel que supuestamente había unido sus fuerzas con Tarafa para derrocar a al-Muzaffar, estaba dispuesto a no dejar pasar la oportunidad de vengar la muerte de su padre y reunió a los Banu Marwan a su alrededor para gestar una revuelta; al-Dalfa, madre de Abd al-Malik al-Muzaffar, estaba además dispuesta a financiarla, pues estaba convencida de la intervención de Ibn Sanchul en la muerte de su hijo.

Ajeno a esto el hayib Abd al-Rahman, decidido a adoptar la política de aceifas de su hermano e impulsado por su prepotencia, escribió a Alfonso de León declarándole abiertamente sus intenciones respecto a los territorios cristianos. El rey, informado como estaba de la aparente incapacidad del joven e imprudente hayib, declaró a sus cortesanos: «¡Por Dios, si yo estuviese durmiendo y Abd al-Rahman avanzase con todos sus ejércitos no me despertaría por ello!». Sanchul, furioso tras enterarse de esto, envió misivas a todos los rincones de al-Andalus y convocó a las gentes a la yihad; sólo respondieron los cuerpos de mercenarios bereberes y unos pocos voluntarios. En enero de 1009, partió hacia el norte tomando, en lugar de la ruta habitual, el llamado "camino del desnudo" entre los comentarios de aquellos que le auguraban su futuro: «Este muchacho se ha quedado en cueros».

Aprovechando la ausencia del heredero, el 15 de febrero de 1009 la revuelta popular encabezada por Muhammad finalmente estalló. Mi padre Ahmad, Abd Allah Maslama y Ahmad ibn Burd —a quien Sanchuelo había dejado al frente del gobierno— no pudieron impedir que el marwaní saquease y destruyese Madinat al-Zahira, símbolo del poder amirí, tomase el trono instalándose en el Qasr y encarcelase al Califa Hisham al-Mu'ayyad bajo el clamor popular. Sería coronado con el nombre de Muhammad al-Mahdi. Al enterarse de esto en Tuylaytula, Ibn Sanchul regresó camino a Qurtuba con sus tropas, pero se detuvo a pocos kilómetros de la capital sin saber cómo abordar la crisis; su indecisión le costó que prácticamente todo el ejército le abandonase para unirse al nuevo gobierno y, temeroso, se instaló en Armilat. Tras rechazar la oferta de sometimiento a Muhammad al-Mahdi intentó huir, pero fue apresado en un río cercano y ejecutado el 3 de marzo de 1009. Su cadáver fue expuesto públicamente.

Las gentes de Qurtuba habían perdido el miedo a las revueltas, el odio entre andalusíes y bereberes se enarbolaba públicamente, los partidarios de amiríes y marwaníes preparaban las armas enardecidos por sus candidatos, y los ejércitos de mercenarios apoyaban a aquellos con los bolsillos mas llenos. La fitna acababa de empezar, el califato Umayya había caído.

Noticias de Ibn Hazm y relación de los hechos ocurridos durante la caída del califato,

cómo la fitna desmembraría el país de al-Andalus y el relato de los sucesos en los que me vería involucrado por mi declarado y público apoyo a los banu Umayya.

Mi vida en los últimos días de los Umayya

Nací en Qurtuba en el costado oriental, en el arrabal de Munyat al-Mughira, antes de la salida del sol y después de la salutación del imán, que corresponde a la oración de al-subh al final de la noche del miércoles, último día de la luna de ramadan al-mu'azzam del año 384, en la constelación de Escorpión.

Yo, Abu Muhammad 'Ali ibn Ahmad ibn Sa'id ibn Hazm, de esta forma relaté[410] el día de mi nacimiento un viernes 7 de noviembre de 994 en la capital de al-Andalus, mientras Muhammad ibn Abi Amir, hayib del Califa Hisham al-Mu'ayyad, devastaba los reinos cristianos en una de las innumerables incursiones que llevó a cabo. Este hayib amirí, al que todos conocieron con el nombre de al-Mansur, es quien realmente ejercía el poder desde su ciudad administrativa de Madinat al-Zahira a costa del débil carácter del joven al-Mu'ayyad, apartado prácticamente de la vida política y recluido en palacio a

410. Traducción recogida en Arjona, 1995.

sus treinta años desde que heredó el trono con tan sólo once. Mi familia se había trasladado recientemente desde el arrabal occidental de Balat Mugit al oriental de Munyat al-Mughira, junto a Madinat al-Zahira; eran buenos tiempos para nosotros los Banu Hazm, quienes afirmábamos pertenecer a la estirpe de una notable familia persa a pesar de descender de hispanovisigodos conversos. El propio Ibn Hayyan descubrió este hecho —que ahora afirmo sin pesar— con aquellas palabras:

> *[...] una de las extravagancias de Ibn Hazm consistía en reivindicar que Persia era la cuna de su familia, cuando era de linaje muladí y pertenecía a una familia indígena de Lebla. Su abuelo fue el primero de los suyos que se convirtió al Islam.*

Desde la llegada de mi abuelo Sa'id a Qurtuba atraído por el esplendor de la ciudad de al-Mustansir y su relación de clientela con los Umayya, nuestra influencia no hizo más que crecer; de hecho, mi padre Ali Ahmad era ya visir del propio al-Mansur cuando yo nací. Mi hermano mayor Abu Bakr y yo recibíamos con orgullo los elogios dirigidos a nuestro padre, pues era considerado un distinguido hombre de letras muy apreciado por los amiríes debido a su vasta cultura, rectitud, prudencia y habilidad política; pero sin duda su mayor cualidad era la finura con la que manejaba sus relaciones tanto con al-Mansur como con Hisham, guardando fidelidad como ministro al primero y gozando del favor del segundo.

En esta acomodada familia, transcurrió mi infancia, pasando largas horas en el harem rodeado de parientes y criadas de refinada formación que me enseñaron a leer, escribir y memorizar el corán. Entre mis fieles amigos estaba Abu Amir ibn Suhayd[411], dos años mayor que yo, de enraizada e ilustre familia árabe e hijo de otro miembro de la corte de al-Mansur; a pesar de la severidad que el hayib mostraba con los asuntos de gobierno, a nosotros nos dispensaba un trato cercano y era habitual que pudiéramos acercarnos a él. Recuerdo cómo el mismo Ibn Suhayd relataba una de estas ocasiones en una carta dirigida a Abd al-Aziz Ibn Amir, nieto del propio al-Mansur y que posteriormente sería el régulo de de Balansiya y al-Mariyat[412] :

> *Un día, teniendo yo cinco años, me dio tu abuelo Al-Mansur una enorme manzana, colocada delante de él, y que yo había mirado con infantil codicia. Como*

411. Que luego se convertiría en crítico y poeta, autor de *La epístola de los genios*.

412. Almería.

ni mi boca ni mi mano podían abarcarla, él mismo me la partió con sus dientes. Luego llamó a tu padre[413] *y a un paje llamado Abu Sakir y les dijo que me llevaran a ver a la sayyida. Como llovía, los dos me llevaron a cuestas. La sayyida y las demás damas del harem jugaron conmigo y me dieron mucho dinero; pero, al llegar a casa, mi padre me lo quitó. Enterado tu abuelo, me mandó para mí solo quinientos dinares, que, en parte, distribuí entre criados y amigos, y con los que me compré caballos de caña y adargas de madera para jugar a los soldados. Del día aquél ha quedado fama en Munyat al-Mughira.*

La muerte del poderoso al-Mansur ocurrió cuando yo tenía tan sólo ocho años. Mi padre temió entonces por su posición en la corte, pero la sucesión del hayib por su hijo Abd al-Malik al-Muzaffar, la política continuista que pretendía llevar a cabo y la estima que el visir se había ganado con los amiríes, le permitieron conservar su puesto; mientras tanto, mi hermano Abu Bakr contrajo matrimonio con la hija del general siqlabi y gobernador de la marca superior, Qand, consolidando así la posición de mi familia en esta nueva etapa. Es de estos años de los que conservo mejores recuerdos: mis primeras experiencias amorosas por los rincones del harem, mi sed de lectura acerca de todo lo humano y lo divino, y el inicio de mi privilegiada educación de la mano de grandes maestros que estimulaban el pensamiento crítico e independiente, entre los que estaban Abu al-Hasan Ali al-Fasi y Abi Yazid al-Misri. Este aliento, unido a mi ya de por sí espíritu rebelde inflamado por la juventud, acabó por empujarme —junto a mis inseparables amigos Ibn Suhayd e Ibn Ishaq, y mi primo al-Wahhab — al seno de un grupo elegantes aristócratas cordobeses que cultivaban la poesía y defendían la expansión del árabe, eliminando el bilingüismo y los dialectos locales, pero sin someterse a oriente. Queríamos plasmar en nuestros escritos la unidad, la independencia y el alto nivel cultural, ideas que considerábamos los rasgos del califato de occidente y que finalmente serían el germen de donde surgieron los poetas y las *risalas*[414] más notables de la época final de la al-Andalus Umayya. El grupo estaba encabezado por el célebre poeta Abd al-Malik Marwan, al-Sarif al-Taliq[415], perteneciente a la familia Umayya y cuya leyenda es una de las más recordadas en la historia andalusí.

413. Se refiere a Abd al-Rahman ibn Sanchul.

414. Literalmente "mensaje". Aunque hace referencia a las revelaciones de Allah a los profetas, también se aplicó posteriormente para designar a la típica composición poética andalusí.

415. "El amnistiado por un avestruz", referido anteiormente.

En octubre de 1008 Abd al-Rahman ibn Sanchul heredó el poder tras la muerte de su medio hermano Abd al-Malik, de la que se rumoreaba que él mismo era el causante; las tensiones internas entre etnias y el descontento con los amiríes ante el claro desplazamiento de al-Mu'ayyad del gobierno real, pusieron en evidencia la incapacidad del nuevo hayib para ejercer el gobierno y comenzaron una serie de revueltas que desembocarían en el golpe de estado. El 15 de febrero de 1009 estalló finalmente la rebelión contra Hisham y su hayib, y Muhammad al-Mahdi se proclamó califa, encarcelando al anterior y anunciando falsamente su muerte. Estos sucesos traerían para mí el final de la época más feliz de mi vida, simbolizado además con la muerte de al-Satif al-Taliq —líder de nuestro grupo de intelectuales—, el arrasamiento de Madinat al-Zahira y las medidas que tomó el nuevo gobierno respecto a mi familia, que despojaron a mi padre Ahmad de su puesto de visir así como de su fortuna; no obstante continuó siendo un personaje de cierta importancia, ya que sería invitado al falso entierro de Hisham, celebrado el 26 de abril de 1009. Fue entonces cuando nos vimos obligados a trasladarnos de nuevo a nuestra antigua vivienda del arrabal de Balat Mugit.

Mientras tanto, este periodo que acababa de iniciarse conocido como fitna de al-Andalus, tendría su siguiente episodio el 1 de noviembre de ese mismo año, cuando Sulayman al-Mustain —bisnieto de Abd al-Rahman al-Nasir— derrota en al-Qulay'a[416] a al-Mahdi con ayuda de los bereberes y del Qund Sancho García y libera a al-Mu'ayyad, al que derrocó a los pocos días para proclamarse él mismo Califa. Muhammad al-Mahdi, huido a Tuylaytula, organizó un nuevo ejército con el apoyo de las tropas del Qund Borrell de Marida y el general siqlabi Wadih que tomaría de nuevo Qurtuba en mayo de 1010 y sería entronizado. No obstante, pocos meses después, un concilio de nobles cordobeses decretó la legitimidad de Hisham y al-Mahdi fue asesinado, otorgándose el poder de nuevo al hijo de al-Hakam. Mientras tanto, el general Wadih, cuyas acciones en favor de los saqaliba provocaron el malestar de cierta parte de la población, fue el objetivo de una frustrada conspiración en la que mi padre se vio involucrado y, desgraciadamente, perseguido y encarcelado. Ahmad ibn Hazm murió el 22 de junio de 1012, cuando yo apenas había cumplido los dieciocho años.

En mayo de 1013 Sulayman al-Mustain, refugiado desde su derrota en Yazirat al-Jadra, volvió a tomar Qurtuba, saqueándola y destruyendo el arrabal de Balat Mugit; sin hogar y con mi por todos conocido apoyo a los

416. Alcolea, municipio muy cercano a la ciudad de Córdoba.

Umayya, tuve que huir a al-Mariyat el 13 de julio de 1013 junto a mi amigo Muhammad ibn Ishaq. Esta ciudad, que aún reconocía cierta soberanía por parte de Hisham al-Mu'ayyad, abandonó definitivamente la causa Umayya cuando un siqlabi llamado Jayran sucedió al gobernador Aftah en el poder local y fuimos acusados de conspiración, detenidos y desterrados. Jayran se haría fuerte en al-Mariyat aliándose con la facción idrisí del gobernador bereber de Ceuta Ali Ibn Hammud, que a su vez apoyaba al propio Sulayman al-Mustain. No obstante, en julio de 1016 Ibn Hammud derrocaría y decapitaría a al-Mustain. Mientras Ibn Ishaq y yo vagábamos por varias ciudades de la costa, un descendiente de los califas Umayya llamado Abd al-Rahman Muhammad Abd al-Malik, establecido en Sharq al-Andalus[417], llamó mi atención y me uní a su causa; llegué a ser enviado a Qurtuba para tomar el pulso a una ciudad que se encontraba ahora bajo dominio Hammudí y mi testimonio, que atribuí a *uno que vino de Qurtuba* para evitar problemas con los bereberes, quedó escrito así:

> *Uno de los que han venido hace poco de Qurtuba, a quien yo pedí noticias de ella, me contó cómo había visto nuestras casas de Balat Mugit, a la parte poniente de la ciudad. Sus huellas se han borrado, sus vestigios han desaparecido y apenas se sabe donde están. La ruina lo ha trastocado todo. La prosperidad se ha cambiado en estéril desierto; la sociedad, en soledad espantosa; la belleza en desparramados escombros, la tranquilidad, en encrucijadas aterradoras. Ahora son asilo de los lobos, juguete de los ogros, diversión de los jinn y cubil de las fieras los parajes que habitaron hombres como leones y vírgenes como estatuas de marfil, que vivían entre delicias sin cuento. Su reunión ha quedado deshecha, y ellos esparcidos en mil direcciones. Aquellas salas llenas de letreros, aquellos adornados gabinetes, que brillaban como el sol y que con la sola contemplación de su hermosura ahuyentaban la tristeza, ahora —invadidos por la desolación y cubiertos por la ruina— son como abiertas fauces de bestias feroces que anunciaban lo caedizo que es este mundo.*

Aunque recelaba del apoyo que recibimos por parte de Jayran —aparentemente de nuevo en el bando Umayya— así como del régulo de Saraqusta, Mundir ibn Yahyá al-Tuyibi, me uní al ejército que Abd al-Rahman formó con el apoyo del Qund de Marida y nos dirigimos a Qurtuba pasando por Jayyan. Jayran y Mundir, cuya intención real era utilizar al pretendiente como

417. "Oriente de al-Andalus", se refiere a la costa de Levante.

mero títere, decidieron traicionarlo al demostrar éste un gran carisma y, tras sabotear su incursión con malos consejos, lo asesinaron en Wadi a través de unos sicarios de al-Mariyat. Permanecí en la cárcel hasta marzo de 1019, tras lo que decidí volver discretamente a Qurtuba para ciertas gestiones políticas, pero fui descubierto y nuevamente encarcelado por el gobierno bereber de Ali Ibn Hammud. Al abandonar la cárcel, me refugié en Madinat Satiba[418], regida por Abd al-Aziz Ibn Amir, nieto de al-Mansur y amigo de Ibn Suhayd, quien le escribió la carta acerca de la amabilidad de su abuelo. Durante este breve periodo de relativa calma es cuando, en el año 1022 —y a instancias de un amigo de al-Mariyat— escribí El Collar de la Paloma. Tenía 27 años.

El 9 de septiembre de 1023, la población de Qurtuba se rebeló finalmente contra el califato hammudí y provocó la huida del hijo de Ali Ibn Hammud, Yahya al-Muhtal, al frente del gobierno por entonces; cansados de las reclamaciones dinásticas de supuestos sucesores, el nuevo Califa fue elegido en la mezquita aljama, hecho insólito desde los orígenes de las dinastía Umayya. El título recayó sobre Abd al-Rahman al-Mustazhir, hermano de Muhammad al-Mahdi, que nos nombró a mi primo al-Wahhab, a Ibn Suhayd y a mí, visires. No obstante, la revuelta finalmente estalló y el gobierno de al-Mustazhir duró menos de tres meses; el 17 de enero de 1024, éste fue ejecutado por su primo, el nuevo Califa Muhammad ibn Abd al-Rahman ibn Abd Allah[419], que huyó de Qurtuba al año de su coronación ante una nueva amenaza de los hammudíes. En esta época fui encarcelado nuevamente, pero no recuerdo quien lo ordenó, si el propio Muhammad tras derrocar a Abd al-Rahman o Yahya al-Muhtal tras la llegada de los bereberes. Al salir de prisión, cansado de las intrigas y tras el mal papel que desempeñé en el entierro de cierto personaje de importancia —en el que fui criticado por mi escaso conocimiento de la *fiqh*[420]— me concentré en el estudio de la ciencia jurídico-teológica, renunciando totalmente a la práctica de la política. No obstante, rehusaba a ceñirme en exclusiva a la escuela malikí[421], y decidí aprender también las enseñanzas de la escuela Shafi'i[422] de la fiqh, donde conocí la ciencia de Dawood Ibn Ali, fundador del zahirismo, al que me adscribí definitivamente.

418. Játiva, Municipio del sur de la provincia de Valencia.

419. Padre de la célebre poetisa Wallada.

420. Metodología destinada a aplicar las normas coránicas como leyes y su interpretación.

421. Escuela de derecho predominante en al-Andalus.

422. Jurisprudencia islámica nacida de la crítica de Ibn Idris al-Shafi'i hacia el malikismo.

El vacío de poder dejado en la capital por la ausencia de Yahya al-Muhtal, que delegó el gobierno en su visir y se refugió en Malaqa, hizo que un tal Hisham —hermano del traicionado Abd al-Rahman Muhammad Abd al-Malik— se autoproclamase Califa en 1027, aunque no pudo entrar en la capital hasta la expulsión de los partidarios hammudíes dos años después. Mientras tanto, mi maestro Abu-l-Jiyar y yo nos dedicábamos a explicar la doctrina zahirista en la mezquita aljama, práctica que los malikíes no tardaron en denunciar como corrupción del pueblo fiel y peligro para la fe, siendo prohibida su enseñanza en 1029 por el nuevo Califa Hisham al Mu'tadd, que aún no había llegado a la capital. Este enfrentamiento contra la corriente dominante en al-Andalus y la prohibición de sus escritos, me llevó de nuevo al exilio en una posición de sabio perseguido que, unida a mi conocimiento de la fiqh, me valió la popularidad de los aprendices, convirtiéndome en maestro de debate, lógica y filosofía. Entretanto, el nefasto gobierno de al-Mu'tadd generó una revuelta que acabó con su destierro en noviembre de 1031, la abolición del califato y el comienzo de la tumultuosa época de las *taifas*[423]. Me encontré entonces vagando durante un largo periodo por estos pequeños reinos, ya que prácticamente ninguno de ellos quería a un huésped tan incómodo por razones políticas y religiosas, y caí preso en 1038 encontrándome en al-Mariyat cuando ésta, regida por el amirí Zuhayr, fue invadida por el régulo bereber de la taifa de Garnata[424], Badir Ibn Habus.

En 1039 encontré en Mayurqa[425], perteneciente a la taifa de Daniya[426], la protección de un personaje de la élite local, Ibn Rashiq, mientras sostenía duras controversias con los malikíes allí afincados, especialmente con Sulayman Ibn Jalaf al-Bachi; él una vez me dijo:

> *Me he esforzado más en estudiar y aprender. Tú lo has hecho teniendo toda la ayuda que has necesitado. Tenías una lámpara bañada en oro iluminando tus estudios nocturnos, mientras que yo dependía de la farola de la calle.*

Yo le contesté:

---

423. Traducido como "bando" o "facción", se refiere a cada uno de los 39 pequeños reinos autoproclamados en que se dividió al-Andalus.

424. Granada.

425. Mallorca.

426. Denia (Alicante).

Ese argumento va en tu contra y no en tu favor. Tu has estudiado en esas condiciones con la esperanza de que tu aprendizaje te ayudaría a cambiar tus circunstancias a algo parecido a las mías. Yo he estudiado en las circunstancias que tú has descrito sin otras aspiraciones que el propio estatus que otorga el conocimiento en esta vida y en la que está por venir.

La muerte de mi benefactor un año después me dejó totalmente expuesto a los malikíes, por lo que me vi obligado a abandonar Mayurqa y seguir vagando hasta que llegué a Ishbiliya en torno a 1042, donde el gobernador abbadí al-Mu'tadid no aprobaba mi presencia. De grandes ansias expansionistas, el régulo pretendía aparentar una continuidad con la dinastía Umayya y, para ello, mantenía a un títere al que hacía pasar por Hisham al-Mu'ayyadd —cuya muerte se daba por hecho tras la invasión bereber de 1013—; esta farsa era, sin duda, *una invención sin precedentes en la historia*, afirmación que hice públicamente y que provocó la ira de al-Mu'tadid, manifestada con la quema de mis libros. Sobre este suceso escribí:

Dejad de prender fuego a pergaminos y papeles,
y mostrad vuestra ciencia para que se vea quién es el que sabe.
Y es que aunque queméis el papel
nunca quemaréis lo que contiene,
puesto que en mi interior lo llevo,
viaja siempre conmigo cuando cabalgo,
conmigo duerme cuando descanso,
y en mi tumba será enterrado luego.

Con ésto, finalizo el relato sobre la Qurtuba de los Banu Umayya y alcanzo los días del presente. En estos momentos, el mayor pesar que me atormenta es que mi propio hijo, Abu Rafi al-Fadl, es ministro y panegirista de esa maldita estirpe de los abbadíes de Ishbiliya, con quien tantas rencillas he mantenido. Finalmente me he retirado a Munt Lisam[427] —de donde mi abuelo Ahmad procedía— con mis demás hijos y algunos discípulos. Lleno de amargura y tras haber dedicado mis años a ir en contra de las circunstancias, he escrito mis últimas obras que, según apunta Ibn Hayyan con acierto, *ya no traspasan el umbral de la puerta*, refiriéndose a la censura a la que me veo sometido y lo poco que la tengo ya en consideración. Es 15 de agosto de

427. Posiblemente Montíjar, en la provincia de Huelva.

1064 y siento que mi muerte está ya próxima, pero puedo decir que abandono en paz este mundo tras recoger en estas páginas la historia de mi amada Qurtuba, a la que extraño cada día y cuyo inmortal recuerdo deseo fervientemente que permanezca durante siglos en los corazones de sus habitantes, mucho después incluso de que yo haya sido olvidado; la Luz de Occidente que iluminó el mundo bajo el poder de los mayores gobernantes que jamás se hayan conocido: los Banu Umayya ¡Dios los haya perdonado!

EPÍLOGO

El personaje, el político y el científico

Si en algo coinciden numerosas fuentes contemporáneas a Ibn Hazm, es al definir su carácter como áspero, hecho que se suele atribuir a su infancia en el harén alejada del contacto con niños de su edad, y siendo testigo casi a diario de las intrigas que allí se producían. El erudito Shaiek Muhammad Abu Zuhrah, en su libro consagrado a la vida de Ibn Hazm, explica los motivos de la dureza de Ibn Hazm en su discurso: por una parte debido a la cantidad de mandatarios que le eran hostiles y los mediocres eruditos que los azuzaban contra él y, por otro, debido a la grave enfermedad que sufría, que lo convertía en alguien impaciente y en ocasiones brusco.

Es evidente que la privilegiada educación que recibió gracias a la importancia de su padre, marcó fuertemente su carácter y su perspectiva, permitiéndole además conocer desde muy joven los más altos círculos de poder e influencia, que desarrolló en él un marcado escepticismo acerca de la condición humana y la capacidad que esta exhibía para la traición y la opresión.

> *He encontrado que la mayoría de las personas –con la excepción de aquellos a los que Dios ha protegido— se precipitan hacia el sufrimiento, la preocupación, la extenuación de este mundo, y la acumulación de terribles pecados, que les harán merecer el fuego del infierno sin conseguir nada al continuar con sus malas acciones [...] Y ellos saben que sus malas intenciones no les harán conseguir sus deseos ni les traerán ningún beneficio; y con esas puras intenciones obtendrán gran descanso para sus almas.*

Nada parecía resultarle más repugnante que la traición, y de sus cartas se extrae que mostraba una gran fidelidad hacia sus amigos, profesores y aquellos con quien tuviese contacto, incluso con los que sólo había mantenido una conversación. Hombre de gran sinceridad en la búsqueda de la verdad, opinaba que sólo a través del verdadero esfuerzo en lograr el mejor nivel de conocimiento se podría medir el éxito. Su franqueza, con la que defendía con dureza su punto de vista sin preocuparse por las consecuencias personales que podía provocarle, le hacía llenar sus escritos de afirmaciones que bien podrían ofender a otros, si bien promovía una actitud conciliadora en asuntos ordinarios. Entre aquellos que lo conocían levantaba enemistades y afecto genuino por igual, siendo descrito como *fino erudito cuyo discurso era menos que fino*, y se solía decir que *la lengua de Ibn Hazm es la hermana gemela de la espada de al-Hajjaj*, en referencia a un sanguinario gobernador de Irak del siglo VII y a la dureza de las críticas que arrojaba cuando defendía su postura.

En el ámbito de lo política, era un fuerte defensor de la familia Umayya y abogaba por una política centralizada del estado derivada de un reinado, pero cuya legitimidad no la otorgaba la mera consanguinidad o el derecho dinástico, sino la elección directa del sucesor por parte del Califa reinante. Respecto a su ya mencionado enfoque jurídico-religioso zahirista, se oponía a la interpretación alegórica de los textos coránicos, inclinándose por las sintácticas y gramaticales, afirmando que toda la información se recogía en los mismos textos y no era necesarias las analogías. La fama dentro del debate y como orador le vino dada sobre todo por su claridad de pensamiento, no formulando una opinión ni respondiendo a una pregunta sin reflexionar profundamente primero sobre ella. Sus intereses cubrían un amplio espectro de escuelas y conocimientos, por lo que no se limita a determinadas disciplinas o puntos de vista, y es considerado el primer y principal erudito islámico en el sentido más amplio de la palabra.

El afán en la búsqueda del conocimiento de Ibn Hazm no se limitó exclusivamente al ámbito jurídico-religioso sino que, como solía ocurrir con otros sabios andalusíes, se convirtió en un erudito multidisciplinar que, a diferencia de muchos de éstos, mantenía sólidas opiniones respecto al amplio espectro que las ciencias ofrecían, así como sobre la ciencia misma. Si bien sostenía que la persecución del conocimiento era la mayor de las aspiraciones, también afirmaba que existían diferentes capacidades en el estudio de la ciencia:

Aquel que tiene una inclinación natural hacia una ciencia, incluso si ésta fuese menos noble que otra, no debe abandonarla por esa otra porque si lo hiciese sería como si alguien cultivase cocos en al-Andalus y olivos en India, cultivos que no fructificarán.

Al margen de su obra científica más conocida, *Los caracteres y la conducta* —sobre el comportamiento humano y el conocimiento—, escribió tratados acerca de otros ámbitos como matemáticas, física, biología o astronomía, llegando incluso a realizar demostraciones públicas, como los ejemplos sobre el eco y los intervalos entre el rayo y el trueno impartidos en la misma mezquita aljama de Córdoba.

Así en *al-Taqreeb*, su tratado sobre geometría, ofrece afirmaciones tales como que una línea era *el límite último de una superficie*, y definía un punto como *el cruce entre dos líneas.* Sobre el concepto de límite, diferenciaba entre ilimitado e infinito al definir el universo como infinito pero limitado, ya que estaría formado por partes limitadas; así los seres vivos serían limitados, pero los no nacidos aún son infinitos. En el campo de la astronomía publicó la obra a*l-Fassl Fil Milleh*, donde expresaba su claro rechazo a la influencia de los astros sobre la conducta —práctica bastante habitual en la época— o defendía la forma esférica de la Tierra:

[...] las estrellas son cuerpos celestiales sin mente ni alma. No conocen el futuro ni afectan a la gente. Su efecto en la gente podría darse a través de sus características físicas, como el efecto del calor del Sol y los rayos sobre los planetas y el efecto de la luna sobre las mareas.

La Tierra es esférica a pesar de lo que la gente popularmente cree [...] la prueba es que el Sol siempre está vertical a un punto particular de la Tierra.

Además, este libro desafía todas las teorías de la época acerca de la antigüedad del planeta asegurando que *los musulmanes no tenemos aún conocimiento definido de la edad de la Tierra. Podrían ser muchos múltiplos de las edades sugeridas por otros.* Por otro lado realizó clasificaciones de los animales según su forma de ser concebidos, muy similar a la taxonomía utilizada actualmente.

Es un hecho innegable que la figura de Abu Muhammad Ali ibn Ahmad ibn Sa'id ibn Hazm representa un claro ejemplo del vasto conocimiento que se llegó a desarrollar en al-Andalus; además de una personalidad única, firme ante sus ideas y convicciones, pero siempre dispuesto a tomar nuevos caminos en su siempre —según su criterio— insuficiente formación. Con todas estas cualidades, no es de extrañar que sea considerado uno de los pilares básicos sobre los que se sustenta la cultura occidental. Lo que sí resulta paradigmático es cómo personajes como él se ven enterrados en la historia a causa de ideas ancladas desde hace siglos en una sociedad que sólo ahora parece comenzar a despertar y mirar con asombro la grandeza que una vez fue al-Andalus.

TOPÓNIMOS ANDALUSÍES

Abla: Municipio que conserva la misma denominación, situado al oeste de la provincia de Almería, en Tabernas.

Ahl al-Idwa: Zona costera del Magreb.

Al-Basra: Basora, en la actual Irak.

Al-Garb: Algarve.

Al-Habia: Alhabia, municipio interior del sur de Almería.

Al-Hama: Alhama de Granada, al sudoeste de la provincia.

Al-Isana al Yahud: "Ciudad de los Judíos", se corresponde con la actual Lucena, al sur de la provincia de Córdoba.

Al-Isbunah: Lisboa.

Al-Mariyat: Almería.

Al-Mouror: Morón de la frontera, al sur de la provincia de Sevilla.

Al-Mudawar: Almodóvar del Río, a 15 km al oeste de la ciudad de Córdoba.

Al-Qulay'a: Alcolea, municipio situado al nordeste de Córdoba, muy cercano a la capital.

Al-Saraf: La actual comarca del Aljarafe, en Sevilla.

Al-Sham: Nombre por el que se conocía a Siria.

Al-Yazirat al-Arabiya: Península arábiga.

Armilat: Antigua población a 14'5 km al norte de Alcolea, entre los actuales términos de Obejo, Adamuz y Córdoba.

Armillat al-Aflum: Armilla, en la provincia de Granada.

Arxiduna: Archidona, en Málaga.

Atienza: Municipio en la provincia de Guadalajara.

Baguh: Priego de Córdoba.

Bahr al-Mutawasit: Mar Mediterráneo.

Bakur: Bacor (Granada).

Balansiya: Valencia.

Balish: Vélez-Rubio, en Almería.

Bambaluna: Pamplona.

Barayila: Asentamiento sobre el que existe discusión; si bien se coincide en identificarlo con una zona de paso en la Subbética granadina controlada por ciertas tribus árabes, algunos autores la relacionan con poblaciones actuales como Baza.

Barbashtar: Bobastro, antiguo asentamiento situado al norte de la provincia de Málaga y perteneciente al municipio de Ardales del que se han documentado diversas construcciones, entre las que destaca una basílica cristiana y un castillo.

Barbat: El actual río Barbate que atraviesa esta célebre localidad entre Caños de Meca y Zahara de los atunes, en la provincia de Cádiz.

Barqa: Antiguo pueblo situado en Palestina, a 37 km al norte de Gaza.

Barsaluna: Barcelona.

Baxarnal: Badajoz.

Baya: Beja, situada en la actual región del Alentejo portugués.

Bayyana: Pechina (Almería), fue la capital de una importante república marítima formada a raíz de la primera fitna. Este topónimo no obstante también se utilizaba para designar a Baena (Córdoba).

Bayn Nahrain: "Tierra entre dos ríos", Mesopotamia.

Bursana: Municipio del centro de la comarca del Valle de Almanzora, en Almería.

Canshayar: Canjáyar, municipio de la Alpujarra almeriense perteneciente a la cora de Elvira.

Clunia: Coruña del Conde (Burgos), topónimo conservado desde época prerromana.

Daniya: Denia, municipio de la costa norte de Alicante.

Daruqa: Municipio de Zaragoza situado a 84 km al sur de la capital.

Dimashq: Damasco.

Garnata: Granada.

Hisn Ashar: Iznájar, en la provincia de Córdoba.

Hisn Autha: Se corresponde con Parauta, pueblo situado en la serranía de Ronda (Málaga).

Hisn Madellin: El actual municipio de Medellín, en Badajoz.

Hisn Rumman: Nombre árabe con el que se conocía a una fortaleza situada en la actual Granada, se afirma que podría tratarse de la propia alcazaba de la Alhambra.

Ibda: Úbeda (Jaén).

Ibn Tariq: Bentarique, en la Alpujarra almeriense.

Ifriqiya: Provincia del norte de África dependiente del califato de Damasco.

Ilbiri: Elvira, antigua localidad situada entre los actuales términos municipales de Atarfe y Pinos Puente (Granada).

Iqlim Webar: Huévar del Aljarafe, municipio situadio a unos 40 km al oeste de Sevilla.

Ishbiliya: Sevilla.

Istabba: Estepa (Sevilla).

Istiya: Écija, en la provincia de Sevilla.

Iyi: Ciudad desaparecida en la actualidad que algunos autores sitúan cercana a Murcia.

Jayyan: Jaén.

Karakui: Caracuel de Calatrava (Ciudad Real).

Karkabuliya: El actual municipio de Carcabuey, en el extremo suroriental de la provincia de Córdoba.

Lebla: Niebla, en la provincia de Huelva, fue capital de la cora del mismo nombre.

Lurqa: Lorca (Murcia).

Madinat al-Faray: Guadalajara.

Madinat Galisiya: Dozy identificó este topónimo con la ciudad de Viseu, en el centro de Portugal.

Madinat al-Salam: Bagdad.

Madinat Salim: Medinaceli, municipio situado en el sur de la provincia de Soria.

Madinat Satiba: Municipio situado en el sur de la provincia de Valencia.

Malaqa: Málaga.

Marida: Mérida.

Marca: Término referido a las zonas fronterizas de al-Andalus, que contaba con tres. La inferior abarcaba la actual comunidad de Extremadura y parte de Portugal; la media estaba delimitada por el nacimiento de los ríos Duero y Tajo hasta el curso del Guadiana; la superior comprendía el valle del Ebro.

Mayurqa: Mallorca.

Munt Baranis: Las actuales sierras de Almadén y las Cabras, en la provincia de Ciudad Real.

Munt Lisam: Posiblemente Montíjar, en la provincia de Huelva.

Munt Saqir: Aunque algunos autores lo relacionan con el actual barrio del Sacromonte de Granada, parece más probable su identificación con el municipio de Montejícar, en la frontera norte-central de esta misma provincia.

Mumbassar: Se refiere al valle del Bembézar, ocupado parcialmente por el embalse de este río que se encuentra en las cercanías de Almodóvar, a 15 km de la ciudad de Córdoba.

Murina: Fortaleza del Castellón de Fuente Garcíez, en Jódar (Jaén).

Mursiya: Murcia.

Nakur: Localidad del Rif marroquí.

Narixa: Nerja.

Nisar: La actual Níjar, en el este de la provincia de Almería.

Poley: Aguilar de la Frontera, localidad al sur de la provincia de Córdoba.

Qabra: Cabra (Córdoba).

Qadis: Cádiz.

Qaisata: Quesada (Jaén).

Qalat Ayyub: "La fortaleza de Ayyub", se refiere a la actual Calatayud, al suroeste de Zaragoza.

Qalat Rabah: Traducido como "la fortaleza de Rabah", se corresponde con el actual municipio de Calatrava la Vieja, en Ciudad Real.

Qalat Yahsib: Alcalá la Real, en el sur de la rovincia de Jaén.

Qarmuna: Carmona (Sevilla).

Qartalabria: Aldea situada en el norte de Córdoba cuya localización exacta parece desconocerse en la actualidad.

Qastuluna: Antiguo asentamiento ocupado desde época íbera cuyas ruinas se encuentran en el municipio de Linares, a 5 km al sur del núcleo urbano.

Qawra: Coria del Río, a unos 15 km al sudoeste de Sevilla.

Qayrawan: Kairuán, en Túnez.

Qubt: Egipto.

Qurtuba: Córdoba.

Qustantiniya al-Uzma: Constantinopla.

Rayya: Cora del país de al-Andalus que abarcaba un extenso territorio entre las sierras del sur de la actual provincia de Córdoba y casi toda la provincia de Málaga.

Rimiyya: Antigua plaza situada ente Alcázar de San Juan y el río Añador, al norte de la provincia de Ciudad Real.

Ruma: Roma.

Sans Turs: "Siete Torres", según Dray (N. del T.), no parece tener correspondencia con un topónimo actual. Según la descripción extraída del Muqtabis III, se encontraba a medio camino entre Sevilla y Écija.

Santabariya: Cora andalusí que comprendía las actuales provincias de Cuenca, Teruel y parte de Guadalajara.

Santarin: Santarem, ciudad al norte de Lisboa.

Saraqusta: Zaragoza.

Shant Yaqub: Santiago de Compostela.

Shawdar: El actual municipio de Jódar, en el centro de la provincia de Jaén.

Siduna: Localidad de la provincia de Cádiz que mantiene su nombre desde época islámica, Medina Sidonia.

Sumuntán: Posíblemente se trate de la zona de la Serrezuela, enter los municipios de Jódar y Bedmar, en la Subbética jienense.

Takurunna: Cora de al-Andalus cuya capital era la actual Ronda, en Málaga.

Talyatah: Tablada, una zona actualmente despoblada a las afueras de Sevilla.

Taxana: Tocina (Sevilla).

Tudmir: Provincia que comprendía las actuales ciudades de Orihuela, Alicante, Mula, Murcia, Albacete, Elche y Lorca, entre otras.

Tulaytula: Toledo.

Turrush: Torrox (Málaga).

Turtusha: Tortosa, municipio de Tarragona que constituye la actual capital del bajo Ebro.

Uksunuba: Ayamonte, municipio onubense situado en la frontera con Portugal.

Ulyat Qanbaniya: Montemayor, municipio situado al sur de la provincia de Córdoba.

Uqlish: Uclés (Cuenca).

Usama: Posiblemente Burgo de Osma, municipio perteneciente a la provincia de Soria.

Usuna: Osuna (Sevilla).

Yabal Qurtuba: Sierra de Córdoba.

Yabal Tariq: Traducido como "Montaña de Tariq", Gibraltar.

Yabura: Se corresponde con la actual ciudad de Évora, en la región del Alentejo (Portugal).

Yaza'ir al-Sharqiya li-l-Andalus: Traducido como "Islas orientales de al-Andalus", se refiere a las Islas Baleares.

Yazirat al-Jadra o al-Yazira: Traducido como "Isla Verde" y "la isla", la actual Algeciras.

Yazirat al-Mundir: Una de las islas fluviales situada al sur del área periurbana de Sevilla que pertenecía a al-Mundir ibn Abd al-Rahman, tío paterno del Emir Abd Allah.

Yiliqi: Traducido como "Galicia", en ocasiones se refiere a los territorios cristianos comprendidos al norte de la marca media.

Wadi: Guadix, municipio situado en la zona central de la provincia de Granada.

Wadi al-Furat: Nombre árabe para el río Eúfrates.

Wadi al-Fuska: Río que el Isa al-Razi sitúa a dos millas de Aguilar de la Frontera; por localización podría tratarse del actual río Cabra salvo cambios fluviales de importancia.

Wadi al-Kabir: Río Guadalquivir.

Wadi Duwayro al-kabir: Río Duero.

Wadi Ibru: Río Ebro.

Wadi Lakka: Lugar donde tuvo lugar la batalla decisiva entre Ludriq y Tariq ibn Ziyad, conocida como "Batalla del Guadalete". Se apunta a que tuvo lugar en las inmediaciones de este río, junto a la actual Medina Sidonia.

Wadi Qays: Río Bembézar, en la provincia de Córdoba, que tomaría su nombre actual del valle de Mumbassar por donde discurre.

Wasqa: Huesca.

BIBLIOGRAFÍA

ACIEN, M y VALLEJO, A. (1998) *Urbanismo y Estado islámico: De Corduba a Qurtuba-Madinat al-Zahra.* Genèse de la ville islamique en al-Andalus et au Maghreb occidental: 107-136. Madrid: Casa de Velázquez-CSIC.

AL-JUSANI (1914) *Historia de los Jueces de Córdoba.* Texto árabe y traducción española por Julián Ribera. Madrid: Real Academia de la Historia.

ANÓNIMO (1867) *Ajbar Machmua.* Traducida y Anotada por Emilio Lafuente y Alcántara. Colección de Obras Arábigas de Historia y Geografía. Madrid: Real Academia de la Historia.

ARABÍ, O., POWERS, D. y SPECTORSKY, S. A. (2013) *Islamic legal thought. A compendium of Muslim Jurists.* Estados Unidos: Brill.

ARJONA, A. (1982) *Anales de Córdoba musulmana.* Córdoba: Publicaciones del Monte de Piedad y Caja de Ahorros de Córdoba.

ARJONA, A. (1995) *La infancia y sexualidad de Ibn Hazm.* Al-Andalus Magreb, 3: 143-150. Cádiz: Universidad de Cádiz.

ARJONA, A. (2000) *Hacia una nueva visión histórica de la Córdoba Islámica.* Arbor, 146 (654): 175-190. Madrid: Consejo Superior de Investigaciones Científicas.

ÁVILA, M. L. (1981) *Sobre Galib y Almanzor.* Al-Qantara, II: 449-452. Madrid: Consejo Superior de Investigaciones Científicas.

AZRAII, E. (2013) *Ibn Firnas and his contribution to the aviaton technology on the world.* Advances in Natural and Applied Sciences, 7 (1): 74-78. Jordania: AENSI.

BALLESTÍN, X. (2004) *Al-Mansur y la dawla amiriya: una dinámica de poder y legitimidad en el occidente musulmán medieval.* Barcelona: Publicaciones i edicions de la Universitat de Barcelona.

CASAL, M. T. (2001) *Los cementerios islámicos de Qurtuba.* Anales de Arqueología Cordobesa, 12: 282-313. Córdoba: Universidad de Córdoba-GMU.

CASAL, M. T. (2008) *Características generales del urbanismo cordobés de la primera etapa emiral: el arrabal de Saqunda.* Anejos de Anales de Arqueología Cordobesa, 1: 109-134. Córdoba: Universidad de Córdoba-GMU.

CASAL, M. T. *et alii* (2004) *Informe-memoria de la IAU en el S.G. SS-1(Parque de Miraflores y Centro de Congresos de Córdoba). Primera fase.* Anuario arqueológico de Andalucía 2001, 3 (1): 258-274. Sevilla: Junta de Andalucía.

CASAL, M.T., CASTRO, E., LÓPEZ, R. y SALINAS, E. (2009) *La cerámica emiral del arrabal de Saqunda.* Actas del VIII Congreso Internacional de Cerámica Medieval, II: 1027-1030. Ciudad Real: Asociación Española de Arqueología Medieval.

CASAL, M. T., LEÓN, A., LÓPEZ, R., VALDIVIESO, A. y SORIANO, P. (2006) *Usos funerarios en la Qurtuba islámica.* Anales de Arqueología Cordobesa, 11: 257-290. Córdoba: Universidad de Córdoba-GMU.

CODERA, F. (1888) *Noticias de los omeyas de al-Andalus por Aben Hazm.* Boletín de la Real Academia de la Historia, 13: 44-52. Madrid: RAI.

DE LA PUENTE, C. (1997) *La caracterización de Almanzor: entre la epopeya y la historia.* Estudios onomástico-biográficos de Al-Andalus, VII: 363-401. Madrid: Centro Superior de Investigaciones Científicas.

FAIRCHILD, D. (2003) *Gardens, landscape, and vision in the palaces of Islamic Spain.* Estados Unidos: The Pennsylvania State University Press.

FIERRO, M. (2004) *De muerte violenta: política, religión y violencia en Al-Andalus.* Madrid: Consejo Superior de Investigaciones Científicas.

FUERTES, M. C. (2002) *Aproximación al urbanismo y la arquitectura doméstica de época califal del Yacimiento de Cercadilla.* Arqueología y Territorio Medieval, 9: 105-126. Jaén: Universidad de Jaén.

FUERTES, M. C., CARRASCO, I. e HIDALGO, R. (2013) *Una nueva campaña de excavación arqueológica en el palacio de Cercadilla, Córdoba. La secuencia estratigráfica del conjunto termal.* Antiqvitas, 25: 113-164. Córdoba: UCO.

FUERTES, M. C. e HIDALGO, R. (2003) *El arrabal noroccidental de Qurtuba. El yacimiento de Cercadilla.* Guía arqueológica de Córdoba. Una visión de Córdoba en el tiempo a través de su patrimonio arqueológico: 169-171. Córdoba: Universidad de Córdoba.

FUERTES, M. C. e HIDALGO, R. (2001) *La evolución urbana del arrabal noroccidental de Qurtuba: El yacimiento de Cercadilla.* Anales de Arqueología Cordobesa, 12: 159-175. Córdoba: Universidad de Córdoba-GMU.

GONZÁLEZ GUTIÉRREZ, C. (2016) *Las mezquitas de la Córdoba islámica. Concepto, tipología y función urbana.* Córdoba: Universidad de Córdoba.

IBN AL-KARDABUS (1993) *Historia de al-Andalus.* Estudio, traducción y notas de Felipe Maíllo Salgado (2ª ed. corregida). Madrid: Ediciones Akal.

IBN HAYYAN (1950-1960) *Al-Muqtabis III.* Traducción de José E. Guraieb. Cuadernos de Historia de España, XIII-XXXII, 159-320. Buenos Aires: Instituto de Historia de España Claudio Sánchez Albornoz.

IBN HAYYAN (1967) *Anales palatinos del califa de Córdoba al-Hakam II.* Traducción por Emilio García Gómez. Madrid: Sociedad de Estudios y Publicaciones.

IBN HAYYAN (1981) *Crónica del Califa Abdarrahman III An-Nasir entre los años 912 y 942 (al-Muqtabis V).* Traducción, notas e índices por Mª Jesús Viguera y Federico Corriente. Zaragoza: Anubar Ediciones.

IBN HAYYAN (2001) *Crónica de los emires Alhakam I y Abdarrahm n II entre los años 796 y 847.* Traducción, notas e índices de Mahmud Ali Makki y Federico Corriente. Zaragoza: Instituto de Estudios Islámicos y del Oriente Próximo.

IBN HAZM (1974) *Naqt al-Arus.* Traducción por Luis Seco de Lucena. Textos Medievales, 39. Valencia: Facsímil.

IBN HAZM (2012) *El collar de la paloma.* Versión e introducción de Emilio García Gómez. Prólogo de José Ortega y Gasset. Madrid: Alianza.

IBN IDARI (1993) *La caída del Califato de Córdoba y los Reyes de Taifas (al-Bayan al-Mugrib).* Estudio, traducción y notas de Felipe Maíllo Salgado. Salamanca: Estudios Árabes e islámicos. Salamanca: Universidad de Salamanca.

IBN IDARI (1999) *Historia de al-Andalus.* Traducción y estudio histórico-crítico de Francisco Fernández González. Málaga: Ediciones Aljama.

LEÓN, A. (2006) *Pervivencias de elementos clásicos en la Qurtuba islámica. El concepto de lo provincial en el mundo antiguo.* Homenaje a la profesora Pilar León Alonso, II: 409-438. Córdoba: Arqueocórdoba.

LEÓN, A. (2009) "*¡Hombres! la promesa de Dios es verdadera*"... *El mundo funerario islámico en Córdoba (siglos VIII-XIII).* Arqueología medieval, 4-5: 24-29. Oporto: Ediçoes Afrontamento.

LEÓN, A. y CASAL, M. T. (2010) *Los cementerios de Madinat Qurtuba.* Monografías de Arqueología Cordobesa, 19: 651-684. Córdoba: Universidad de Córdoba.

LEÓN PASTOR, E., DORTEZ, M. T. y SALINAS, E. (2010) *Las áreas industriales en los arrabales de al-Yanib al-Garbi de Qurtuba. El alfar del cortijo del cura.* Anejos Anales de Arqueología Cordobesa, 2: 275-288. Córdoba: Universidad de Córdoba-GMU.

LEVÍ-PROVENÇAL, E. y GARCÍA GÓMEZ, E. (1950) *Una crónica anónima de Abd al-Rahman III al-Nasir.* Madrid: Consejo Superior de Investigaciones Científicas.

LÓPEZ, R. y VALDIVIESO, A. (2001) *Las mezquitas de barrio en Córdoba: Estado de la cuestión y nuevas líneas de investigación.* Anales de Arqueología Cordobesa, 12: 215-239. Córdoba: Universidad de Córdoba-GMU.

LÓPEZ CORDERO, J. A. y ESCOBEDO, E. (2012) *Castillos perdidos en la Subbética gienense: Castellón de la Fuente Garcíez (Jódar) y La Jarica (Fuensanta de Martos).* Sumuntán, 30: 209-224. Jaen: Colectivo de Investigadores de Sierra Mágina-Diputación de Jaén.

LÓPEZ CUEVAS, F. (2014) *Las almunias de Madinat Qurtuba. Aproximación preliminar y nuevos enfoques.* Revista Anahgramas, 1: 161-207. Córdoba: Universidad de Córdoba.

MANZANO, E. (1991) *La frontera de al-Andalus en época de los omeyas.* Madrid: Consejo Superior de Investigaciones Científicas.

MARFIL, P. (2000) *Córdoba de Teodosio a Abd al-Rahman III.* Anejos de Archivo Español de Arqueología, XXIII: 117-141. Madrid: Consejo Superior de Investigaciones Científicas.

MARÍN, M (2011) *Una galería de retratos reales: Los soberanos Umayya de al-Andalus (Siglos II/VIII-IV/X) en la cronística árabe.* Anuario de Estudios Medievales, 41 (1): 273-290. Madrid: Consejo Superior de Investigaciones Científicas.

MARÍN GUZMÁN, R. (1955) *Sociedad, política y protesta popular en la España musulmana.* Costa Rica: Editorial Universidad de Costa Rica.

MARTÍN, J. L. (2002) *Vino y cultura en la Edad Media.* Zamora: Centro de la UNED de Zamora.

MARTÍNEZ DÍEZ, G. (2005) *Historia del Condado de Castilla: La historia frente a la leyenda.* Madrid: Marcial Pons.

MARTÍNEZ ENAMORADO, V. (2002) *Almanzor, el usurpador del poder del califa de Córdoba.* El Mundo Medieval, 11: 78-85. México: Publicaciones Citem.

MARTÍNEZ ENAMORADO, V. y TORREMOCHA, A. (2001). *Almanzor y su época.* Málaga: Editorial Sarriá.

MOLINA, L. (1981) *Las campañas de Almanzor a la luz de un nuevo texto.* Al-Qantara, II: 209-263. Madrid: Consejo Superior de Investigaciones Científicas.

MONTEJO, A. J. (1999) *El pabellón de abluciones oriental de la Mezquita Aljama de Córdoba correspondiente a la ampliación de Almanzor.* Cuadernos de Madinat al-Zahra, 4: 209-231.Sevilla: Consejería de Cultura de la Junta de Andalucía.

MONTEJO, A. J. (2006) *La rauda del alcázar de Córdoba.* Anales de arqueología cordobesa, 17 (II): 237-256. Córdoba: Universidad de Córdoba-GMU.

MONTEJO, A. J. y GARRIGUET, J. A. (1994) *El ángulo suroccidental de la muralla de Córdoba.* Anales de Arqueologóa Cordobesa, 5: 243-276. Córdoba: Universidad de Córdoba.

MONTEJO, A. J., GARRIGUET, J. A. y ZAMORANO, A. (1998) *El alcázar andalusí de Córdoba. La olvidada sede de los gobernantes de al-Andalus.* Revista de Arqueología, 203: 6-13. Madrid. Zugarto Ediciones.

MURILLO, J. (2014) *Grandes residencias suburbanas en la Córdoba Omeya. Estado de la Cuestión.* Al-Mulk, 12: 85-107. Córdoba: Real Academia de Córdoba de Ciencias, Bellas Letras y Nobles Artes

MURILLO, J. F., LEÓN, A., CASTRO, E., CASAL M.T., ORTIZ, R y GONZÁLEZ, A.J. (2010) *La transición de la civitas clásica cristianizada a la madina islámica a través de las transformaciones operadas en las áreas suburbiales.* Monografías de Arqueología Cordobesa, 19: 503-540. Córdoba: Universidad de Córdoba.

MURILLO, J., LEÓN, A., CASAL, M. T. y CASTRO, E. (2004) *Estado de la investigación arqueológica en la medina de Qurtuba.* La ciudad en el Occidente islámico medieval, Preactas: 225-240. Granada: Consejo Superior de Investigaciones Científicas.

PÉREZ DE TUDELA, M. I. (1998) *Guerra, violencia y terror. La destrucción de Santiago de Compostela por Almanzor hace mil años.* España Medieval, 21: 9-28. Madrid: Servicio de Publicaciones de la Universidad Complutense.

RUÍZ, A., MORENO, E., MOYÁ, A., ESPINOSA, F. Y JABALQUINTO, I. (2001) *Los arrabales de la Córdoba musulmana: De las fuentes escritas a la realidad arqueológica.* Anales de Arqueología Cordobesa, 12: 145-158. Córdoba: Universidad de Córdoba-GMU.

RUÍZ LARA, M. D., SÁNCHEZ, S., CASTRO, E. y LEÓN, A. (2008) *La ocupación diacrónica del Yanib al-Garbi de Qurtuba. Intervencioens realizadas en el Zoológico Municipal de Córdoba. Análisis de conjunto.* Anejos de Anales de Arqueología Cordobesa, 1: 163-200. Córdoba: Universidad de Córdoba-GMU.

SAIZ MUÑOZ, B. (2008) *Hasday ibn Saprut: la figura cumbre en la judería de Jaén.* Boletín del Instituto de Estudios Gienenses, 197: 171-199. Jaén: Diputación de Jaén.

SALVATIERRA, V. (2001) *La crisis del emirato Omeya en el Alto Guadalquivir: precisiones sobre la geografía de la rebelión muladí.* Jaén: Universidad de Jaén.

SILVA SANTA-CRUZ, N. (2011) *El paraíso en el Islam.* Revista Digital de Iconografía Medieval, 5 (III): 39-49. Madrid: Servicio de Publicaciones de la Universidad Complutense.

SORIANO, P. *et alii* (2006) *Informe-memoria de la LAU en el S.G. SS-1(Parque de Miraflores y Centro de Congresos de Córdoba). Segunda fase.* Anuario arqueológico de Andalucía 2003, 3 (1): 343-356. Sevilla: Junta de Andalucía.

TERÉS, E. (1964) *Enseñanzas de Ibn Hazm en la "Yadwat al-muqtabis" de al-Humaydi.* Al-Andalus, 29 (1): 147-178. Madrid: Instituto Miguel Asín.

VALDÉS, F. (2004) *La Córdoba de Ibn Hazm: Una lectura arqueológica de El Collar de la paloma.* Sacralidad y Arqueología, XXI: 583-594. Murcia: Antigüedad Cristiana.

VALLVÉ, J. y RUÍZ GIRELA, F.(2003) *La primera década del reinado de Al-Hakam I, según el Muqtabis II, 1 de Ben Hayy n de Córdoba.* Madrid: Real Academia de la Historia.

VALLEJO, A. (2010) *La ciudad califal de Madinat al-Zahra. Arqueología de su arquitectura.* Córdoba: Almuzara.

VELASCO, R. (2013) *El Palacio Episcopal de Córdoba: historia y transformaciones.* Córdoba: Servicio de publicaciones de la Universidad de Córdoba.

VIGUERA, M. J. (2014) *Biografías con referencias sobre Córdoba: Aquel manuscrito Jalduní.* Al-Mulk, 12: 35-53. Córdoba: Real Academia de Córdoba de Ciencias, Bellas Letras y Nobles Artes

YELO, A. (1988) *La campaña de Tudmir.* Antigüedad y Cristianismo, 5: 613-617. Murcia: Universidad de Murcia.

ZANON, J. (2013) *Los intérpretes en la corte de al-Hakam II de Córdoba.* Hermeneus, 15: 323-347. Valladolid: Universidad de Valladolid.

ÍNDICE